자살의 인지치료

Thomas E. Ellis, Psy.D.
Cory F. Newman, Ph.D. 공저

Aaron T. Beck, M.D. 추천의 글

육성필 · 이혜선 공역

학지사

Choosing to Live

by Thomas E. Ellis and Cory F. Newman

역자 서문

요즘 유난히 자살로 죽은 사람들의 이야기가 많이 보도되고 있다. 유명한 여배우에서 군적응문제로 고민하던 군인, 성공한 것처럼 보였던 기업가, 실직한 가장, 성적 저하를 비관한 고등학생, 따돌림을 견딜 수 없었던 초등학생까지 신문, TV, 인터넷 등 각종 대중매체에는 거의 매일 누군가 자살했다는 기사가 실린다.

자살과 관련된 소식들을 접하면서, 자살에 관한 박사논문을 준비하면서, 그리고 임상 장면에서 환자들을 보면서, 왜 정상적으로 기능하는 것 같았던 사람들이 자살이라는 극단적인 행동을 하게 되는 것일까? 자살하는 사람과 그렇지 않은 사람의 차이는 무엇일까? 자살하려는 사람을 위해 주변 사람들이 할 수 있는 것은 무엇일까? 자살하려는 사람은 어떤 과정을 통해 희망을 찾을 수 있는 것일까? 등과 같은 문제들에 대해 많은 고민을 하게 되었고 자살하려는 사람, 그들에 대해 걱정하는 주위 사람들 그리고 그들을 돕고자 하는 전문가들을 위한 책을 찾아보았다. 그러나 현재 국내에는 자살과 관련되어 참고로 하거나 읽을 만한 것이 거의 없는 실정이다. 도움이 될 만한 책을 찾던 중 『Choosing to Live: How to defeat suicide through cognitive therapy』를 읽게 되었고, 이 책이 전문가는 물론 자살하려는 사람들에게 꼭 필요한 도움을 줄 수 있는 책이라고 생각하였다.

저자들은 실제 임상가로서 30년 이상 많은 자살환자들을 접하고 그 과정에서 얻은 실제 경험을 활용하여 이 책을 썼다. 인지행동치료를 기본으로 하여 자살의 본질, 자살과 관련된 위험요인, 문제해결 기술, 자기주장훈련, 건강한 정서표현 등의 기법을 활용하여 자살하려는 사람들이 죽음 대신에 삶을 선택하도록 도움을 주려고 하였다. 언뜻 딱딱하고 무미건조한 이론서로 생각할 수도 있지만, 실제적인 연습과제와 구체적인 사례를 통해 전문가는 물론 일반인들도 쉽게 이해할 수 있도록 이야기를 잘 풀어 나갔다. 책을 끝까지 읽고 나면 단순히 자살에 대한 생각만이 아니라 자신의 삶에 대해 전체적으로 새롭게 조망할 수 있게 될 것이다.

정확한 번역이 될 수 있도록 도움을 준 김미정 씨, Lory Wells, Bette Geen에게 고맙다는 인사를 전한다. 한국과 미국에서 이메일과 국제우편을 통해 작업을 하면서 생기는 여러 가지 어려움에도 불구하고 책의 출판을 선뜻 허락하신 학지사의 김진환 사장님과 담당자 여러분에게 감사의 말씀을 전한다.

Rochester에서

역자 대표

사람이 겪는 모든 고통 중에서, 안식을 얻기 위해 자살을 생각할 정도의 고통에 견줄 만한 것은 없을 것이다. 그러나 수많은 임상 경험과 연구결과들에 따르면, 그 고통은 원인을 해결하면 완화될 수 있다고 한다. 연구결과들은 고통과 그 결과인, 죽고 싶어 하는 마음의 상당 부분은 자살하려는 사람이 절망적인 관점으로 어려움을 바라보기 때문이라는 것을 보여 주었다.

자살하려는 사람들은 문제를 자신은 도저히 해결할 수 없는 것으로 지각한다. 이들은 자신을 부적절하고 열등하며 나아질 길 없는 병에 걸린 것으로 간주한다. 이런 시각으로 미래를 바라보기 때문에 이들은 절망과 지속적인 고통밖에 느낄 수 없는 것이다.

자살을 유일한 탈출구로 간주하는 사람들은 친밀한 관계를 상실한 이후, 종종 외롭다거나 버림받았다는 느낌을 받는다. 이들은 '나는 다시는 사랑을 경험할 수 없을 거야.'라고 생각한다. 어떤 사람들은 학업이나 직업 면에서 잘하지 못했다가 다시 나아진 다음에도 자신을 끔찍한 실패자라고 간주하며 '나는 부끄러운 낙오자이고 다시는 고개를 들고 다닐 수 없다.'고 생각한다. 이들은 자기가 잃어버린 것, 부족한 점 그리고 스스로 부여한 실망스런 의미들에만 초점을 맞추어 생각하는 일종의 터널 비전으로 밖을 내다본다.

그러나 터널의 끝에는 빛이 있다. 엘리스 박사와 뉴먼 박사는 사람들이 고통과 자살 소망을 심화시키는 부정적인 사고와 맞서 싸울 수 있도록 도와주는 훌륭한 지침서를 내놓았다. 『자살의 인지치료』는 우울증과 자살성(suicidality)의 원인을 설명하는 검증된 연구결과들에 기반을 두고 있으며, 정서적 고통과 어려움에서 벗어나 평안을 찾게 하는 것을 목적으로 한다. 엘리스 박사와 뉴먼 박사가 제시한 원칙을 적용하면 우울한 사람들이 경험하는 절망을 보다 충만한 존재에 대한 희망으로 바꾸어 주는 데 큰 도움이 될 것이다.

종종 살아가는 것이 너무나 어렵고 고통스럽다고 말하는 사람을 접하게 된다. 그런 사람에게는 지지와 격려가 필요하지만 그것만으로는 충분치 않다. 몹시 우울한 사람이 삶을 다룰 수 있는 기술과 목적 의식 그리고 의미를 되찾기 위해서는 일련의 방법들도 필요한 것이다. 『자살의 인지치료』는 두 가지 목적-격려와 지침-에 초점을 맞추고 있다.

자살하려는 사람들과 그들을 사랑하는 주위 사람들의 고통에 대한 저자들의 공감력이 이 책의 전반에 잘 나타나 있다. 저자들은 자살하고 싶은 마음에 기름을 붓는 절망과 좌절과 상실에 대해, 그리고 그들을 사랑하는 사람들의 특징적인 반응이라고 할 수 있는 두려움과 당황스러움에 대해 직접적으로 이야기한다. 더 나아가 자살하려는 사람들이 대부분 사는 것과 죽는 것에 대해 양가감정을 느끼며, 끔찍한 궁지에 빠져 있다고 생각하는 것을 잘 이해하고 있다.

자살하려는 사람들은 자신이 겪는 고통과 어려움이 끝나기를 원한다. 하지만 제대로 되는 것이 아무것도 없기 때문에 그렇게 하는 유일한 방법이 목숨을 끊는 것이라고 전적으로 확신한다. 만일 이들이 다른 방법을 찾을 수만 있다면, 죽는 대신에 더 나은 삶을 사는 방법을 선택할 것이다.

그렇지만 그러한 방법들을 어떻게 찾는단 말인가? 저자들은 인지치료—우울증과 다른 여러 장애에 효과적이라는 것이 증명되었다—의 기법과 전략이 이 어렵고 힘든 문제에 대해 대답을 줄 것이라고 제안한다.

『자살의 인지치료』의 책장을 넘기면서 독자는 자살하려는 마음이 부끄러운 것이 아니며 드문 일이거나 '미쳤다'는 증거가 아니라는 것을 깨닫게 될 것이다. 사람들은 부분적으로는 도움을 청하는 것을 꺼려 하고, 또한 부분적으로는 상황이 호전되도록 하기 위해 할 수 있는 일은 이제 없다고 믿기 때문에 불필요하게 인생을 끝내 버리려고 하는 것이다. 인지치료적 접근은 바로 이러한 문제들을 다룬다.

비록 당신이 다른 사람과 자살하고 싶은 감정에 대해 터놓고 의논하기를 꺼린다 하더라도 이 책을 읽으면서 중요한 도움을 받게 될 것이다(비록 저자들이 이 책은 전문적인 치료에 대한 대체물이 아니라고 적절히 언급하긴 했지만 말이다). 또한 당신은 살아남는다는 것이 단지 견디는 것, 이를 악물고 끝이 없어 보이는 모든 정서적 고통을 하루하루 그저 받아들이는 것이 아니라는 것을 배우게 될 것이다. 그보다는 당신 자신과 당신의 인생에 대해 제대로 인식하는 방법을 배우게 될 것이며, 그 과정은 좀 더 나은 선택을 할 수 있도록 도와줄 것이다.

이를 위해 당신은 다음과 같은 중요한 기술들을 익힐 것이다.

① 당신이 스스로에게 자동적으로 말하는 것들—자신을 벌주고 절망적으로 느끼게 만드는—을 자각하는 것, ② 그런 사고를 변화시켜서 자신이나 삶의 상황에 대해 부당하고, 강박적으로 부정적이게 보는 시각에서 벗어나 공정하고 객관적인 평가를 하게 되는 것, ③ 한 사람으로서 당신의 강점과 자원을 인지하게 되는 것, ④ 의사소통의 질을 향상시키고 당신에게 중요한 타인들과 인간관계를 맺는 일반적인 방법을 개선하는 것, ⑤ 당신이 삶을 지배하는 큰 문제뿐만 아니라 당신을 지치게 하는 일상생활의 문제들을 해결하는 것, ⑥ 당신이 겪은 상실감을 새로운 목표와 미래의 관계를 생각하며 다루어 나가는 것, ⑦ 매일 매일을 보다 의미 있고 즐겁게 보내기 위해 시간을 활용하는 것.

저자들은 일련의 창의적이고 매우 유용한 연습을 통해, 당신이 이 전략들을 적용하도록 돕는 열정적인 코치 역할을 담당할 것이다.

만일 당신이 가까운 사람의 자살성을 이해하고 대처해 보려고 노력하는 사람이라면, 자살하려는 사람과 상호 이득이 되는 방식으로 어떻게 관계를 맺을 수 있는지에 대한 소중한 통찰을 이 책을 통해 얻게 될 것이다.

이 소중한 책은 자살에 씌어 있는 오명과 신비를 벗겨 준다. 그리고 당신 자신과 당신의 인생 그리고 당신의 미래에 대한 부정적인 관점과 고통스런 정서를 이해하고 이에 대항하기 위한 풍부한 아이디어들을 제공해 준다. 이 책은 영감뿐만 아니라, 자기파괴의 어두움으로부터 보다 나은 삶으로 나아가기 위한 수단을 제공해 줄 것이다.

Aaron T. Beck, M.D.
벡 인지치료 연구소
펜실베이니아 대학 신경정신과 명예 교수

신문 기사는 비극적인 이야기를 전해 주었다. 전적으로 분명하지 않은 이유들로 인하여 점점 더 많은 한국인들이 목숨을 끊고 있다는 소식을 들었다. 한국의 자살률은 지난 10년에 비해 두 배 이상 증가하였고 매년 수천 명의 목숨이 자살로 사라져 갔다. 놀랍게도 자살은 현재 초기 성인의 사망 원인 중 높은 순위를 차지하고 있으며 전체 연령 집단으로 보았을 때 네 번째 사망 원인이 되고 있다.

신문 매체는 이러한 자살률 증가의 원인을 경제적 상황에서 찾고 있다. 그러나 현재의 자살률은 1998년의 통화 위기 동안보다도 더 높은 것이다. 자살 연구자들이나 임상가들은 자살의 원인이 어떤 한 가지 요인에서 찾기에는 너무나 복잡한 것이라는 점을 잘 알고 있다. 이 단순한 논리는 우리에게 다중적인 요인들이 관련되었을 것이라는 점을 알려 준다. 즉, 경제적 상황이 아무리 나쁘더라도 대부분의 사람들은 자살을 하지 않는다는 것이다.

인지치료는 우리가 상황에 대해 어떻게 반응하게 되는지를 결정하는 가장 중요한 요소 중 하나가 그 상황을 우리가 어떻게 보는가, 또는 어떻게 생각하는가 라는 점을 가르쳐 준다. 경제적인 어려움이 개인의 수치스러운 실패였을까, 아니면 단지 어려운 경제 여건의 한 징후였을까? 연애를 하다 거부당한 것이 자신은 사랑받을 만한 사람이 아니었기 때문일까, 아니면 단지 잘 맞지 않는 사람들이 만났기 때문일까? 불행과 역경이 죽을 이유가 되는 것일까, 아니면 극복해야만 하는 도전거리일까? 이런 질문들에 대한 당신의 대답이 얼마나 중요한 것인지는 말로 다 표현할 수가 없을 것이다.

이 책은 이러한 질문들에 주요 초점을 맞추었으며 그 메시지는 가히 혁명적이다. 우리가 역경을 어떻게 경험하는가 하는 것은 우리가 상당 부분 통제할 수 있는 문제라는 것이다. 그러나 때로 그 통제라는 것을 간과하기 쉽다. 자살이, 아무리 명예를 위한 것이더라도, 상실과 수치심을 해결하는 필수적인 수단이라는 것은 바로 생각일 뿐이다. 이 책에서 우리는 당신이 이러한 관점에 도전하는 것을 돕고, 다른 많은 가용한 방법들을 고려해 보도록 도울 것이다.

확실히 이런 접근법은 '실제 행동으로 옮기는 것은 말처럼 쉽지 않은' 방법이다. 그러나 이 책에서 우리는 당신이 문제 상황에 대해 부여하고 있는 의미에 실제적으로 도전할 수 있는 어떤 방법들을 찾아나가도록 인지치료 방법을 소개하고자 하였다. 세계적으로 수백만 명의 사람들이 인지치료로 도움을 받았다. 당신도 스트레스를 적게 받고, 행복감을 더 많이 느끼며, 비록 어려운 삶의 조건들이 변하지 않는다 하더라도 당신의 인생이 좀 더 살 만한 것이라고 생각하게 될 것이다. 이것은 단지 두 명의 열정적인 심리학자가 주장하고 있는 것 이상이다—수백 건의 엄격한 연구 문헌들에서 동일한 결론을 내리고 있다.

우리는 『자살의 인지치료(Choosing to live)』가 한국어로 번역되어 영광스럽게 생각한다. 우리는 미국에서의 자살률이, 최근에는 낮아지고 있으며 한국보다는 낮긴 하지만, 여전히 다른 나라들보다는 높은 편이기 때문에 겸손하게 이 접근법을 제안하고자 한다. 그러나 우리는 이 책으로 인해 도움을 받았다는 사람들의 편지를 많이 받았다. 우리는 한국의 독자들이 다소 어렵더라도 읽다 보면 점차 쉬워진다는 것을 발견하고 많은 도움을 받게 되길 바란다.

Thomas E. Ellis, Psy.D.

Cory F. Newman, Ph.D.

차 례

제3부 에필로그: 철학도 중요하다

부 록

이 책의 소개

이 책은 자살을 생각하고 있는 사람들과 그들을 사랑하는 주위 사람들을 위한 것이다. 이 책은 정서적 고통이나 신체적인 아픔이 그들의 삶에 짙은 그림자를 드리워서 죽음이 그럴듯해 보이기 시작하는 사람들을 위한 것이다. 또한 이 책은 치료과정에서 치료자로부터 이것을 읽어 보면 도움이 될 것이라는 제안을 받은 사람들을 위한 것이며, 서점에서 책을 훑어보다가 남의 일 같지 않은 제목을 발견하고 놀라는 사람들을 위한 것이다.

이 책에 대한 아이디어는 한 환자가 자살하고 싶다는 것이 어떤 것인지를 설명하려고 애쓰다가 "그건 죽는 것을 원하지만 영원히 죽는 건 원치 않는 것과 비슷해요."라고 했던 말에서 얻게 되었다. 그 말은 자기파괴적 생각이 사람들의 마음속에 들어갈 때 그들이 경험하는 격렬하고 때로는 모순되는 감정의 본질을 잘 보여준다. 죽음을 통해 인생의 시련과 환란에서 해방될 수 있다는 생각은 참으로 매혹적일 수 있다. 그러나 죽음은 너무 센—그리고 영원히 돌이킬 수 없는— '처방' 이다.

이 책을 집어 들었다는 것은 당신이 죽음에 대해 뒤섞인 감정을 가지고 있다는 것을 의미한다: 당신은 자살을 자신의 삶의 한 주제가 될 정도로 심각하게 고려하고 있지만, 당신을 좀 더 나은 곳으로 데려가 줄 조금 덜 극단적인 길을 여전히 찾고 있는 것이다.

인지치료[1)]는 사람들이 세상을 어떤 관점으로 보는지, 그리고 자신에게 일어난 일들을 어떻게 해석하는지에 도전함으로써 사람들의 삶을 향상시키는 현대적이고 검증된 치료법이다. 이 방법은 수많은 사람들이 정서적 고통을 감소시키고 보다 효과적인 대처행동을 발달시킬 수 있도록 도와주었다. 과학적 연구들은 인지치료가 수많은 장애—우울증, 불안장애, 공황장애, 섭식장애, 물질 남용 그리고 대인관계의 어려움 등—를 다루는 데 효과적이라는 것을 확증해 주었다.

최근에 인지적 절차에 기반을 둔, 수많은 자조 서적들(self-help books)이 등장하고 있다. 그러나 그중에 특별히 자살 사고와 자살 행동으로 고통스러워하는 사람들을 위한 책은 없었다. 그것은 인지치료가 이 집단의 사람들에게 도움이 된다는 증거가 부족했기 때문이 아니다. 자살하려는 사람들은 종종 두드러진 특징(흑백논리와 문제해결 기술의 부족)을 보이는데, 이것은 인지치료에서 잘 다루는 것들이다. 이 책의 목적은 그 간극을 메우려는 것이다.

---

1) 인지치료라는 용어는 특정하게는 아론 벡(Aaron T. Beck) 박사의 치료적 공식화를 일컬으며, 일반적으로는 인지적으로 지향된 치료법을 지칭한다. 여기에는 아론 벡의 인지치료, 앨버트 엘리스의 합리적-정서적 행동치료, 인지적-행동치료 등이 포함된다. 이 책에서 인지치료라는 용어는 일반적 의미로 사용된다.

이 책을 이용하는 방법

이 책을 당신(독자)이 읽고 적용할 수 있도록 고안하기는 했지만, 전문적인 도움을 대체하기 위한 것은 아니다. 우리는 당신이 이 책을 자격을 갖춘 치료자(다음에 나오는 '당신은 전문적인 도움이 필요한가?' 부분을 참조)와의 치료관계의 맥락에서 사용할 것을 권장한다.

자료를 읽는 것은 삶을 나아지게 하려는 노력의 한 단계일 뿐이다. 당신은 많은 부분을 읽고 또 읽을 필요가 있을 것이며, 우리는 당신이 도움이 되는 부분에 밑줄을 치고 여백에 메모도 하길 바란다. 읽다 보면 쓰는 연습을 하는 부분과 실제 변화를 수기 위해 당신이 할 수 있는 것들을 제안한 부분을 발견하게 될 것이다. 반드시 실제로 연습을 해 보라. 악기를 배우거나 테니스 기술을 향상시키기 위해 필요한 노력을 생각해 본다면, 실제로 연습을 하는 것이 얼마나 중요한지 이해할 것이다—읽는 것만으로도 도움이 될 수 있겠지만 잘하기 위한 유일한 방법은 연습을 하고 또 하는 것뿐이다.

그런 노력들이 다 그렇듯이, 처음에는 잘하지 못할 수 있다는 것을 받아들여야 한다—헤매고 실수를 하고 때로 낙담할 수 있는데, 이것은 모두 과정의 일부다. 피아노를 처음으로 일주일 동안 배우고 나서 협주곡을 연주하길 기대할 수 없는 것처럼, 이 책을 한번 훑어보고 나서 인지치료에 '통달'할 것을 기대해서는 안 된다. 당신이 처음으로 시도한 노력이 극적인 결과를 내지 못하더라도 자신에게 시간을 좀 주고 이해해 주도록 하자. 그리고 믿을 만한 친구나 치료자에게 도움과 격려를 청해 보자.

당신은 전문적인 도움이 필요한가?

아래 제시된 규준 중 어느 하나라도 당신에게 해당되는 것이 있다면 즉시 전문적인 도움을 받을 것을 권고한다.

- 자살할 계획을 세웠고, 자살 계획을 실행할 수 있는 수단을 가지고 있다.
- 자살하려고 하며, 현재 술이나 다른 약물을 남용하고 있다.
- 먹거나 잠을 잘 수가 없다.
- 이 책을 마지막 구원으로 생각하고 있는데, 이것이 도움이 되지 않는다면 자살하기로 결심했다.
- 환청이 들리거나 또 다른 방식으로 현실과 현실이 아닌 것을 구별하는 데 어려움을 겪고 있다.
- 이전의 외상적 경험이 갑자기 지금 일어나는 일처럼 생각나곤 한다.
- 무엇을 했었는지 전혀 기억나지 않는 시간들이 있다.
- 심한 우울증과 심한 불안을 동시에 경험하고 있다.

이 증상들은 위급한 심리적 위기 상태라는 징후이며 즉각적인, 때로는 의료적인 개입을 필요로 한다. 이 모든 것들은 치료를 받으면 호전될 수 있다. 일단 좀 더 급한 분열성의 증상들을 다루고 나면 여기에 기술된 전략들을 통해 도움을 받을 수 있는 보다 나은 상태가 될 것이다.

부모 그리고 걱정에 빠진 주위 사람들에게

당신이 청소년기의 아들이나 딸에 대한 걱정 때문에 이 책을 읽고 있는 부모라면 이 책이 주로 어른들에게 초점을 맞추고 있다는 것을 발견할 것이다. 이것은 최근에 청소년 자살과 자살 시도가 현저하게 증가하고 있다는 것에 대한 관심이 부족하기 때문이 아니라, 단지 우리의 임상적 수련과 임상장면의 초점이 주로 성인들에 맞추어져 있기 때문이다. 이 책에 나오는 대부분의 원리와 전략들은 십대 청소년들과 성인들에게 동일하게 적용될 수 있지만 십대들은 일부 중요한 부분에서 차이점이 있다. 그러므로 이 책에 덧붙여, 우리는 솔 고든(Sol Gordon)의 『When Living Hurts』와 같은 청소년기를 특정 대상으로 삼은 책을 추천하며 당신의 자녀에게도 권하고 싶다. 또한 우리는 당신이 청소년과 가족 분야에서 전문적 수련을 받은 정신건강 전문가와 만나 아들이나 딸에 대한 걱정거리를 의논해 보기를 바란다.

성인 친구나 친척들 때문에 근심하고 있는 독자들은 부록 1-'걱정에 빠진 가족들과 친구들을 위한 지침'을 살펴보기 바란다. 아마 이 책의 나머지 부분(특히 첫 세 장에서)에서도 친구나 가족들이 경험하고 있는 것을 더 잘 이해하고 당신이 도움을 줄 수 있는 방법을 파악하는 데 도움이 되는 부분을 발견할 것이다.

임상가들에게

우리는 이 책이 치료적 관계의 맥락에서 사용되길 바란다. 독자들이 처음에는 열정을 가지고 자조 서적들을 읽지만 읽고 나면 곧 잊어버린다는 것을 우리는 잘 알고 있다. 우리 생각에, 치료과정에서 내주는 과제를 열심히 하지 않는 것도 같은 이유에서일 것이다. 변화는 힘들고 복잡한 일이며, 과제를 하는 것을 방해하는 역기능적 인지는 처음에 문제를 유발한 바로 그것인 경우가 많다. 그러나 과제를 참고 할 필요가 있는 것처럼, 인내심과 문제해결과정을 통해 노력하는 것은 분명 가치 있는 일이다. 우리는 대부분의 환자들이 진심으로 나아지길 원한다고 가정한다. 그리고 전문가인 당신이 이 책을 통해 방법을 찾으려는 독자들의 노력을 돕고 그들의 삶을 더 나아지게 하는 작업을 할 수 있도록 도와주길 기대한다.

이 책의 기본적인 틀은 인지-행동적인 것이지만 여기에 기술된 치료적 전략은 대부분의 치료적 오리엔테이션과 양립할 수 있는 것이다. 자살의 인지적 모델과 자살 환자의 인지-행동치료에 대해 더 공부하기를 원하는 임상가들을 위해 다음 저자들을 추천한다: Ellis(1986, 1987); Fremouw, dePerczel 그리고 Ellis(1990); Layden, Newman, Freeman 그리고 Morse(1993); Linehan(1993); Freeman과 Reinecke(1993). 여기에 덧붙여, 임상가들이 아론 벡(Aaron T. Beck)의 우울증의 임상적 개념화(Beck, 1967; Beck 등, 1979)와 앨버트 엘리스(Albert Ellis)의 합리적-정서적 행동치료(REBT; Ellis, 1994)를 공부해 볼 것을 강력히 추천한다.

마지막으로, 자살하려는 사람들의 치료와 이해에 선구적인 작업을 한 마샤 라이한(Marsha Linehan, 1993)에게 큰 빚을 지고 있음을 밝히고 싶다. 그녀의 작업은 주로 경계선 성격장애를 가진 환자들에게 초점을 둔 것이었지만 대부분은 자살환자 집단에도 일반화할 수 있는 것이었다. 특별히 우리는 그녀가 대인관계기술, 정서적 조절기술, 수용의 태도와 변화하려는 노력 사이의 균형감을 배양하는 것과 같은, 치료의 다양한 영역에 주의를 기울이며 자살환자들에 대해 다차원적인 접근을 강조한 것에 영향을 받았다.

제1부

자살에 대하여(그리고 당신 자신에 대하여) 당신이 알아야 할 것

chapter 1

자살은 사람들이 꺼리는 말이다

첫 번째 작업: 오명을 벗기기

이 책을 쓰기로 결정하고 나서 우리는 곧 그것이 생각보다 쉽지 않으리라는 것을 알았다. 고통받는 사람들을 돕는 책이라는 것은 분명 좋은 생각인 것 같았다. 그러나 자살에 대한 자조(自助, self-help) 서적을 실제로 누가 사기는 할까? 그리고 누가 그것을 실제로 읽기는 할까? 결국, 자살은 사람들이 꺼리는 말이라는 것이다.

심장을 튼튼하게 하는 건강법이라거나 책을 좀 더 빨리 읽는 법 또는 성공하는 성격을 개발하는 법과 같은 책을 사는 데 꺼림칙한 마음을 가지는 사람은 아마 없을 것이다. 그러나 대부분의 나라에서 자살은 치욕스러운 것이며, 사람들이 가지고 있는 대부분의 다른 문제들과는 다른 것으로 본다. 신문의 부고란을 보자. 모든 죽음의 1.4%는 자살에 의한 것이라고 알려져 있다. 이는 간질환이나 신장질환 또는 살해에 의해 사망한 사람 수보다 큰 수치다. 그러나 당신이 보는 신문이 대부분의 신문들과 비슷한 종류의 것이라면 사망원인이 자살이었다는 말은 신문에 올리지 않는 것으로 되어 있을 것이다.

이렇게 하는 동기는 살아 있는 가족들의 마음을 다치지 않게 하려는 좋은 의도에서 나온 것이겠지만, 왜 자살에 의한 죽음은 다른 이유로 죽은 것과는 달리 부끄럽고 당혹스러운 것일까? 이 질문에 대한 대답에는 많은 기원(종교적인 것 같은)이 있고 수백 년 전까지 거슬러 올라갈 수 있다. 15세기에 성 오거스틴(St. Augustine)은 자살은 스스로를 살해하는 것이며, 영원한 천벌을 받게 되는 확실한 길이라고 공포했다. 중세까지도 영국에서는 자살을 하면 법적인 제재를 받았으며, 가족들은 고인의 소유에 대한 모든 권리를 박탈당했다. 지금으로부터 그리 오래되지 않은 1800년대 초의 프랑스에서는 자살한 사람의 시체를 교수대에 매달아 두었으며, 영국에서는 심장에 말뚝을 박고 교차로에 시신을 매장했다. 다행히도 '희생자를 비난하는' 이런 끔찍한 사례들은 과거의 일이 되었다. 그러나 불행히도, 자살에 대한 오명은 사라지지 않았다. 미국의 다섯 개 주에서는 자살이 아직도 범죄조항(비록 이 법이 거의 적용되지는 않지만)에 포함되어 있다.

당신은 아마 "글쎄요, 왜 자살이나 자살 행동에 낙인을 찍지 말아야 합니까? 그게 결국 죄이지 않습니까? 게다가 우리는 자신을 해치는 행동을 못하게 할 수 있는 그 어떤 일이라도 하고 싶습니다."라고 말할지 모른다.

사실, 우리는 자살이나 자살 행동을 막기 위해 우리가 할 수 있는 모든 것을 다 하길 원한다. 그러나 우울한 사람들을 죄책감의 덫에 빠지게 하는 것은 바람직하지 않은 것 같다. 우울한 사람들은 이미 가장 많은 죄책감을 느끼는 사람들이 아닌가? 만일 죄책감을 유발하는 것이 효과적인 전략이라면 우울한 사람들 중에는 자살하는 사람이 거의 없어야 할 것이다. 대부분의 우울한 사람들은 이미 자신에 대해 부정적으로 느끼고 있다. 도덕적 유죄선고로 위협하는 것은 이미 자신을 형편없다고 믿고 있는 사람들에게 어떤 긍정적 영향도 미치지 못한다.

현재 대부분의 종교에서는 자살을 고의적인, 사악한 행위라기보다는 장애의 한 증상으로 본다. 그러므로 감정적으로 동요되고 판단력이 손상된 가운데 선택한 행위에 대해 그 사람을 비난하는 것은 더 이상 적절하지 않다고 보고 있다. 더 나아가 자살이 성서에서 특정하게 금지된 적이 없었다는 것을 알면 당신은 놀랄지도 모른다(살인은 명백하게 금지되어 있지만 우리는 자살을 살인의 형태로 간주할 수 없다). 자살이 그렇게 중대한 범죄라면 상당 부분을 특별히 거기에 할당했을 것이다.

그러면 우리는 자살을 어떻게 보아야 하는 것일까?

다음은 우리가 추천하는 것이다.

1. 오명을 벗기자 수치심처럼 치료적 과정을 방해하는 것은 없다. 만일 테니스 선수가 개인교습을 받는 것을 수치스러운 일이라고 믿는다면 경기력이 향상되기는 어려울 것이다. 산부인과 의사를 만나는 것을 부끄러워하는 여자나 전립선 검사받기를 창피해 하는 남자가 있다면 암을 미리 발견하지 못해 보다 큰 위험에 직면할 수 있다. 만일 당신이 자살 사고나 행동을 수치스럽게 생각한다면 치료를 받거나 자조(自助)적인 노력을 통해 그런 것들을 다룰 가능성은 적어진다. 이러한 이

유 때문에 당신은 기회를 잃어버릴 위험에 처하고, 말 그대로 목숨을 구할 기회를 잃어버릴 수 있는 것이다.

당신 친구를 '늦장꾸러기' 라거나 '여유만만' 이라고 생각하는 것처럼 자살이라는 용어를 비(非)판단적인 방식으로 생각하는 연습을 하라. 사람은 불완전한 존재다. 그런 점이 분명히 손해를 끼치기는 하지만 불완전하다고 해서 비난을 받을 이유는 없다. 그런 문제들은 모두 확실히 해결 가능하다. 그러므로 두 번째 제안을 하고자 한다.

2. 문제해결이라는 관점을 채택하자　자살성(suicidality)[1]은 (아무리 불이익이 되더라도) 문제를 해결하기 위한 시도—다른 선택의 여지가 없는 것 같아 보일 때 하는 절망적인 시도—이상도 이하도 아니라는 점을 자신에게 확신시키도록 하라(생각해 보라. 멀쩡한 사람이 효과적이고 덜 고통스러운 문제해결 접근법이 명백히 있는데도 자기에게 해가 되는 방법을 취한다는 것은 말이 되지 않는다).

당면한 어려움이 육체적인 고통이든 외로움이나 상실감 같은 정서적인 아픔이든, 고통스러운 문제는 위안을 갈구하게 한다. 어떤 사람이 단지 자해보다 덜 절망적인 해결책을 찾아내지 못한다고 해서 비난받아야 하겠는가?

---

1) 자살성(suicidality)이라는 용어는 일반적으로 '자살하려는' 상태 또는 어떤 사람의 자살할 위험성을 언급하기 위해 사용되는 용어다. 자살하려는(suicidal)이라는 용어는 자기에게 손상을 입혀 죽음에 이르게 하는 잠재적 특성과 관련된 사고, 감정 그리고 행동들을 보이는 사람을 기술하는 것이다. 어떤 사람이 고의적인 자해나 자기파괴에 대해 생각하고 말하고 이를 행동으로 옮길 때 '자살하려는' 이라고 간주한다. 이러한 개념들은 2장에서 좀 더 자세히 논의할 것이다.

또한, 수치심과는 달리, 문제해결의 관점은 직접적으로 해결책을 보여 준다. 부적응적인 문제해결에 대한 해결책은 아주 간단하다. 더 나은 해결방법을 찾는 것이다. 이때 당신은 어쩌면 "말하기야 쉽지, 내 문제는 해결책이 없습니다. 만약 있다면 자살을 하지 않지요!"라고 말할지 모른다. 그러므로 세 번째 제안을 하고자 한다.

3. 열린 마음을 갖자 어쩌면 문제에 해결책이 없는 것이 아니라 단지 당신에게 해결책이 분명하게 보이지 않는 것일 수 있다. 당신이 쉽고 명백한 해결책을 놓치고 있다고 이야기하려는 것이 아니다. 만일 해결책이 쉬운 것이었다면 당신이 진작에 알아차렸을 것이다. 똑똑하고 책임감 있는 사람이라도 때로는 외부의 조언을 받으면 더 나은 해결책을 찾을 수 있다는 가능성을 생각해 보자. 성공한 사업가나 대기업이나 정부기관 그리고 유명 운동선수들도 모두 자문관을 두어 상당한 도움을 받고 있다. 당신이 남의 말에 귀 기울일 수 있고, 배울 수 있는 열린 마음과 의지를 가지고 있다는 것은 부끄러운 일이 아니라 자랑스러워할 만한 것이다.

실제 사람들

다음에 나올 이야기들은 자살 사고와 자살 행동의 경험이 있는 두 사람에 관한 것이다. 우리는 그들의 사생활을 보호하기 위하여 이름과 세부사항을 약간 수정하였으나, 아래의 이야기는 우리가 임상 장면에서 본 실제 사람들을 기술한 것이다. 자살을 문제해결의 관점으로 보는 연습을 시작하는 데 이용해 보자. 다른 말로 하면 이 사람들을, 당신과 마찬가지로, 고통에 대해 좀 더 효과적이고 합리적인 해결책을 찾아내는 데 어려움을 겪고 있는, 선량하고 괜찮은 사람으로 보는 연습을 하자.

'배키' 는 구급차에 실려 응급실로 들어왔다. 그녀는 항우울제 25알을 삼키고 119에 전화를 했다. 17세의 고등학교 중퇴자이고 18개월 된 아들의 엄마인 배키는 죽고 싶지는 않았으며, 단지 최근에 재혼한 어머니의 '관심을 끌고' 싶었다고 주장했다.

입원 병동에서 그녀와 상담을 하면서 자살을 시도한 이유가 그렇게 간단하지 않았다는 것이 드러났다(간단한 경우는 드물다). 그녀는 8세 때 아버지가 가족을 떠나버린 이래 버림받았다는 느낌에 시달려 왔다. 그것을 받아들이기에는 너무 절박해서 14세가 되자 그녀를 '멍청' 하다고 하고, 늘상 자기 외에 누구도 그녀를 거둬줄 사람이 없을 거라고 말하는 남자 친구와 사귀기 시작했다. 배키의 아버지와 상당히 비슷하게 행동을 했던 이 남자친구는 아기가 태어나자, 그녀를 버렸다.

그녀가 유일하게 신뢰하는 사람이었던 어머니가 재혼을 했을 때, 배키는 절망적 행위를 자살로 표출하는 것 이외에 자신의 관계에 대한 욕구를 어떻게 다루어야 할지 알지 못했던 것이다.

'랜디' 는 '도움이 필요해서' 나를 찾아온 25세의 남자였다. 면담을 하는 동안 그는 눈을 내리깔고 있었으며, 목소리는 거의 들리지 않을 정도로 작았다. 그는 '수년간' 우울했으며, 최근에 목숨을 끊을 결심을 했다고 설명했다. 열광적인 사냥꾼이었던 그는 집 근처의 숲으로 라이플총을 가지고 가서 다시는 돌아오지 않을 작정이었다. 늘 상황의 긍정적인 면을 찾는 나는 랜디에게 어떻게 죽음보다 삶을 선택해서 집으로 돌아올 수 있었냐고 물었는데, 나는 그의 대답에 역습을 받은 모양새가 되었다. 그는 "왜냐하면 나는 겁쟁이니까요."라고 씁쓸하게 대답했다. "나는 방아쇠를 당길 배짱이 없었어요." 이 대답은 랜디의 치료에 주요한 초점이 되었다—그는 자신의 행동에 대해 좋은 것이든 나쁜 것이든 잔인하게 비판하는 오랜 습관을 가지고 있었다. 그는 자기 고통의 주요 근원이 '삶'이 아니라 이러한 자기 학대였다는 것을 깨닫지 못했으며, 죽음은 결코 이러한 고통에 종지부를 찍을 수 있게 해 주는 것이 아니라는 점을 알지 못했다.

자살의 유병률

당신이 자살성과 관련된 생각과 감정을 재고해 보다가 당신과 비슷한 처지의 사람이 또 있을까 궁금해 했을지도 모르겠다. 자살을 하려는 사람들은 종종 혼자라는 느낌, 외로움, 동떨어져 있고 부족하다는 느낌에 시달리곤 한다. 이들이 집단치료에 참가하게 되면 종종 다른 사람들도 비슷한 생각과 감정을 느낀다는 데 대해 놀라움을 표현한다.

자살성은 놀라울 정도로 일반적이다. 다음 사실들을 고려해 보자.

- 자살은 미국에서 아홉 번째 사망원인이며 1,000명 중 14명의 죽음은 자살에 의한 것이다(1.4%).
- 매년 미국에서 30,000명이 자살로 목숨을 잃는다. 이것은 살인으로 인한 연간 사망자 수보다 더 많은 것이다.
- 자살을 시도한 사람들의 절반 이상은 정신건강 서비스[2)]를 받지 못했다.
- 자살은 15~24세 사이의 젊은이들의 사망원인 가운데 3위이며, 사고나 살인으로 인한 사망 바로 다음이다.

2) 역자 주: 상담을 받거나 정신과 의사의 진료를 받는 것 등

- 약 17%의 사람들이 인생의 어떤 시점에서는 임상적 우울증을 겪는다. 만일 치료를 받지 않으면 이 사람들 중 1/6은 결국 자살을 한다.

여기에 자살 생각을 하고 있는 사람, 자살 위협을 하는 사람, 그리고 덜 치명적인 자살 방법을 택했던 사람들은 포함되어 있지 않다. 덜 치명적인 자살 사건에 대한 정보가 부족한 것은 자살로 인한 사망자보다는 덜 알려지기 때문이다. 그러나 사람들에게 자살을 시도해 보았거나 심각하게 고려해 보았는지에 대해 질문하는 조사를 해 본 결과, 전체 인구의 16%가 자살로 목숨을 끊을 생각을 해 왔으며, 4%는 실제 시도를 해 본 것으로 나타났다.

당신을 겁주거나 비관하도록 하기 위해 이러한 통계치를 제시한 것이 아니라 단지 강조하고자 하는 것이다: 자살은 드물거나 기괴한 현상이 아니며, 당신은 혼자가 아니라는 것이다. 자살 사고나 감정을 가진다는 것이 확실히 좋은 일이 아니긴 하지만 드문 일은 아니다. 그러므로 만일 당신이 스스로 수치스럽게 느끼거나 '나 같은 사람은 없을 거야.' '자살에 대해 끔찍하게 어떻게 이야기를 꺼내?' '아무도 나를 이해할 수 없을 거야.' 라고 생각한다면 다시 생각해 보라. 자살의 유병률을 기억하는 것은 자신에게 연민의 마음을 느끼고 자신을 이해할 수 있는 기회를 제공해 줌으로써 당신의 자살하고 싶은 마음에 대해 뭔가 할 수 있도록 해 줄 것이다.

'합리적' 자살

사람들은 종종 합리적 자살에 대해 우리에게 질문하곤 한다. 그 질문은 보통 다음과 같다: "어떤 사람들의 경우에는—고통스러운 말기 질환을 앓고 있거나 절망적인 상황에 빠졌거나 하는 이유로 너무나 비참하게 살고 있는 경우에—자살이 솔직히 가장 좋은 해결책인 것 아닙니까? 우리가 그들의 입장이 아니기 때문에 살아야만 한다고 주제넘게 주장하는 것은 아닐까요?"

합리적 자살에 대한 질문은 정당한 것이다. 우리가 사는 세상은 빠르게 변해 왔고 점점 복잡해졌다. 변화의 한 가지 예는 사람들의 수명이 과거 그 어느 때보다 길어졌다는 것이다. 이것은 보통 축복으로 여겨지지만 어두운 면도 있다: 사람이 나이가 들수록 사랑하는 사람이나 친구의 죽음, 젊은이 위주의 문화에서 일어나는 지위의 상실, 그리고 건강이 쇠약해지면서 신체기능이 저하되어 가는 것 등으로 인해 더 많은 고통을 겪게 된다.

우리의 새 시대는 일종의 양날을 가진 검이다. 예를 들어, 현대 의학은 알츠하이머병이나 AIDS와 같은 병의 진행과정을 과거 그 어느 때보다 잘 밝혀내 주고 있다. 동시에 그러한 병을 앓는 사람들은 자신의 병에 대해 충분한 설명을 듣게 되고 의학적 견지에서 자신들의 미래가 어둡다는 것을 이해하게 된다. 그들은 그 병으로 힘겨운 경과를 거치다 결국 죽을 것이라는 것을 안다.

주변을 둘러보면 우리 사회가 이러한 미치도록 복잡한 문제들에 반응하려고 애쓰고 있는 것을 목격하게 된다. 『Whose life is it anyway?』와 같은 영화에서 리처드 드레이퍼스(Richard Dreyfuss)는 이전에 건강했으나 자동차사고로 목 아랫부분이 마비된 사람 역을 맡았다. 그는 간호인들에게 자신을 죽여 달라고 애걸한다. 우리는 어떻게 삶을 마감할 것인가에 대한 정보를 제공하는 헤먹 소사이어티(Hemock Society)가 주도하고 있는 '죽을 권리' 운동이 상당히 성장하는 것을 목격한다. 의료계는 몇몇 저널이나 모임에서 말기 질환을 앓는 환자가 참을 수 없는 극심한 고통을 받으며 며칠이나 몇 주를 더 사는 것보다는 죽음을 선택할 수 있도록 돕는, '의료인의 도움을 통한 자살'에 대한 논쟁을 벌이고 있다. 또 다른 극단에서, 은퇴한 병리학자인 잭 케보르키안(Jack Kevorkian)은 절망적인 상태의 사람들이 자살을 할 수 있도록 돕게 해 달라는 요청을 받아들였으며, 1인 옹호운동을 전개했다.

여기서 우리는 어떤 결론을 내려야 하는 것일까? 이것이 진짜로 복잡한 문제라는 것을 인정하고 멩켄(H. L. Mencken)이 한 말을 떠올려 보자. "복잡한 모든 문제에 간단한 해결책이 있다면…… 그것은 틀린 것이다." 잘 정립되어 있지만 논쟁의 소음 속에서 자주 놓치는 다음 사실들을 고려해 보자.

- 엄격한 연구에 따르면 자살한 사람들의 일부가 말기 질환을 앓았지만 거의 대부분(적어도 95%)은 치료 가능한 정신질환이었다. 불행히도 이들은 대부분 그들의 질병에 대해 치료를 받지 못했다.
- 말기 질환을 앓는 사람이든 아니든 자살을 하려는 사람들은 거의 전부 임상적으로 우울한 상태라는 것을 연구들은 보여주고 있다. 우울증은 합리적 사고를 현저하게 방해하기 때문에 '합리적' 자살이라는 개념은 그 의미를 상실한다.
- 우울증은 대부분의 경우에 성공적으로 치료될 수 있다. 그리고 우울증이 치료되면 자살 소망은 다른 우울증상과 더불어 사라지게 된다.

다른 말로 하면, 아주 드문 경우지만 합리적인 자살이라는 것이 이론적으로 있다 하더라도 대부분의 경우에 문제는 질병이나 삶의 상황이 아니라 우울증 그 자체다. 우울하거나 정서적으로 고통스러운 한, 왜곡되고 비현실적으로 부정적인 사고에서 자살 사고가 나온다는 것은 너무나 확실하다. 이것이 치료되지 않는 한, 그리고 치료될 때까지 '합리적' 자살이라는 것은 불가능한 것이다.

죽으려는 결정은 한 사람이 내리기에는, 특히 비참한 상황에 사로잡혀 있는 사람이 해 버리기에는 너무나 중대한 것이다. 혹시 자살이 적절한 선택이 될 수 있으려면 그의 가족과 의료진의 충분한 논의를 통해 결정이 이루어져야 할 것이다. 우울증을 평가하고, 적절한 주의가 필요한 다른 정신과적 질병이 없는지를 확인하는 데는, 책임감 있는 정신건상 전문가 팀이 필요하다. 우울증이 발견되고 치료되면 대부분의 환자들은 기분이 호전되며 그 당시에는 합리적인 것처럼 느껴졌던 자살 욕구에 따라 행동하지 않았다는 것에 대해 안도감을 표현한다.

chapter 2

당신은 '자살하려는 사람' 인가?

'자살하려는(Suicidal)' 이라는 말이 당신이나 당신의 가족에게 정말로 적용되는 것 같은가? 어쩌면 당신은 이 책을 읽을 필요가 있는지에 대해서도 궁금할 것이다. 만일 온통 혼란스럽게 느껴진다면 당신만 그런 것이 아니라는 점을 이야기해 주고 싶다. 세계적으로 유명한 전문가들도 자살이나 자살하려는이라는 용어가 무엇을 의미하는지에 대하여 의견일치를 보지 못하고 있다.

우리 환자들 중 일부는 자신들의 자살성(suicidality)에 대해 매우 분명히 알고 있지만, 어떤 사람들은 상당히 혼란스러워한다. 어떤 사람들은 실제로 그렇지 않으면서 자살을 생각하고 있다고 말하기도 하고, 어떤 사람들은 자살을 분명히 생각하고 있으면서 부인하기도 한다. 우리가 자신을 평가하는 데 자살학의 전문용어들을 도입할 필요는 없다(비록 정신건강 전문가들이 자살성을 의심할 때는 언제라도 그렇게 하는 것이 중요하지만 말이다).

이 장에서 우리는 자살성의 증상과 지표들에 대해 논의할 것이며, 자살성이 당신이나 당신 가족에게 관련되는지 판단할 수 있도록 도울 것이다.

나는 심각하게 자살을 생각하고 있는가, 아닌가?
(대답: 어느 쪽도 아니고 둘 다이기도 하다)

자살성을 확인하는 것이 혼란스러운 이유 중 일부는 흑백논리 때문에 생긴다. 그것은 '이것 아니면 저것' 이어야 한다는 잘못된 믿음이다. 예를 들면, 똑똑하거나 멍청하고, 매력적이거나 못생겼고, 좋거나 나쁘고, 자살하려고 하거나 자살하려는 것이 아니거나 등이다. 이 문제의 진실은 사람이라는 존재는 거의 언제나 두 극단 사이의 어딘가에 놓여 있다는 데 있다(말하자면 '좀 잘생긴 편' 이라거나 '꽤 똑똑한' 사람이라는 등). 또는 두 극단의 혼합이기도 하다(말하자면 '좋기도 하고 나쁘기도 한' 등).

이것은 또한 자기파괴적인 생각을 하는 사람들에게도 적용된다. 거의 예외 없이 자살을 하려는 사람들은 살 것인지 죽을 것인지에 대해 혼합된 감정을 가지고 있다. 예를 들어, 죽고 싶은 마음뿐이라는 사람도 종종 다양한 방식으로 여전히 살고 싶은 마음이 있다는 것을 보여 준다. 이것은 자살 시도의 어떤 측면을 반영하는 것 같다. 본인이 인식을 하든 못하든, 때로 자신을 구하러 올 누군가가 도착할 시간에 맞추어 자살 시도가 일어나기도 한다. 누군가에게 자살 생각을 전달하는 단순한 행위도 그 사람의 일부에서는 계속 살아갈 수 있도록 도움을 좀 받았으면 하는 마음을 드러내는 것이다.

자신을 해치는 위험스런 행동을 하고서도 자신은 죽을 마음이 전혀 없었다고 주장하는 사람은 그 반대의 경우다. 자살 위협을 하거나 자살하겠다는 메모를 쓰는 것과 같은 '피해가 적은' 행동을 하는 사람부터 심한 자해를 하거나 치명적인 해를 줄 수 있는 약물을 과다복용하고 우연히 구출되는 사람까지, 자신은 솔직히 정말 자살하려는 것은 아니었으며, 다시는 그런 행동을 하지 않을 것이라고 말하는 사람들이 있다.

이들이 정직하지 못해서 그런 것이 아니다. 이들은 정말로 자신이 한 말을 믿는다. 이들은 단지 행동으로 그들이 양가적이라는 것을 보여 주는 것이다. 즉, 두 개의 명백히 양립되기 어려운 감정을 동시에 가지고 있는 것이다. 예를 들어, 우리는 친한 친구가 멀리 떨어진 도시에 직장을 구했다고 하면 기쁘기도 하고 동시에 그가 떠나는 것에 대해 슬프거나 화가 날 수 있다. 마찬가지로 자살하려는 사람도 거의 항상, 죽으려는 소망과 살아가려는 소망을 동시에 가진다. 우리는 자살 시도로 거의 죽을 뻔한 사람들도 옆에서 도와주는 사람들에게 협조하는 것을 보아 왔다. 그리고 살고자 하는 굉장한 열망을 주장하는 사람들에게 집에서 총을 치우라고 하거나 잔뜩 모아 놓은 알약을 버리라고 하면 매우 강하게 저항하는 것도 보았다.

연습 1: 당신의 두 가지 측면을 탐색해 보라

다음에 제시된 형식을 이용하여 당신의 양가감정을 탐색해 보자. '희망적인 측면'이라고 쓰여 있는 쪽에 자살에 반대하는 주장의 목록(예를 들어, '우리 부모님은 나를 필요로 한다.' '자살을 하는 것은 내가 믿는 종교에 반하는 것이다.' '좀 더 좋은 날이 올 것이다.')을 적는 것부터 시작하자. '절망적인 측면'이라고 쓰여 있는 쪽에는 자살을 긍정적으로 보게 하는 주장의 목록(달리 말하자면, '자신이 왜 더 이상 살 가치가 없는지' 등)을 적는다. 여기에는 맞는 답이나 틀린 답이 있을 수 없다. 이 부분은 당신이 지금 어디에 있는지를 분명히 보게 하려는 것이다.

연습의 두 번째 부분은 당신의 자각을 좀 더 확장하도록 도와줄 것이다. 만일 두 목록 중에서 절망적인 측면이 더 길고 더 그럴듯하게 보인다면 희망적인 측면으로 다시 돌아가서 좀 더 작업을 하라. 당신의 양가감정을 찾아내라. 좋았던 시절을 생각하라. 당신을 외부의 관찰자라고 상상해 보고 당신의 삶을 객관적으로 바라보라. 당신이 해야 하는 일이라면 무엇이든 해 보고 그 목록에 추가하기만 하라! 여기에서의 목표는 당신이 접촉을 상실한, 삶을 긍정하는 당신의 일부분과의 연결을 다시 시도해 보고자 하는 것이다. 그것은 이 책의 후반부에 나오는 치료 단계의 기초가 될 것이다.

만일 희망적인 측면의 목록이 더 길다면 우선 스스로를 칭찬해 주라고 말하고 싶다. 그러나 당신의 양가감정을 좀 더 찾아볼 것을 제안한다. 삶을 긍정하는 목록을 길게 적은 것은 다행스러운 일이지만 당신이 이 책을 읽는 데는 이유가 있을 것이다. 그러니 상상으로 과거(또는 미래를 예측하여)의 어두웠던 시기로 돌아가서 왜 살 가치가 없는지에 대한 이유를 적어 보라. 당신에게 지어내라고 요구하는 게 아니다. 단지 이미 거기 있는 것(또는 미래에 있을 것과)과 접촉해 보라고 하는 것이다. 이렇게 하는 목적은 벌써 뭔가를 바꾸어 보려고 하는 것이 아니라, 당신이 초점을 두어야 할 필요가 있는 것에 대해 좀 더 알 수 있도록 탐색해 보자는 것이다.

양가감정에 대해서 안다는 것은 여러 방식으로 당신에게 도움이

연습 1: 두 가지 측면을 탐색하기	
희망적인 측면	절망적인 측면
1.	1.
2.	2.
3.	3.
4.	4.
5.	5.
6.	6.
7.	7.
8.	8.
9.	9.

될 수 있다. 현재 당신이 보이는 긍정적인 모습 뒤에, 죽고자 하는 미묘하지만 중요한 소망이 숨어 있다는 것을 아는 것은 당신의 입장을 보다 확실하게 하도록 도울 수 있다(예를 들어서, 당신이 마음 한편에 죽음이 모든 문제를 해결하는 방법일 것이라는 믿음을 가지고 있다는 것을 발견한다고 했을 때, 이 연습은 죽어버리면 문제로부터 자유로운 상태도 즐길 수 없다는 것을 깨달을 기회를 줄 수 있을 것이다). 다른 한편으로, 살고자 하는 끈질긴 소망이 미약하지만 지속적으로 빛을 발하고 있다는 것을 알게 되면, 정말 죽고 싶다는 자살사고에 직면하게 되더라도 당신의 삶에 대한 열정에 다시 불을 지필 여지를 마련할 수 있을 것이다.

자살하려는 사람의 두 가지 유형

양가감정에 대한 설명은 자살하려는 상태를 분명하게 하는 데 도움이 되었을 것이다. 하지만 혼란스러울 수 있는 부분이 아직 남아 있다. 당신은 '내 치료자가 내게 이 책을 읽으라고 했습니다. 하지만 나는 자살하려는 사람이 어떤지 알고 있으며, 나는 그 틀에 맞지 않습니다.' 라고 생각할 수 있을 것이다.

이것은 우리에게 자살성에 대한 또 다른 매우 중요한 정보를 제공해 준다. 자살하려는 사람은 많은 다른 모습을 하고 있다. 만일 당신이 자살하려는 모든 사람들이 미쳤거나 똑똑하거나 멍청하거나 젊었거나 늙었거나 이혼을 했거나 안 했거나 또는 알코올 중독이거나 이들의 혼합이라고 생각한다면 다시 생각해 보라. 실제로, 자살하려는 모든 사람이 우울하다는 것도 사실이 아니다.

연구자들이나 치료자들이 자살성에 대해 설명할 때, 때로 모든 자살하려는 사람들이 비슷한 것처럼 이야기하긴 하지만, 경험 있는 임상가들은 그렇지 않다는 것을 잘 알고 있다. 암이라는 용어가 각각의 환자들에게 전혀 다른 의미일 수 있는 것처럼 자살성도 사람에 따라 전혀 다를 수 있다. 불행히도 "당신은 XYZ 유형의 사람이군요. 여기 당신을 위한 치료 프로그램이 있습니다."라고 할 정도로 현대 과학이 발전되지는 않았다. 그러나 임상경험을 바탕으로 자살하려는 사람들은 일반적으로 다음의 두 범주 중 하나에 해당된다고 말할 수 있다.

첫 번째 범주는 우울·절망 타입이다. 이 유형은 자살에 관한 문헌에서 가장 빈번히 언급되었으며, 어쩌면 우리가 자살이라는 말을 들었을 때 가장 많이 떠올리는 것이다. 이 유형은 이전 장에서 기술된 '랜디'의 예에 나왔었다. 그는 수년간 우울증을 앓았으며 인생에서 즐거움이라고는 조금도 느끼지 못하는 지경에 이르렀다. 그는 수면 문제와 식욕상실을 겪었으며 그에게 중요했던 모든 것에 대해 흥미를 상실했다. 좀 더 중요한 것은 희망이 없다고 느낀다는 점이었다. 그는 비참함이 영원히 지속될 것이며 그 자신이나 어느 누구도 그것을 변화시킬 수 없다고 믿었다. 그는 고통을 끝낼 수 있는 유일한 방법이 떠나는 것(자기-허무)이라고 믿었기 때문에 자살을 생각한 것이었다.

또 다른 범주는 의사소통·통제 타입이다. 이것은 우울·절망 타입과 표면적으로는 유사하게 보인다. 그러나 그 이면을 들여다보면 상당한 차이점이 있다. 실제로 이 유형의 사람들은 죽고 싶다는 소망을 표현하고, 때로 자신에게 해를 입힘으로써 그 소망을 행동으로 옮긴다. 그러나 이들을 특징짓는 몇몇의 특성들이 좀 더 있다.

예를 들어 보자. '제니퍼'는 어머니와 양아버지가 응급실로 데려왔다. 그녀는 친구를 사귀는 문제로 부모와 심한 언쟁을 벌인 후 한밤중에 약상자에서 여러 종류의 알약을 꺼내 삼켰다. 그녀는 16세였는데 지난 몇 년간 가족들과 갈등을 겪었으며, 2년 전 부모가 이혼하기 전에는 친아버지로부터 신체적 학대를 당했다. 그녀의 어머니가 재혼을 한 이후, 상황은 다소 나아지는 것 같았으나, 1년 후 어머니가 아이를 낳은 뒤부터 상황은 악화되기 시작했다. 자살 시도를 한 이후에 가진 치료 회기 중에 제니퍼는 자신은 죽기를 원했던 것이 아니었다고 말했다. 그녀는 집에서 잘 지내보려고 할 수 있는 모든 것을 다했으나 실패했다. 약을 먹은 것은 그녀가 아는 유일한 방법으로 자신의 절망감을 전달하려 했던 것이었다.

〈표 2-1〉은 이 두 유형의 자살집단이 어떻게 다른지를 보여 준다. 원한다면 이것을 당신이나 당신의 가족에게 어느 쪽이 더 맞는지를 평가할 수 있는 체크리스트로 활용할 수 있다. 양쪽 목록에 있는 일부 항목들이 당신에게 해당될 수 있지만 한쪽 목록이 다른 쪽보다 당신에게 좀 더 두드러진다는 것을 발견할 것이다. 이 두 유형 중 어느 쪽이 더 좋거나 나쁜 것이 아니며 또한 어느 한쪽에 좀 더 관심과 주의를 기울여야 한다는 것도 아니라는 점을 기억하라. 연구에 따르면 두 집단 모두 결국은 목숨을 끊을 가능성이 상당히 높은 집단이라고 보고하고 있다. 이런 구분을 하는 이유는 우리가 '자살'이라고 언급한 큰 그림에 당신이 얼마나 들어맞는지를 보도록 도우려는 것이다. 또한 이것은 치료자와 내담자가 특정 개인에게 어떤 치료전략이 가장 도움이 될 것인지를 계획하는 데 도움이 되고자 하는 것이다.

표 2-1 자살하려는 사람의 두 가지 유형

우울 · 절망	의사소통 · 통제
• 전형적으로 남성이며 중년이나 노년기	• 전형적으로 여성이며 초기 성인기
• 상실에 의해 자살삽화(suicidal episode)가 촉발되는 경우가 빈번함	• 갈등에 의해 자살삽화가 촉발되는 경우가 빈번함
• 주요 정서는 절망감	• 주요 정서는 자포자기
• 자살 행동 이면의 주요 동기는 삶을 끝내는 것	• 자살 행동 이면의 주요 동기는 고통에 대해 의사소통을 하고자 하며, 삶을 더 나아지게 하려는 소망
• 자살시도는 비밀스럽고 사전에 계획됨	• 자살시도는 종종 속마음을 전달하고자 하는 것이며 몹시 충동적일 수 있음
• 자살시도는 폭력적이기 쉽고 상당히 치명적(총이나 목매달기) 방법 사용	• 덜 치명적(보통 약물 남용이나 절단) 방법 사용
• 자살시도 후 살아나면 후회	• 자살시도 후 살아나면 안심
• 치료의 주요 초점은 희망을 회복하고 부정적인 사고의 왜곡을 감소시키는 것	• 치료의 주요 초점은 갈등을 줄이고 문제해결 능력을 증진시키는 것

만약 ……라면 당신은 아마도 자살하려는 사람이 아닐 것이다

지구상에 사는 모든 사람들이 자살하려는 것처럼 보이기 시작했다면, 이제 자살하는 것에 대해 걱정은 할지 모르지만 아마도 자살을 하지는 않을 사람들을 고려해 보자. 그런 집단 중 하나가 공황장애를 가진 사람들이다. 공황장애는 신체적 각성(심장이 몹시 뛰고 숨을 쉴 수 없는 등)을 유발하는 심한 불안과 죽거나 미쳐버릴 것이라는 극심한 두려움이 예측할 수 없이 갑자기 발생하는 것을 특징으로 하는 일종의 불안장애다. 다른 걱정거리에 덧붙여 이들은 통제감을 상실할 것이라거나 자살을 할 것이라는 걱정을 한다. 이러한 두려움은 때로 또 한 번 공황발작을 겪느니 죽어버리는 것이 낫다는 생각을 하게 되면서 더 심해진다. 어떤 연구에서는 공황장애를 가진 사람들이 일반 사람들보다 자살 시도를 할 위험성이 더 높다고 하였으나, 이것은 아직 논란 중에 있는 주제다.

여기서 몇 가지 요지를 짚고 넘어갈 필요가 있다. 첫째, 공황장애를 가진 사람들은 자신들이 통제감을 상실할 것이라는 두려움을 가지고 있지만 이들은 그런 일이 실제로는 결코 일어나지 않는다는 것을 알고 있다. 심한 공황발작을 수십 번이나 겪은 뒤에라도 말이다. 더욱이 이 환자들에게 질문을 해 보면 죽기를 원하는 것이 아니라 자살을 하게 될까 봐 두렵다고 말한다. 또한 연구자들이 자세히 조사해 본 결과, 이들이 치명적이지 않은 방법으로 자살 시도를 하는 경향성이 상당히 높은 것에 대해 공황장애 이외의 다른 이유는 고려하지 않았다는 것을 알게 되었다. 공황장애를 가진 집단이 다른 일반 전집보다 자살률이 더 높지 않다는 것을 보여 주는 최근에 발표된 보고서로 판단해 보면 자살 행동은 공황장애보다는 다른 어떤 요인에 의해 촉발되는 것 같다.

주의: 공황장애가 자살의 위험요인과 관계가 있다고 보는 일련의 연구들은 상대적으로 일반적인 현상인, 공황장애와 우울증의 공병에 주목한다. 우울증도 괴로운 것이지만 우울증과 공황장애(또는 다른 어떤 형태의 심한 불안)를 둘 다 겪는다면 얼마나 힘들 것인가를 상상하는 것은 그다지 어렵지 않을 것이다. 만약 당신이 여기 해당된다면 즉시 도움을 받기 바란다. 우울과 마찬가지로 불안은 심리치료나 약물 또는 이 둘을 결합한 방법으로 매우 잘 치

료된다.

때때로 자살에 대해서 불필요하게 염려하는 또 다른 집단의 사람들이 강박장애(obsessive-compulsive disorder)를 가진 사람들이다. 이 불안장애를 앓는 사람들은 (하루에 수십 번씩 손을 씻는다거나 오븐의 불을 껐는지 반복적으로 확인하는 등) 어떤 터무니없는 행동을 해야만 한다고 느끼는 사람들이다. 또 그들은 (과거에 폭력적인 행동을 한 적이 없음에도 불구하고 자신이 자녀들을 다치게 할 수 있다는 점에 대해 극단적으로 걱정을 하는 등) 어떤 생각을 반복적으로 한다. 만일 당신이 강박증은 있으나 우울하지 않다면, 자살을 저지를까 봐 걱정하는 것은 진짜 자살성에서 나온 것이라기보다는 불안장애의 표현이라고 볼 수 있다. 이것은 당신 혼자서 판단하기 어려운 것일 수 있다. 우리는 당신이 정신건강 전문가를 만나서 그와 함께 변별해 보기를 추천한다. 이 불안장애도 치료 가능하다.

우리는 종종 건강하지 못한 삶의 방식을 가진 사람들에 대한 질문을 받는다. 심장발작을 겪은 뒤에도 담배를 계속 피우는 사람이나 헬멧도 없이 위험하게 오토바이를 타는 청년, 음주운전을 하는 알코올 중독자들이 속으로 무슨 생각을 하는지 궁금해 한다. 어떤 자살 전문가들은 우울한 것 같지 않으며 죽고 싶다는 소망을 부정하는 사람들이 이런 자기파괴적인 행동을 하는 것을 의식적으로 의도한 것이 아닌(subintentional) 자살이라고 설명할 것을 제안했다.

이런 식으로 추론하는 것의 문제점과 우리가 그것을 거부하는 이유는 그 논리적 극단까지 가면 자살의 궁극적인 개념이 무의미하게 되기 때문이다. 만일 담배를 피우는 것이 자살을 하려는 것이라면 기름진 음식을 너무 많이 먹는 사람은 어떠한가? 충분한 운동을 하지 않는 사람은? 또는 대기오염이 심하고 범죄율이 높은 도시에 사는 사람은 어떠한가? 오래지 않아 실제로 세상 모든 사람들이 이런 저런 방식으로 자살을 하려 한다는 결론을 내리게 될 것이다.

어떤 사람들은 살아가는 과정에서 현명하지 못하거나 건강하지 못한 선택을 한다. 치료가 이들에게 도움이 될 것이지만 아마 자살성이 그들의 행동에 대한 가장 좋은 설명은 되지 못할 것이다. 우리는 말이나 행동을 통해 극단적인 정서적 고통을 표현하고, 자신에게 상처를 주거나 죽음을 초래하는 방식으로 고통을 경감시키려는 경향이 있는 경우에만 자살하려는 사람으로 본다.

마지막으로, 잠깐 지나가는 자살 생각의 문제에 대해 고려해 보자. 어떤 환자들은 때때로 '내가 죽는 편이 더 낫겠다.' 라거나 '내가 여기 없다면 그 사람들은 좀 미안하겠지.' 와 같은 생각을 하는 것에 대해 상당한 걱정을 표현한다. 가족들은 10대의 자녀나 노인들이 죽음에 대해 언급하는 것을 들으며 상당히 걱정스러워 한다.

첫째, 그러한 생각은 아주 일반적이다. 전체 인구의 반 정도는 그런 생각을 한두 번 한 적이 있다는 것을 보여 주는 연구들이 있다. 중요한 점은, 당신이 자살이 대해 이야기하든, 못된 동료에 대해 적대감을 품든, 또는 결혼한 이웃에게 성적인 감정을 느끼든, 생각이 행동과 같은 것은 아니라는 것을 기억하는 것이다. 자살사고는 그것이 지속적인 경우에만, 또는 다른 자살 경고 사인이 있을 때에만 중요해지는 것이다. 그런 경우라면 즉시 행동을 취해야 한다. 그리고 그런 경우가 아니라면 걱정할 필요는 없을 것이다. 하지만 늘 그렇듯, 의심이 들면 정신건강 전문가의 자문을 받는 것이 안전하다. 이 장의 후반부에 '자살의 위험요인' 라는 부분에서 지나가는 자살 생각과 좀 더 심각한 자살 의도를 구별하는 방법에 대한 지침을 제시할 것이다.

스스로를 기만하는 방법들

자살에 관한 자신의 경험이 보통 자살과는 뭔가 다른 것이라고 생각함으로써 자신을 기만하는—또는 남들을 기만하게 되는—경우가 있다. 사람이라는 존재는 무수히 많은 다른 상황에서 늘 그렇게 한다: 담배를 피우는 사람이 다른 사람들은 암에 걸려도 자신만은 걸리지 않을 것이라고 확신한다거나, 범죄자가 자신은 잡히지 않을 것이라고 믿는 것, 운동이 꼭 필요한 사람이 자신은 정말로 운동을 시작할 것(하지만 내일부터)이라고 확신하는 것 등이다.

자살하는 사람들(전부가 아니라 일부)은 다양한 방식으로 자신을 기만한다. 지난 수년간 접해 온 몇 가지 예를 제시하면서 환자들이 말하는 것과 그것이 실제로 의미하는 것이 무엇인지에 대한 우리의 해석을 목록으로 만들었다.

"정말 심각하게 이야기한 것은 아니었어요(이제 집에 가도 될까요?)."

최근에 자살 시도를 하였거나 심각한 자살 기미를 보이는 환자들이 이런 말을 종종 한다.

번역 "나는 정말로 목숨을 끊고 싶어요. 하지만 그것에 대해 이야기하기는 너무 부끄럽습니다. 자존심을 지키기 위해 정말 심각한 것은 아니었다고 주장할 겁니다. 내 문제는 어떻게든 사라질 테니까요."

"맞아요. 정말 심각했어요. 그러나 지금은 좋은 쪽으로 생각하고 있습니다(이제 집에 가도 될까요?).”

이 말은 진지하게 들린다. 그러나 이 말은 종종 자신의 자살성 이면의 과정을 정말로 이해하고 변화시킬 수 있는 시간을 충분히 가지지 못한 사람들이 하는 말이다.

번역 “내 자살성의 중심을 들여다볼 필요가 있다는 것과 어떤 변화가 필요하다는 것을 알고 있어요. 하지만 그건 너무 어렵고 겁나고 시간이 많이 드는 일이잖아요. 어떻게 되나 그냥 놔두어 볼래요.”

“당신은 너무 심각하게 보는 것 같아요. 누구나 한때 자살에 대해 생각하잖아요. 마음 편히 가져요!”

이런 말은 잠시 동안 방어를 풀고 자신의 고통과 절망을 드러냈다가 두려움을 느끼고 다시 ‘다 덮어 버리려는’ 사람들에게서 듣게 된다.

번역 “가족들이나 내가 자살에 대한 생각을 다뤄야 한다는 것이 너무나 두려워요. 그러니 차라리 심각하지 않은 척하고 짐을 혼자 지고 가는 게 낫겠어요.”

“물론 나는 죽기를 원했어요. 그리고 나는 당신이 내 자살 행동에 대해 어떤 다른 이유가 있었다는 식으로 말하는 게 불쾌합니다!”

이런 말은 자살 위협을 했거나 다른 사람들에게 영향을 주려는 의도에서 좀 덜 위험한 시도를 충동적으로 했던 사람들에게서 종종 듣게 된다. 이렇게 하는 동기는 주의를 끌기 위한 것일 수 있으나 한편으로는 분노를 표현하거나 동정심을 이끌어 내거나 또는 도움을 청하기 위한 호소일 수 있다.

번역 “죽고 싶다는 소망 이외에 내 자살성 이면의 다른 동기들을 보게 된다면 당신은 나를 남들을 조종하는 사람이라고 생각할 것이고, 내 이야기를 더 이상 진지하게 듣지 않을 겁니다. 그런 것이 두려워요. 만일 내가 자기파괴적인 행동의 이면에 정말로 뭐가 있는지 알아볼 수 있는 기회를 놓치게 된다면 그게 바로 내가 치러야 할 대가일 것입니다."

"내가 만일 정말로 심각하게 자살을 생각했다면 벌써 해 버렸겠죠. 내가 자살에 대해 이야기하는 것은 그건 단지 관심을 끌려고 그러는 것이 틀림없어요."

불행히도 이런 위험한 믿음은 때로 가족들이나 가까운 사람들에 의해 강화된다. 사실 자살하는 대부분의 사람들이 죽기 전에 자살에 대해 이야기한다. 자살 생각이 드문 것이 아니라는 것은 사실이지만, 남들이 걱정할 만큼 자살에 대해 이야기한다면 이것은 잘 살펴보아야 할 충분한 이유가 된다.

번역 "나도 역시 자살에 관한 이야기에 대해 걱정을 해요. 하지만 나를 더 걱정스럽게 하는 것은 거기에 실제로 뭔가 더 있다는 거에요. 그러니 차라리 그것에 대해 이야기를 하지 않는 편이 낫겠어요."

"솔직히, 난 단지 관심을 원했어요. 이제 문제가 해결되었으니, 그것에 대해 말할 필요가 없어요."

때로 이 말의 앞부분은 진실이다. 사람들은 종종 관심이나 동정심을 얻기 위해, 또는 다른 사람들에게 영향을 주기 위해 자살 위협이나 자살 행동을 이용한다. 그러나 자살성에 문제가 있는 것이 아니라는 데 만족하게 되면 나중에 어려움이 생겼을 때, 비슷한 어쩌면 더 위험한 행동을 할 수 있는 위험성이 있다는 사실을 인식하지 못하게 된다.

번역 "내 욕구를 충족시킬 수 있는 더 나은 방법을 찾을 수 없다는 것이 정말 당황스러워요. 그러니 램프의 요정은 다시 들어가라고 하고 나는 이 문제가 다시는 떠오르지 않기를 바라려고 해요."

"날 좀 내버려둬요. 나는 문제삼을 가치도 없어요. 나는 어쨌건 목숨을 끊을 겁니다."

이런 말은 보통 버려지는 것에 대해 상당한 두려움을 가지고 있거나, 자신이 사랑받을 수 있는 존재라는 점에 대해 심각한 의문을 품고 있는 사람들이 한다. 이 말은 거칠게 들리며, 종종 전문적인 도움을 거절하는 말이다. 그러나 이것은 감정의 취약성을 덮고 있는 것일 뿐이다.

번역 "당신이 나를 포기해 버릴까 봐 두려워요. 그래서 내가 당신을 먼저 거부할 겁니다. 하지만 사실은 당신이 나를 잡아주고 도와주었으면 해요."

이들 시나리오 중에 어떤 것이라도 당신에게 들어맞는 것이 있는가? 만일 그렇다면 자신을 힘들게 하지 않길 바란다. 번역한 것을 잘 살펴보면 반복되는 주제가 수치심과 두려움이라는 것을 발견할 것이다. 이 감정들은 우리가 그것을 인식하든 못하든 간에 우리 자신을 기만하고 남들도 기만하도록 몰아대는 것이다. 만약 이것이 당신에게 문제라면 이전 장으로 돌아가서 자살에 대한 오명을 벗기는 부분을 다시 읽어 보라.

자살 사고와 행동은 사람들의 다른 문제들(분노 문제, 도박을 너무 많이 하는 것, "아니요"라고 말하기 어려워하는 것 등)과 마찬가지이며 부끄러워할 일이 아니라는 점을 기억하라. 만약 가족들이나 친구나 상담가나 누구라도 자살은 뭔가 부끄러워할 만한 일이라고 주장한다면 그는 실수를 하는 것이다. 그런 경우 우리는 당신이 자살에 대해 좀 더 편하게 이야기할 수 있게 해 주는 다른 사람을 찾아볼 것을 제안한다. 당신의 자살성을 최소화하거나, 왜곡하는 것은 상당히 위험한 결과를 초래할 수 있다. 그것에 대해 솔직하게 이야기하는 것은 비록 당신의 제일 좋은 면을 보여 주는 것은 아니지만, 새롭고 건강한 길을 갈 수 있게 해 주는 최고의 출발점이 될 것이다.

자살의 위험요인들

자살의 위험요인이 분명하게 드러나는 경우(예를 들어, 자신의 죽고 싶은 소망의 심각성에 대해 아주 잘 알고 있다거나, 당신이 사랑하는 사람이 생명을 위태롭게 하는 정도의 자살 시도를 했을 수 있다)도 있지만 분명치 않은 경우도 있다. 고통스럽거나 화가 나는 순간에 단지 지나가는 생각이 표출된 경우와 정말 걱정을 해야 할 자살 사고과 자살 행동을 어떻게 구분할 수 있을까?

다음은 자살과 연관되어 있는 것으로 알려진 위험요인들이다.

표 2-2 자살의 위험요인들

심리적 장애
자살 시도를 했던 과거력
절망감
자살의 가족력
구체적인 계획
준비
심각한 우울과 불안 증상
고립과 철수
살아야 할 충분한 이유가 없다고 지각하는 것
집안에 있는 위험한 물건

- 심리적 장애: 우울증, 약물 남용 그리고 정신분열증은 자살의 위험성과 가장 빈번히 관련되는 질환이다. 그러나 다른 심리

적 장애들도 자살의 위험성을 어느 정도 증가시킨다. 자살한 사람들의 95%가 어떤 심리적 장애로 고통을 겪었다. 우울증과 정신분열증 모두에서 궁극적인 자살률이 15%에 이른다.

- 자살 시도를 했던 과거력: 가장 잘 알려진 행동과학의 원리 중 하나가 미래의 행동은 과거의 행동과 일치하는 경향이 있다는 것이다. 자살 영역에서 이루어진 연구들은 자살에 의한 죽음의 가장 좋은 예측요인이 이전에 자살을 시도했던 과거사라는 것을 보여 주었다.
- 절망감: 절망감이 우울과 자살 사이에서 결정적인 연결고리 역할을 한다는 것이 여러 연구에서 증명되었다. 만일 당신이나 당신이 사랑하는 사람이 언제 어떻게 상황이 좋아질지에 대해 상상하기가 어렵다면 이것은 전문적인 도움이 필요하다는 확실한 징후다.
- 자살의 가족력: 연구에 의하면 자살은 종종 가족 내력을 가진다고 한다. 이것은 유전적으로 전달되는 생물학적 취약성, 행동적 모델링의 영향, 또는 알려지지 않은 여러 요인들의 어떤 조합에 의한 것일 수도 있다. 자살의 가족사를 가진 사람이 자살에 대한 이야기를 하거나 생각을 보고했을 때는 심각하게 받아들여야 한다.
- 구체적인 계획: 만일 자살 사고가 모호하고 추상적인 생각에서 구체적인 계획으로 진행되어 간다면 즉각적인 관심을 기울여야 한다. 더 구체화된 계획일수록 더 위험한 것이다. 특정한 계획을 세우지 않은 사람보다는 어떤 방법으로 자살을 할지, 언제 어디서 죽을 것인지에 대해 고려하고 있는 사람이 훨씬 더 위험하다.

- 준비: 자살 사고가 계획에서 실제적인 준비로 진행되면 자살 위험은 현저하게 증가된다. 준비라는 것은 유서를 쓴다거나 물건들을 정리한다거나(유언장을 작성하거나 생명보험을 꺼내 놓는다거나 하는 등), 약을 모으거나, 총기를 구하고 울타리를 고치는 등의 행동이 될 수 있다. 자살을 하는 십대들은 죽음을 준비하는 방법으로, 자기 물건들 중 좋은 것을 남들에게 주기도 한다.
- 심각한 우울과 불안 증상: 여기에는 절망감, 동요, 수면문제, 식욕상실, 만성적인 불안과 걱정, 공황발작, 흥미의 상실, 약물이나 알코올의 남용, 그리고 심각한 자기비난 등이 포함된다. 이 증상들은 대부분 언제나 심리치료 또는 약물치료로 잘 치유된다. 그러나 주위 사람이 이를 발견하지 못하면 이들은 종종 삶이 자신들에게 지운 짐을 더 이상 견딜 수 없다는 결론을 내린다.
- 고립과 철수: 절망감과 자포자기는 주위 사람들의 지지가 없으면 점점 더 커지는 경향이 있다. 다른 사람들과의 단절은 외롭다는 감정을 증폭시키고 해결될 수 있는 많은 문제들을 접어 버리도록 하기 때문에, 고립과 철수는 자살 위험을 증가시킨다고 할 수 있다.
- 살아야 할 충분한 이유가 없다고 지각하는 것: 마샤 라이한(Marsha Linehan) 박사는 자살하려는 사람들은 살아남아야 할 이유를 대는 데 상당한 어려움을 겪는다고 하였다. 이것은 아마도 살아야 할 이유가 없기 때문이 아니라 정서적 고통이 그 이유들을 기억하거나 보지 못하도록 하기 때문일 것이다. 한편, 비교집단의 사람들은 가족, 직업적 목표, 영적인 신념

부터 아이스크림이나 봄날의 꽃까지 온갖 것들을 표현하였다. 살아야 할 이유를 지각하지 못하는 것은 상식적으로도 알 수 있듯이 우울증의 증상이며 자살 위험의 한 징후이다.

- 집안에 있는 위험한 물건: 피츠버그 대학의 데이빗 브렛(David Bredt) 박사와 그의 동료들은 자살 시도에 대한 연구에서 어떤 십대 청소년이 자살 시도로 죽을 것인지를 잠재적으로 예측할 수 있는 변인으로 집안에 권총 같은 위험한 물건의 존재 여부를 꼽았다. 이것을 자살의 위험요소로 보아야 하는 것은 물론이고, 만약 가족 중 누군가가 자살성의 징후를 보인다면, 권총과 같은 집안의 모든 위험한 물건들을 제거해야 한다는 것을 기억하라. 이것은 필수적이다! 잠가 놓은 총과 같이 안전한 총기류가 도움이 되는 것 같지는 않다. 연구에 의하면 가까이에 사용 가능한 도구가 없다는 것이 자살 유혹을 효과적으로 감소시킨다는 것을 보여 주었다.

만일 당신이나 당신이 사랑하는 사람이 이 위험요인들에 해당되지 않는다면, 아마도 지나가는 자살 생각에 대해 걱정할 이유가 없을 것이다. 한편, 만일 당신이나 당신이 사랑하는 사람이 이 목록에 있는 위험요인들을 가진 상태에서 자살 생각을 경험한다면 즉각적인 도움을 받도록 하는 것이 좋다. 자살의 위험요인을 알고 있는데도 자살 사고나 충동을 합리화하려고 하는 것은 위험한 일이며 현명하지 못한 것이다.

정신건강 전문가의 평가

이 장에서 당신이 자신이나 당신의 가족이 갖고 있는 자살 위험성의 징후나 증상을 어떻게 평가할 수 있는지를 제시하였지만, 타당한 자살 평가는 무엇을 살펴보아야 하는지와 어떤 개입을 해야 하는지에 대해 전문적인 수련을 받은 전문가에 의해 이루어져야 한다. 대부분의 정신건강 전문가들(심리학자, 정신과 의사, 사회사업가 그리고 상담자)이 자살 위험 평가를 수행하는 데 유능하지만 의사나 법률가, 주식 중계인 또는 다른 전문가들과 마찬가지로 유능함의 수준이 다양할 수 있다. 종종 비정신과 의사나 성직자 그리고 일반인 상담자들은 자살성을 탐색하거나 평가를 통해 필요한 상세한 질문을 할 준비가 되어 있지 않다.

그러므로 만약 당신이 자신의 문제에 대해 이야기하기 위해 상담자나 의사나 목사 또는 다른 어떤 도움을 주는 이를 만나러 갔는데, 그가 자살에 대해 물어보지 않는다면 당신이 스스로 이야기를 꺼내라. 다른 사람이 물어볼 때까지 기다려야 한다거나 정보를 자발적으로 줄 수 없다는 법은 없다. 만일 그가 자살성을 너무 가볍게 다룬다고 느껴지면 이 문제를 더 잘 다룰 수 있는 다른 사람을 알아보라. 당신의 삶이나 당신이 사랑하는 사람의 삶은 소중한 것이라는 점을 기억하라.

chapter 3

왜 자살을 하는가?

얼마나 많은 독자들이 참을성 없는 친구나 가족들로부터 다음과 같은 질문을 받았을지 궁금하다. "무슨 일이니?" "가볍게 넘기지 그러니?" "너는 왜 남들 같을 수 없는 거니?" 거울을 통해 자신을 바라볼 때마다 얼마나 많은 자살자들이 자기 내면으로부터 이런 비난조의 질문을 들어 왔을까?

이런 비난조의 질문들은 아무 소용이 없으며, 다만 당신을 기분 나쁘게 할 뿐이다. 한편, 당신이 자살하려는 사람으로서, 또는 자살하려는 사람의 친구나 가족으로서, 비자살자들과 구별되는 사망 위험성이 아주 높은 자살 경향성을 가진 사람들의 특징이 어떤 것인지에 대해서 진지하게 질문을 하는 것이라면 적절한 것일 수 있다. 그러니 이제 왜 사람들이 자살을 하게 되는지에 대한 질문으로 들어가 보자.

살고자 하는 본능은 우리 모두가 가지고 있는 것이며, 모든 살아 있는 생명체들의 타고난 특성인 것 같다. 누군가 죽고자 한다면 이것은 우리 존재의 기본적인 측면 중 하나에 반대되는 일이다. 그러므로 우리는 일반적으로, 자살하려는 마음을 가진 사람들은 분명 뭔가 잘못된 것이 틀림없다고 가정한다. 그러나 우리는 왜 사람들이 때로 자살하게 되는지 이해하기 위해 그런 꼬리표를 넘어서 좀 더 나아갈 수 있다.

이것을 읽을 때, 뭔가 '잘못되었다'는 것이 당신은 나쁜 사람이라거나 당신은 도움을 받아도 나아질 수 없다는 것을 의미하는 것이 아니라는 점을 기억하라. 우리는 당신이 자신이나 당신이 사랑하는 사람의 여러 측면들을 인식하길 기대한다. 이런 특성들을 인식하는 것은 자살 사고와 감정을 일으키는 문제를 파악하고, 궁극적으로는 해결하는 첫 번째 중요한 단계다. 우리는 일반적인 심리적 장애를 살펴보는 것부터 시작할 것이며 다른 요인들, 즉 사고양상이나 자살 위기의 불길을 일으키는 스트레스가 되는 생활사건과 같은 요인들을 살펴볼 것이다.

심리적 장애

연구에 의하면, 자살한 사람들의 95%가 치료 가능한 심리적 장애로 고통을 받았다고 한다. 치명적이지 않은 자살 시도를 했던 사람들의 경우도 마찬가지다. 첨단기술과 '기적적인 치료'의 시대임에도 불구하고 정신건강치료로 이득을 볼 수 있는 대부분의 사람들이 안타깝게도 그렇게 하지 못하고 있다. 이러한 사실은 자살로 인한 죽음을 더 비극적인 것으로 만들며, 남겨진 친구들이나 가족들이 스스로에게 "왜 도움을 받도록 밀어붙이지 못했을까?" 하는 고통스런 질문을 하게 한다. 다음 장애들을 자세히 살펴보고 좀 친숙하게 느껴지는 것이 있는지 살펴보라. 자살 위험과 관련되는 '주요한 세 가지' 범주의 심리적 장애인 우울증, 약물 남용 그리고 정신병적 장애에 대한 논의부터 시작할 것이다.

우울증

임상적으로 우울하다는 것은 단순히 좀 가라앉아 있는 경우보다 훨씬 더한 무언가를 겪고 있는 상태다. 우울증은 생명을 위협하는 주요 질병이며, 우선적인 관심을 받아야 할 질병이다. 이 말이 당신에게는 마음이 유한 심리학자들이 정신차려야 되는 사람들에게 부드럽게 하는 말처럼 들린다면 다음의 사실을 고려하라. 치료를 받지 않은, 우울증 환자 6명 중 한 명은 자살을 한다. 자살률이 약 15%이다. 이렇게 사망자 수가 높은 질병이라면 어떤 것이든 주요 질환으로 간주될 것이다. 그러나 우리 사회(많은 보험회사나 건강관련 사업을 포함해서)는 아직 우울증에 별다른 우선순위를 두지 않고 있다.

임상적 우울증은 조울증의 우울 단계와 마찬가지로 적어도 2주(보통은 그 이상) 동안 지속되는 심각한 증상들을 수반한다. 당신은 좋아하던 활동이나 다른 사람들과의 상호작용을 포함하여 이전에 즐기던 것을 즐기지 못하고 있음을 발견할 것이며, 아마도 가라앉아 있다고 느낄 것이다. 자신감이 줄어들고 죄책감이 심해지며 수치심과 무가치감을 느낀다. 아마 당신의 에너지 수준은 낮을 것이며 일상적인 일을 하는 데도 힘이 들고 큰 변화나 계획, 문제들을 미루어 놓게 된다. 당신의 집중력은 상황이 얼마나 엉망으로 되어가는지, 자신이 얼마나 엉망으로 하고 있는지에 대해 반복적으로 부정적인 생각을 하느라 방해를 받을 수 있다. 미래에 대한 당신의 기대는 암울하고, 비참한 상태에 사로잡혀 있는 느낌을 받는다. 이런 상황 중에, 수면 패턴이 깨지고 식욕을 잃거나 자신을 달래기 위해 과식을 하는 것을 발견할 수 있다. 또한 성에 대한 흥미나 삶 자체에 대한 일반적인 관심도 많이 줄어들 수 있다.

임상적으로 우울하다는 것이 반드시 자살을 하게 된다는 것을 의미하는 것은 아니다. 그러나 우울증이 다른 심리적 장애나 생활 스트레스(이 장의 뒷부분에서 기술할 것이다)와 결합되면 자살에 대한 생각이 증가될 수 있다.

임상적 우울증이 때로는 몇 달 이후에 스스로 사라져버리기도 하지만 우울증에 대해 아무것도 안 하고 내버려두는 것은 위험한 일이다. 왜냐하면 우울한 사람들은 종종 상황이 나아질 것이라는 것을 보지 못하며, 이것이 좀 더 자살을 고려하기 쉽도록 만들 수 있기 때문이다. 더 나아가 우울증의 증상은 종종 자기영속적인 특성을 가지고 있어서 치료를 하기 위해 아무 일도 하지 않으면 상황이 더 악화될 수 있다.

예를 들어, 만일 에너지 수준과 동기 수준이 낮아져 있다면 당신은 아마도 덜 활동적이고 예전이라면 당연히 즐겼을 활동에 덜 개입하게 될 것이다. 이것은 당신을 이중의 위험에 몰아넣는다. 첫째, 비활동성은 우울증을 악화시킬 수 있는데 이는 뇌에 있는 세로토닌이라고 하는 중요한 화학물질의 감소와 연관되기 때문이다. 세로토닌 수준이 감소될수록 기분도 가라앉으며, 이것은 에너지를 더욱 감소시킨다. 그리하여 악순환이 시작된다. 둘째, 당신이 이전에 즐기던 일을 점차 덜하게 되면 점차 즐거움을 덜 경험하게 되고 자신감이나 성취감도 역시 줄어들게 된다.

임상적 우울증은 또한 당신이 생각하는 것에도 반영되어 나타난다. 아론 벡 박사(Aron Beck, 1967)는 '인지 삼제(cognitive triad)' 에 대해 폭넓게 기술하였는데 그것은 ① 자신, ② 자신을 둘러싸고 있는 사람들과 사건을 포함한 인생 그 자체, ③ 미래에 대한 사람의 생각을 말한다. 우울한 사람들은 부정적으로 왜곡된 사고 양상을 보이는 경향이 있다. 그 결과, 자신을 비하할 수도 있고, 다른 사람들에 대한 관심을 상실하거나 삶을 일반적으로 부정적인 방식으로 바라볼 수 있으며, 어쩌면 당신의 삶에서 상황이 나아지리라는 작은 희망도 거부할지 모른다. 당신은 자신에게 잘해 주는 사람들로부터 멀어지거나, 중요한 활동을 그만두거나, 새로운 기회를 피하고, 자신의 건강을 돌보지 않는 등의 자기패배적인 행동을 할 수도 있다. 이런 과정이 극단적으로 되어서 죽음이 실행할 수 있는 유일한 선택인 것처럼 보이기 시작할 수 있다.

임상적 우울증은 치료가능성이 상당히 높다는 것을 기억해야 한다. 치료를 받은 사람들의 80% 이상이 현저하게 좋아진다. 만약 당신이 우울증을 겪고 있다면 당신은 절망적이고 죽고 싶다고 느낄 것이다. 그러나 위험스럽게도 자살 사고는 시간이 지나면, 특히 적절한 치료를 받으면 거의 분명히 나아질 수 있다는 것을 간과하게 한다는 것을 명심하라. 절망은 당신이 가진 장애의 한 증상일 뿐이지 당신의 상황에 대한 정확한 평가가 아니라는 것을 기억하는 것이 매우 중요하다. 만일 당신이 일생 동안 우울했던 것처럼 느끼기 때문에 당신이 나아질 것이라는 것을 여전히 믿지 못하겠다면 이 장의 뒷부분에 있는 성격 패턴 부분을 참조하기 바란다.

술과 약물 남용

기분을 변화시키는 화학약품이 몸 안에 들어오면 지각이 왜곡된다. 때로 그것은 비행기를 탈 때의 불안을 감소시키기 위해 미량의 안정제를 복용하는 것이나 저녁 식사 때 포도주를 마시고 기분이 좋아지는 것처럼 즐거운 경험이 될 수도 있다. 그러나 어떤 사람이 감정적인 불안정감을 달래기 위해 술이나 다른 약물을 사용하도록 동기화하는 것도 바로 그 효과다.

불행히도, 사람이 좋은 기분을 느끼기 위해, 또는 상황에 잘 대처해 보려고 기분을 바꿔 주는 약물에 일상적으로 의존하게 되면 심각한 문제상황에 빠지게 된다. 이것이 사실임을 보여 주는 수많은 이유들이 있다.

- 정신활성 물질(맥주나 포도주를 포함해서)의 규칙적인 과용은 조만간 생화학적인 내성과 중독을 일으킨다.
- 정신활성 물질의 사용은 사고와 감정을 왜곡시키며, 더 많은 약물을 사용할수록 더 많은 왜곡이 일어난다.
- 시간이 갈수록 신체적인 건강이 나빠지기 시작한다.
- 술과 다른 기타 약물은 처음에는 기분이 더 '고양' 되는 것 같은 느낌을 주지만 뇌에 영향을 미쳐 더 우울해지게 한다. 그러므로 자기치유의 방법으로 약물을 사용하는 우울한 사람은 의도한 것과는 달리 자신을 더 우울해지게 만든다.
- 술이나 약물은 신체의 자연적인 진통제에 대한 억제효과를 유발한다. 술과 약물의 효과가 사라지고 나면, 사용자는 시작했을 때보다 더 많은 고통을 느끼게 된다. 이것은 종종 약물과 술을 더 많이 사용하게 하며, 악순환이 시작되게 한다.
- 술과 약물은 억제력의 상실을 초래하며 종종 판단력과 다른 사고과정을 손상시킨다. 중독이 된 사람은 보통 때라면 하지

않을 일들을 한다. 여기에는 음주운전을 하거나, 안전하지 못한 성교를 하거나, 충동적으로 자살을 저지르는 등의 위험한 행동이 포함된다. 자살 사례의 절반이나 되는 경우에서 죽는 순간까지 술이나 약물을 복용했다는 것이 보고되었다.

- 사람이 문제나 당황스런 감정을 다루기 위해 습관적으로 술이나 약물을 복용하게 되면, 문제는 풀리지 않은 채 남아 있게 되고 빈번히 더 악화된다. 더 나아가 문제해결 기술을 배우거나 어려운 상황을 다루면서 자신감을 갖는 데 실패하게 된다. 이렇게 되면 자존감은 낮아지고 탈출구를 찾기 위해 약물을 복용하고자 하는 욕구는 더 증가하게 된다.
- 우울증이나 불안에 대한 자기치유를 위해 술이나 약불을 사용한다는 생각은 일반적인 오지각을 반영하는 것이다. 실제로 술과 약물은 장애를 치료하기는커녕 사람을 더 효과적으로 대처하지 못하게 만든다. 물질의 사용을 중지하고 좀 더 효과적인 방법을 통해 문제를 해결하는 것을 배울 때에만 좀 더 나은 기분을 느끼기 시작할 것이다.
- 약물이나 술의 남용은 사람을 화학적으로 헤어나오지 못하도록 해서 물리칠 수 없는 또 다른 문제(중독)가 생기게 한다. 이렇게 되면 전형적으로 무력감이 심화되고 절망감과 수치심이 자살 충동으로 이어지게 된다.
- 술과 다른 약물을 남용하게 되면 거의 필연적으로 명백한 개인적 손실을 입게 되는데, 이는 우울증을 몹시 악화시킨다. 그러한 손실에는 관계의 상실(결혼 등의), 직장과 수입의 상실, 소유물의 상실, 운전을 하는 등의 권리의 상실, 명예와 지위의 상실 등이 있다. 이러한 상실이 누적되면 우울과 절망감

이 증가되고 살아갈 이유는 점차 감소된다.

요약하면, 술이나 다른 약물의 남용이 때로는 일시적으로 고통을 줄여 주지만 실제적으로는 자살 시도를 하거나 자살을 해 버릴 위험성을 증가시킨다. 이는 우울증이 있을 때 특히 그러하다. 사실 많은 사람들이 이 영역에서 이중 진단이라고 알려진 진단을 받는다: 물질 의존 그리고 우울증(또는 다른 것). 이것은 절대적으로 전문적인 개입이 필요한, 잠재적으로 아주 위험한 조합이다.

정신병적 장애

정신병(psychosis)이라는 용어는 광범위한 심리적 상태와 광범위한 심각성을 망라하고 있다. 대표적인 것이 정신분열증으로 이것은 우울증과 마찬가지로 자살위험성이 있다. 주요 우울증이나 양극성장애(조울증)와 같은 기분장애에서도 때로 정신병적 상태가 나타날 수 있다. 정신병적 삽화(episode)를 보이고 있는 사람은 현실인 것과 아닌 것을 구별하는 데 상당한 어려움을 겪는다. 그 예로, CIA가 자신을 쫓아오고 있다는 잘못된 믿음을 확고하게 가지고 있는 것부터, 중서부에 홍수가 난 것에 대해서 자신이 개인적으로 비난받고 있다고 믿는 것이나, 죽으라고 명령하는 목소리가 귓가에 들리는 것까지 다양하다.

대부분의 정신병적 상태는 자살의 위험성을 증가시킨다. 그런 증상들은 즉각적인 치료가 필요한데, 대개 약물치료를 받아야 하며 때로는 병원에서 보호를 받아야 할 필요가 있다. 덜 두드러진 정신병적 증상들도 자살의 위험성에 기여할 수 있다. 일반적으로 망상이라고 부르는 증상은 극단적이고 잘못된 믿음을 말하는데,

세상에서 일어나는 모든 악한 일에 대한 책임이 자신에게 있다고 믿는다거나 몸속에 뭔가 갉아먹는 것이 있다고 믿는 등의 예를 들 수 있다. 여기에서 자살은 세상을 '구원하는' 또는 상상한 질병의 복수를 피하는 방법으로 잘못 이용될 수 있는 것이다.

대부분의 정신병적 상태는 약물로 통제될 수 있다. 최근에 발표된 자료들은 인지치료가 이러한 문제에 효과적이라는 것을 보여주었다. 당신이 정신병적 증상으로 고통을 겪고 있다 하더라도 당신의 상태는 치료에 잘 반응할 것이라고 기대하는 것이 타당하다.

성격 패턴

우리가 성격이라는 말을 할 때 이것은 어떤 사람이 많은 다른 상황에서 보이는 사고, 감정 그리고 행동의 패턴을 의미하며, 그것은 그 사람의 일생을 통해 이런 저런 형태로 나타난다. 예를 들어, 우리는 세 살 된 아이가 떼를 심하게 부린다고 해서 '분노가 많고 신랄한 사람'이라고 이름 붙이지 않을 것이다. 그러나 이 아이가 감정폭발을 보이는 경향이 있고 사회성이나 행복감을 거의 나타내지 않으며 자주 타인에게 적대적인 행동을 하는 사람으로 성장했다면, 우리는 그를 분노가 많고 신랄한 성격이라고 기술할 수 있다.

정신건강에 대한 하나의 지표는 삶이 우리에게 던져 주는 수많은 상황에 대한 반응에 유연성이 있는가 하는 것이다. 유연성은 우리가 삶의 요구에 좀 더 적응할 수 있게 도와주며, 우리의 욕구가 충족될 수 있는 기회를 증가시켜 주고, 우울증이나 절망으로 고통받을 가능성을 줄여 준다.

누구나 소중한 사람으로부터 거부를 당하면 마음의 상처를 입게 된다. 그러나 당신이 다른 사람이 하는 친절한 말이나 배려를 받아들이고 자신은 기본적으로 사랑받을 만한 사람이라는 것을 확실히 믿는다면, 그러한 상처로부터 좀 더 쉽게 회복되는 경향을 보일 것이다. 다른 한편으로, 만일 당신이 만성적으로 자신은 사랑받을 가치가 없다고 느낀다면 작은 일에도 몹시 절망하고 타인이 하는 친절한 말에 위안을 받지 못할 수 있다. 이런 종류의 극단적이고 고정적이며 부정적인 반응을 역기능적인 성격 패턴이라고 한다.

우리 모두는 성격에 어떤 독특한 특징들을 가지고 있으며 이런 것들은 대부분 무해한 것이다. 이것은 우리를 남다른 한 사람으로 만들어 주는 부분인 것이다. 그러나 그러한 독특한 특징들 중에 진지하게 생각해 보아야 할 두 개의 틀림없는 증후들이 있다. 첫째는 타인과의 관계에서 만성적으로 어려움을 경험하는 경우고 둘째는 자신의 모습을 좋아하지 않지만 변할 수는 없다고 느끼는 경우다.

습관을 바꾸기 힘들다는 말은 사실이지만 변화하려는 동기를 가지고 있으면 높은 장애물도 극복할 수 있다. "늙은 개에게 새로운 기술을 가르칠 수 없다."는 격언은 심리치료 결과에 대한 연구에서는 지지받지 못했다. 우리 내담자 중 일부는 평생 동안 우울했었다고 말했다. 그들은 자신이 행복했던 때를 기억할 수 없었기 때문에 슬픔이 자신의 일부라고 말했다. 그들은 우울증이나 자살성을 극복하는 것이 다른 사람이 되도록 요구할 것이라고 걱정했다. 그들은 그것이 가능하다고 믿지 않았기 때문에 자신의 비참함으로부터 도망치는 유일한 방법이 자살이라고 결론을 내렸을지 모른다.

그들이 겪어 온 고통의 세월을 생각하면, 그들이 이러한 관점을 발달시켜 온 것은 이해할 만한 일일 것이다. 그러나 성격이나 정체성은 완전히 타고난 것이 아니며 영원히 고정적인 것도 아니다. 그것들은 학습에 의해서도 생겨나는 것이다. 치료의 한 목적은 비록 처음에는 낯설더라도 삶의 접근법에 변화를 주도록 인도함으로써 사람들이 삶의 질을 향상시키도록 돕는 것이다. 시간이 지나면서 이것은 사람의 성격을 바꿀 수 있다.

이 과정은 시간을 필요로 한다는 부정적인 면이 있다. 오랫동안 정서적인 고통을 겪어 온 사람이 회복의 힘든 작업을 참아내고 인내한다는 것은 종종 어려운 일일 수 있다. 이때 좋은 지료자와 가족들의 이해는 많은 도움이 된다. 그리고 당신이 어렵지만 참고 해낸 일은 더 나은 미래로 보상받는다는 것을 기억한다면 힘을 낼 수 있을 것이다.

사고 양상

심리학자 앨버트 엘리스(Albert Ellis, 1994)가 40년 전에 보여 준 바와 같이, 문제가 되는 감정과 행동은 세 가지 구성요소로 나누어질 수 있는데, 이것은 합리적-정서적 행동치료의 'A-B-C'라고 알려져 왔다. <표 3-1>에서 제시된 바와 같이 A는 선행사건(Activating event), B는 신념(Belief), C는 정서적 또는 행동적 결과(Consequence)를 의미한다. 이것은 단순한 부정적 사건이 목숨을 위태롭게 하는 재앙으로 변할 수 있다는 것을 보여 주는 과정이다.

'제임스'의 경우를 생각해 보자. 그는 전에 고속도로 관련 부서에서 일했으나 지금은 실업상태고, 부인이 이혼서류를 제출해 놓은 상태다. 그는 6개들이 맥주 두 팩을 마시고 자신의 방에 틀어박혀 있었다. 제임스가 계속 부인의 전화를 받지 않자 침대 맡 서랍에 총이 있다는 것을 아는 부인이 경찰에 연락을 했고 경찰은 제임스를 설득하여 방 밖으로 끌어낼 수 있었다. 술에서 깨어나자, 그는 오랫동안 실패만 해 왔는데 부인마저 자신을 거부하자 자살을 하려고 했다고 인정했다.

〈표 3-1〉에 제시된 것 같이 제임스는 부인의 행동이 자신이 완전히 실패자라는 것을 증명해 준다고 생각했다. 이러한 관점에서 보면, 그가 왜 자살을 적절한 행동이라고 보기 시작했는지 이해하는 것은 어렵지 않다. 그러나 그것이 그가 임박한 이혼에 대해 내

표 3-1 정서장애의 A-B-C 모델

선행사건 (Activating event)	신념(Belief)	결과(Consequences)
배우자로부터의 거부	이것은 내가 실패자라는 증거다.	우울, 알코올 남용, 자살 사고와 행동
	아내가 나쁜 여자라는 것을 보여 준다.	분노, 언어적 혹은 신체적 학대행동
	나 혼자서는 결코 잘 대처해 나갈 수 없을 것이다.	불안, 새로운 상대를 만나기 위한 필사적 노력
	그녀가 정말로 그립다. 얼마 동안은 상처가 되겠지만 자신을 돌보다 보면 나아질 것이다.	슬픔, 긍정적인 대처행동
	마침내 자유다! 다시 데이트하러 나가고 싶어 참을 수가 없다.	즐거움, 사회적 활동의 증가

릴 수 있는 유일한 해석일까? 분명히 아니다. 배우자에게 거부당한 모든 사람이 죽고 싶어 한다고 기대할 수도 있을 것이다. 실제로는 사람들이 거부에 반응하는 방식은 거의 무한대이며, 사람들이 그런 사건에 대해서 어떻게 생각하는지를 보면 그 다양성을 이해할 수 있을 것이다. 〈표 3-1〉에는 제임스가 이혼에 대해 해석한 것과는 상당히 다른 몇 가지 신념들(B)이 제시되어 있다. 해석이 달라지면 그 결과가 얼마나 극적으로 달라지는지 보라.

A-B-C 모델은 인지치료의 초석이다. 우리가 생각하는 방식은 우리가 느끼고 행동하는 방식에 강력한 영향을 미친다. 그러므로 우리가 문제를 비현실적으로 확대해석하고 우리의 자산을 과소평가할 때, 우리는 불필요한 감정적 고통 속으로 자신을 몰아넣게 된다. 어느 누구도 때때로 찾아오는 비관주의나 과도한 걱정에 대해 면역이 되어 있는 사람은 없다. 그러나 어떤 사람들은 부정적인 감정에 완전히 휩쓸려 버린다. 실제로, 자신과 인생 그리고 미래에 대해 기본적으로 부정적 태도를 가지는 것은 자신을 상처 입기 쉽게 만드는 만성적 위험상태에 빠뜨리는 일이다.

문제가 되는 사고 패턴이 심리적 장애를 가진 사람들에게서만 발견되는 것은 아니다. 그러나 임상적 우울증, 조울증(양극성장애), 불안장애, 성격장애, 물질남용장애 그리고 다른 진단적 범주들로 인해 고통을 받는 사람들의 경우에는 좀 더 심하고 경직된 모습을 보인다. 아래에는 자살경향성을 가진 사람들에게서 발견되는 좀 더 일반적인 사고의 오류들을 제시하였다.

성취와 통제에 대한 부적응적인 신념

성공에 대한 열망과 삶에 대한 통제감을 추구하는 것은 일반적으로 건강한 것이지만 이것이 극단적인 경우에는 위험할 수 있다. 예를 들어, 일을 완벽하게 해야만 한다고 믿고 실수를 할 때마다 당황하며 자기를 비난한다면 당신은 정서적인 긴장을 풀기 어려울 것이다. 사람은 실수를 하게 마련이다. 실수를 전혀 하지 않거나 항상 최선을 다해야 한다고 요구하는 것은 비현실적이고 부당한 것이다.

이러한 태도는 당신이 자신을 좋아하기 어렵게 하거나 성취감을 만끽할 수 없게 한다. 극단적인 경우에는 자살에 이를 수 있다. 완벽한 점수를 얻지 못한 후에 약물을 과다복용한 대학생과 경제적인 어려움으로 인해 자신에게 방아쇠를 당긴 사업가가 그 예다.

다른 극단적인 경우는 자신이 부적절하고 무능력하다고 확신하고 자신의 실제 성공을 무시하거나 노력조차 하지 않는 사람이다. '학교에 다시는 가지 않을 것이다. 나는 학교를 다닐 만큼 똑똑하지 못하다.' 혹은 '상황을 더 엉망으로 만들 것이다. 그런데 잘 해보려고 해서 뭐하나?' 와 같은 말을 한다. 이러한 태도는 상처 입은 자기 신뢰의 결여를 반영한다. 이처럼 심하게 자신을 무시할 때, 자신에게 해로운 행동을 할 것은 너무나 뻔한 일이다.

사랑과 인간관계에 대한 역기능적인 태도

사람은 사회적인 동물이다. 건강하고 행복한 삶을 살기 위해서 우리는 스스로를 사랑받을 만한 가치가 있는 존재로 바라보아야 하며 타인들과의 정서적 유대를 형성해야 한다. 운이 좋다면 어린 시절에 부모(또는 다른 중요한 역할 모델들)가 우리가 사랑받을 수 있는 존재라는 마음을 우리 속에 심어 주었을 것이다. 이것을 잘 배웠다면 우리가 살면서 어쩔 수 없이 겪게 되는 거부의 고통을 극복하는 데 도움이 되었을 것이다. 불행히도 우리의 부모가 우리를 잘 돌보아 주고 사랑받는다고 느끼게 해 주지 못했을 수도 있는데, 후에 타인에 의해 이런 욕구가 충족될 가능성은 여전히 남아 있다. 그러나 인간관계에 대해 다소 문제가 있는 믿음을 습득하게 될 가능성이 많다.

예를 들어, 당신이 결혼이나 연애를 하고 있지 않다면 자신은 아무것도 아니라고 믿고 있을지도 모른다. 또는 자신의 정체감을 느끼는 데 있어서 사랑하는 사람에게 지나치게 의존적일 수도 있다. 만일 이것이 사실이라면 인간관계가 깨지는 것(관계가 깨지는 것에 대한 두려움)은 당신의 존재 자체를 뒤흔드는 느낌을 줄 수 있을 것이다. 정말로 당신은 전부를 잃은 것이라고 느낄 수 있으며, 그렇게 잘못 믿어 버릴 수 있는 것이다. 슬프게도 많은 사람들이 어떤 사람과의 관계없이는 자신이 아무것도 아니라고 느끼기 때문에, 또는 이별을 다시는 사랑받지 못할 것이라는 증거로 해석하기 때문에 목숨을 끊는다.

자신이 사랑받을 수 있는 존재인가에 대한 부적응적인 신념은 당신이 인간관계의 문제에 어떻게 반응하는가 하는 것 이상의 어려움을 야기할 수 있다. 그러한 신념들은 다른 사람들이 진심으로 당신을 사랑하고 있다는 사실을 무시하게 할 수 있으며 다른 사람들이 당신에게 전달하려고 하는 긍정적인 관심을 받아들이지 못하게 하거나 믿지 못하게 할 수 있다. 또한 당신이 따뜻한 사람들에게 둘러싸여 있어도 외롭다고 느낄 수 있으며, 피할 길 없는 괴로움을 당하고 버려질 것을 기다리는 것보다는 차라리 죽는 편이 낫다고 확신하게 만들 수 있다.

학대당하는 관계에 머물러 있는 것도 자신이 사랑받을 만하지 못하다는 잘못된 신념의 한 징후다. 당신은 어쩌면 나쁜 관계라도 맺고 있는 게 아무 관계도 맺고 있지 않은 것보다 낫다고 믿을지 모르며, 그가 떠나버린다면 어느 누구도 당신의 감정적 욕구를 채워줄 수 없을 것이라고 믿을 수 있다. 만일 도저히 참을 수 없는 상황이 되면 당신은 스스로 다시 시작하려고 하기보다는 자신에게 상처를 입힐 것이다. 당신의 사랑과 애착에 대한 신념이 변화될 때까지 또 다른 방식으로 바라보는 것이 쉽지 않을 것이다.

미래에 대한 부적응적인 믿음

절망감은 우울과 자살을 연결하는 결정적인 연결고리인 것으로 보인다. 절망감은 자기를 해롭게 하는 행동이나 자살경향성을 가진 사람들에게 매우 보편적으로 나타난다. 우리 중 누구도 미래를 100% 예측할 수는 없지만, 자기파괴적인 습관과 의도를 가진 사람들은 종종 미래는 오직 비참함뿐이라고 확신한다.

"어찌 되었건 나는 서른 살이 되기 전에 죽을 겁니다. 그러니 약물을 과도하게 복용하거나 HIV에 감염된다 한들 무슨 상관이 있습니까?" 혹은 "더 이상 젊어지는 일은 없을 것이고 내 인생은 내리막길입니다. 지금 전부 끝내 버리는 게 낫습니다." 또는 "내가 한 것 중에 제대로 된 게 아무것도 없습니다. 나는 언제까지나 불행할 겁니다. 아무것도 바뀌지 않을 겁니다." 등의 이야기를 하는 사람들에게서 이러한 태도를 볼 수 있다.

만일 당신이 자신의 미래에 대해 암울한 관점을 가지고 있다면 당신은 인생의 고통으로부터 회복되고 살아남는 데 필요한 재료, 즉 희망을 잃어버린 것이다. 희망은 사람들이 고통스런 시절을 견딜 수 있도록 돕는다. 우리는 이것을 배우자 없이 자녀들을 성공적으로 키워 낸 부모나, 나이가 들어서 학교에 들어가 결국 학위를 받은 사람, 구조될 때까지 숲 속에서 며칠 동안을 가까스로 버틴 사람, 그리고 몇 달밖에 살 수 없을 것이라는 의사의 예측을 무색하게 하는 사람들에게서 볼 수 있다.

인간의 정신은 어려움을 극복할 수 있다. 희망은 정신이 좀 더 활활 타오를 수 있도록 해 주는 기름이다. 이것은 당신을 걱정시키는 거짓 희망이 아니고, 어려움에도 불구하고 견디고 계획을 세우고 앞으로 나아가게 하는 희망이다.

살아야 할 이유에 대한 이해

심하게 우울한 사람에게서 나타나는 흔한 인지식 왜곡은 부정적인 면을 과장하고 긍정적인 면을 최소화거나 평가절하하는 것이다. 설상가상으로, 그런 사람들은 타인으로부터 비난을 듣기도 한다(어떤 사람들은 좋은 의도에서 그리고 어떤 사람들은 단순히 과장을 해서 비난을 한다). 예를 들어, "너는 별것도 아닌 일을 너무 심각하게 생각하는구나."라거나 "네가 가진 것을 제대로 평가하지 않는구나."와 같은 이야기를 하는데, 판단적인 투이긴 하지만 사실일 수 있다.

사실 대부분의 자살하려는 사람들이 살아야 할 이유들을 축소하거나 간과한다. 이것은 우울증이 이들의 지각을 덮어버리고 살아야 할 충분한 이유가 없는 것처럼 보이게 만들기 때문에 일어나는 일이다. 어떤 사람이 자살을 한다면 그가 무엇을 잃게 될지는 다른 사람들이 좀 더 잘 보게 마련이다.

살아야 할 이유는 사람에 따라 다르고 그 이유를 전부 열거하는 것은 실제로 불가능할 것이다. 그러나 살아야 할 이유는 클 수도 작을 수도 있는 것이며 삶의 이유가 엄청난 성취나 열망일 필요는 없다는 것을 기억해야 한다. 〈표 3-2〉는 우리 내담자들에게 살아야 할 이유에 대해 질문했을 때 얻은 대답의 예를 보여 준다.

표 3-2 흔히 보고되는 삶의 이유

아이들이 자라는 것을 보기 위해
내가 늘 가보고 싶었던 곳에 가기 위해
내가 원하는 사람과의 관계를 회복하기 위해
내가 하는 일에서 성공하기 위해
퇴직해서 내 평생 처음으로 쉬기 위해
내 소설을 마치기 위해
아내가 나를 필요로 하고, 나도 그녀가 필요하기 때문에
내가 원하는 것과 배울 것이 여전히 많아서
나는 가치 있는 사람이고, 행복을 누리기 위해서
살면서 누릴 수 있는 단순한 즐거움 때문에: 아침에 맡는 향기로운 커피 냄새 뜨거운 욕조에 몸 담그는 것 잔디를 깎은 후의 시원한 맥주 한 잔 아이들의 웃음소리 해변 아이스크림 등을 밀어 주는 것 로큰롤(혹은 재즈, 고전음악, 컨트리음악 등)
아무리 인생이 힘들어도 아름다움은 있기 때문에: 미켈란젤로와 드가의 그림 봄의 꽃과 가을의 나뭇잎 저녁노을 소피아 로렌 숀 코너리 아기의 부드러운 피부 낯선 사람의 친절한 말

연습 2: 당신이 사는 이유

당신이 사는 이유에 관한 목록부터 시작해 보자. 인생의 지금 시점에서 당신이 계속 살기로 결심하게 만드는 이유에서부터 출발하자. 원한다면 〈표 3-2〉에 있는 목록 중에 당신에게 해당되는 것에서부터 시작할 수도 있다. 당신이 삶의 이유에 대해 나열할 수 있는 능력은 그날의 기분에 따라 상당한 영향을 받는다. 우울한 날보다는 기분이 좋은 날에 더 많은 이유를 생각해 낼 수 있다. 이 말이 당신이 우울한 날에는 살아야 할 이유가 존재하지 않는다는 것을 의미하는 것일까? 절대 아니다. 이것은 단순히 정서적인 혼란 상태가 긍정적인 기억과 생각들을 막아 버려서 당신의 시야를 얼마나 방해하는지를 예시하는 것이다. 살아야 할 개인적인 이유의 목록은 당신이 우울한 동안 생각해 낼 수 없는 이유들을 회상해 내도록 돕는 '정서적 구급약'이 될 수 있다.

비효율적인 문제해결 방식

문제를 인식하고 명확하게 정의하여 가능한 해결책에 대해 생각하는 능력은 매우 가치 있는 기술이다. 살면서 부딪치게 되는 문제들을 피할 수 있는 방법은 없다. 다만 자기 삶에 만족하는 사람과 그렇지 못한 사람을 구분해 주는 것은 그가 얼마나 문제들을 잘 해결하는지와 종종 관련이 있다.

문제를 간과하거나 무시하면 대개 문제가 더 커진다. 그러면 문제에 압도당하는 느낌이 들고 어떻게 해볼 수 없다고 느끼게 된다. 문제를 무시하는 것이 문제를 사라지게 하는 것은 아니다. "그냥 놔 두면 저절로 좋아지게 마련이다."라는 격언은 사실이 아니다. 운이나 마술을 통해, 또는 그냥 시간을 흘려보낸다고 나아지는 것이 아니라 사람이 문제를 해결해야 하는 것이다. 더욱이 사람이 문제를 조기에 파악하고, 희망과 자신감을 가지고 직면하며, 행동계획을 짜서 실현해 나간다면, 문제해결에 성공할 가능성이 더 높다.

우리 내담자 중 한 사람이 문제해결 능력을 기를 필요가 있겠다는 이야기를 듣자 화를 내며 말했다. "지금, 그동안 내가 실제로 문제를 겪어 보지 않아서 어떻게 대처하는지도 모른다고 생각하는 겁니까? 글쎄, 당신이 말하기야 쉽겠죠. 당신은 매일 산만한 아들 때문에, 자꾸 배수관이 터져서, 이웃에 사는 마약 거래상 같은 것 때문에 골머리를 썩을 일이 없었을 테니 말이요. 이봐요, 내 문제들은 진짜입니다. 그것들이 단순히 내 머릿속에 있는 것처럼 당신이 말하는 걸 참을 수가 없군요."

만일 당신이 이와 같은 생각을 하고 있다면 분명히 해둘 것이 있다. 당신에게 문제해결 기술을 향상시키는 연습을 해야 한다고 제안하는 것은 당신의 문제가 진짜가 아니라는 것을 의미하는 것이 결코 아니다. 실제로 연구에서 자살을 하는 사람들은 비자살자들보다 다뤄야 할 생활 스트레스가 더 많았다는 것이 제시되었다. 만일 당신이 보통 사람들보다 더 많은 문제를 가지고 있다고 믿는다면, 그것들을 다루기 위해 훌륭한 문제해결 기술을 발달시키는 것이 더욱 중요한 것이다. 9장에서 이를 위한 지침을 제시할 것이다.

우리는 문제해결이라는 것이 읽기, 쓰기 그리고 산수 같이 중요한 학교 교과과정의 일부이길 바란다. 이것은 시간과 노력과 연습이 필요한 기술이지만 장기적으로 볼 때는 괴로움의 양을 줄여 줄 수 있으므로 노력한 것 이상의 가치가 있다. 예를 하나 들어 보자.

'스티븐' 은 자신이 '앞뒤 가리지 않는 사나이' 라는 것을 자랑스러워했다. 자신은 결코 계획을 세운 적이 없고 체계적으로 생각해 본 적도 없다고 하면서 "어쨌든 당신이 원하는 대로 다 된다고 믿을 수는 없으니까."라고 말했다. 척 보기에는, 자신이 누구인지, 그리고 자신이 원하는 것이 무엇인지를 아는 자신감 있는 사람처럼 보였다. 그러나 스티븐은 코카인에 중독되어 있었고 법원의 출두 명령을 받고 있는 중이었으며 신용등급이 엉망이고, 여자친구나 가족들과 소원해진 상태이며 만성적으로 죽고 싶다고 느끼고 있었다. 치료는 주로 그가 자신의 방식을 바꾸어 정직하고 적절한 방식으로 문제에 직면하려는 마음을 좀 더 가지도록 돕는 데 초점을 맞추었다.

자살하려는 사람들은 때로 자신의 문제에 너무나 압도당해 있다고 느끼기 때문에 자포자기한 상태에서 지혜롭지 못한 수단으로 문제를 풀어 보려 애쓰거나 문제로부터 달아나려고 한다. 예를 들어, 재정적인 문제를 해결하기 위해 고리대금업자에게 돈을 빌린 사람은 장기적으로 볼 때 자신을 더 큰 문제 속으로 빠뜨린 것이다. 또한 인간관계의 문제를 해결하는 한 방법으로 자해를 하기도 하는데 그런 행동에서 얻는 이익은 단지 일시적인 것이다. 이것은 일상적인 스트레스를 약물이나 술을 통해 풀어 보려는 사람과 비슷한 것이다.

만일 당신의 문제가 더 이상 손쓸 수 없는 것이고, 당신의 인생은 통제권을 벗어났으며, 스트레스에 더 이상 대처할 수 없다고 느끼게 되면, 죽음이 당신이 취할 수 있는 유일한 해결책인 것처럼 보이기 시작한다. 이것이 부적응적인 문제해결의 궁극적인 예다. 자살은 문제를 해결하는 것이 아니다. 기껏해야 문제를 인식하지 못하게 하는 것이다. 하지만 죽은 뒤에는 그 이득을 즐길 수도 없다.

자살은 당신이 남기고 간 사람들에게 끔찍한 새로운 문제들을 남긴다. 결코 해결될 수 없는 유일한 문제는 죽음 그 자체다. 당신이 살아 있는 한 적어도 당신에게 기회는 있다.

스트레스가 되는 생활사건

스트레스 또한 자살위험성에 영향을 미친다. 스트레스가 되는 사건들은 삶의 일부분이다. 우리는 모두 때로 우리를 상처받게 하고 의지를 시험하는 사건들을 경험하게 된다. 이상적으로는, 이 경험들이 고통스럽기는 하지만 늘 그렇듯 지나가는 것이고 인생주기의 한 부분이며 우리를 성숙하게 하는 데 기여한다고 볼 수 있다. 불행히도 병이나 사랑하는 사람의 죽음, 재정적인 어려움 같은 것들은 때로 한꺼번에 몰려오는데, 그렇게 되면 대처하기 어려워진다. 만일 당신이 이미 임상적 우울증과 같은 장애로 고통을 받고 있는데 여기에 부정적인 사건이 더해지면, 압도당하는 느낌을 받을 수 있을 것이다. 더 나아가 만일 당신이 앞서 기술한 부적응적인 신념들 중 일부를 가지고 있다면 당신은 참으로 스트레스에 취약해질 수 있다.

다음 부분에서는 자살위험성을 높일 수 있는 주요 생활 스트레스원(原)들에 대해 설명할 것이다. 이들 사건 자체가 사람을 자살하게 만드는 것은 아니다. 그러나 만일 이런 사건들이 동시에 일어나고, 임상적인 우울증과 부적응적인 신념을 가진 사람에게 일어난다면 자살성에 문제가 될 수 있다.

이별과 상실

중요한 관계의 상실은 상황에 의한 것이든 갈등이나 죽음에 의

한 것이든 사람을 쓰러뜨릴 수 있는 것인데, 특히 그러한 상실이 반복적으로 일어나는 경우에 더 그러하다. 만일 어린 시절에 부모님이 돌아가시는 것 같은 중요한 사람을 잃는 경험을 했다면, 성인이 되어서 당신에게 소중한 사람이 떠나거나 죽었을 때 사랑의 상실에 대해 특히 민감해질 수 있다. 또한 만일 현재의 삶 속에 당신을 지지해 줄 사람들이 별로 없다면, 당신에게 특별한 사람을 잃은 것이 모든 것을 다 잃는 것처럼 느껴질 수 있을 것이다. 특히 자신의 가치와 정체감에 대한 안정된 느낌이 부족한 경우에 더욱 그러할 것이다.

대인관계의 상실은 피할 수 없는 것이지만, 그것이 반드시 당신이 언제나 혼자일 것임을 의미하는 것은 아니다. 또한 그것이 당신이 가졌던 관계의 의미를 감소시키는 것도 아니다. 모든 것은 당신이 믿는 바가 무엇인지에 달려 있다. 다음 신념들 중 어떤 것이 당신에게 익숙하게 느껴지는지 살펴보자.

- 사람들과 관계를 맺고 있지 않다면 내 인생은 아무런 가치가 없다.
- 내가 사랑하는 사람이 나를 사랑하지 않는다면, 나는 다시는 누구에게도 사랑을 받을 가치가 없다.
- 사랑하는 사람이 없으면 세상을 헤쳐나갈 수 없다. 나 홀로 남겨진다면 견딜 수가 없다.
- 사랑하는 사람이 떠난 것은 전적으로 내 잘못이다. 나는 죽어도 마땅하다.
- 모든 사람들이 결국은 나를 떠났다. 이것을 막을 수 있는 유일한 방법은 내가 죽어서 모두를 떠나는 것이다.

이러한 신념들은 이별이나 상실을 죽느냐 사느냐 하는 문제로 전환시킬 수 있다. 이러한 신념을 붙들고 있으면 누군가를 잃게 될지도 모른다는 생각만으로도 자신을 상처받게 만들 수 있다. 이것들은 너무나 '맞다'고 느껴지기 때문에 잘 버려지지 않으며 당신의 일부가 된다. 그러나 이 책의 후반부에서 우리는 어떻게 이러한 신념들에 도전하고 변화시킬 수 있는지를 설명할 것이다.

상해, 질병과 자유의 상실

어떤 사람들은 자신을 쇠약하게 만드는 신체적 질병이나 상처 때문에 자살을 한다. 끊임없는 고통, 어쩔 수 없는 한계, 상태가 점차 나빠질 것이라는 전망, 그리고 정상적으로 기능하는 능력을 상실해 가는 것 등은 때로 죽고 싶은 소망을 불러일으킬 수 있다.

다음의 시나리오를 고려해 보자. ① 사고로 마비가 된 후, 의미 있는 삶을 영위할 기회가 끝났다고 생각하고 깊은 우울감에 빠진 사람, ② 화학치료와 방사선치료에 따른 고통에 지쳐 치료를 그만두기로 하고 빨리 죽는 것을 선택한 암 환자, ③ HIV 양성반응을 보인 사람으로, AIDS와 관련된 첫 증상을 보고는 수면제를 과다 복용해서 죽기로 결심한 사람, ④ 기억력이 저하되기 시작하자 자신이 알츠하이머병에 걸렸다고 믿고 자신의 '가족을 살리기 위해' 총으로 자살을 하기로 결심한 노인, ⑤ 화상으로 외모가 손상되어 고통받는 사람으로, 만성적인 고통과 많은 수술 그리고 자신의 외모를 받아들일 수 없어 자살하려는 여성을 생각해 보자.

우리는 각 사람들의 어려움에 대해 깊이 공감할 수 있다. 우리가 만일 그들의 입장이라면 자살이 '이해할 만한' 것 같다는 결론을 내렸을 것이다. 그럼에도 불구하고 자살이 이런 경우에 할 수 있는 유일한 선택이라고 단정적으로 말하는 것은 성급하고 위험한 일이다. 그렇게 하는 것은 희망을 품을 진짜 이유들을 무시하는 것이며, 우리가 처한 상황에는 희망이 없다는 가정이 틀린 것일 수 있는데 그냥 죽어 버리는 위험에 빠지게 하는 것이다. 예를 들어, 마비되는 상해를 입은 후에도 윤택하고 생산적이며 의미 있는 삶을 영위하는 사람들이 많이 있다. 또한 말기 질환을 앓고 있었는데 설명할 길이 없지만 회복이 된 경우도 있다. 많은 사람들이 자신의 질병이 자신의 삶에 대해 좀 더 감사하고 자신의 삶에서 중요한 사람과 더 가깝게 느끼도록 해 주었다고 이야기했다. 연구에 따르면 말기 질환을 가졌으면서 자살을 하는 사람과 그렇지 않은 사람의 중요한 차이가 임상적인 우울증의 유무라고 한다. 달리 말하면, 원인은 질병이나 상처가 아니라 우울증이라는 것이다.

자가 진단은 좋은 생각이 아니다. 자신이 알츠하이머병에 걸렸다고 생각했는데 잘못 알았던 경우를 가정해 보자. 점차 악화되는 것을 견디느니 자살을 하기로 선택함으로써 그는 건강하게 기능할 수 있는 몇 년을 잃어버리는 것이다. AIDS와 연관된 질병을 겪는 것이 두려워서 죽으려 하는 사람은 실제로는 심각한 합병증이 없이 지낼 수 있는 몇 년을 잃어버릴 수 있다. 자살을 하기로 결심하면 몇 년 안에 찾아올 의학적인 진보로 인해 도움을 받을 때까지 오래 살지 못하게 만드는 것이다. 심한 화상을 입은 사람에게 몇 년 동안 고통스런 수술을 받아야 한다는 생각은 견디기 어려운 것일 수 있다. 그러나 수술은 그녀가 삶의 즐거움을 다시 찾도록 기회를 주는 것일 수 있다. 여기서 말하고자 하는 주제를 다시 반복해 보면, 자살성을 유발하는 것은 사건 그 자체가 아니라는 것이다. 그것은 희망의 상실이자 어려움을 극복할 수 없다는 느낌이며, 그런 것들이 자살하고자 하는 생각에 기름을 붓는 것이다.

지위의 상실

우리는 삶에서 큰 변화를 겪거나 모욕적인 경험을 했거나 '명예가 실추된' 이후에 자살을 한 사람들의 예를 알고 있다. 여기에는 자신의 경력이 정체되자 자살을 한 배우, 감옥에 가기보다는 기자회견장에서 자살을 선택한 정치인, 의과대학에 입학하지 못하게 되자 자살을 한 학생 등이 있다.

어떤 사람들에게는 그런 반응이 이해가 되지 않을 것이다. 왜냐하면 그러한 상실은 사랑하는 사람을 잃거나 끔찍한 의학적 상태로 고통받는 것에 비하면 사소한 것으로 보이기 때문이다. 이들을 이해하기 위해서는 그러한 상실이 이들에게 어떻게 해석되는지를 고려해야 한다. 만일 이들이 실패는 죽음보다도 나쁜 것이라고 믿는다면, 또는 성공하지 못하는 것이 자신을 비참한 낙오자로 만드는 것이라고 믿는다면, 부정적인 일을 당한 이후에 자살하려는 마음을 품을 수 있을 것이다. 그런 관점을 자극하는 생각의 예를 들어 보자.

- 내가 더 이상 부자가 아니기 때문에(권력이나 유명세, 또는 특권이 없기 때문에) 친구들을 다 잃고 외톨이가 될 것이다.
- 내가 최고가 될 수 없다면 살 가치가 없다.
- 나는 다시는 재기할 수 없을 것이다.
- 내가 실패했기 때문에 어느 누구도 다시는 나를 존경하지 않을 것이다.

이것이 삶과 죽음을 결정하는 밑바탕이 되는 불안정한 가정들이다. 이러한 생각들은 과장된 수치심, 상황이 절대 호전되지 않을 것이라는 성급한 신념과 성취에 대한 과도한 욕구에 기초하고 있는 것이다.

사실 살면서 불운이 뒤따르는 것을 막는 가장 확실한 방법은 자살을 해 버리는 것이다. 모든 사람의 인생에는 내리막길과 오르막길이 있으며 성공한 사람들은 때때로 겪게 되는 좌절들을 잘 견디어 낸 사람들이다. 인내와 자신에 대한 확신은 당신이 어려운 시기를 지날 때 우울증과 자살에 대한 생각에 맞서 싸울 수 있도록 면역력을 길러 준다.

우리가 여기서 살펴본, 스트레스가 되는 많은 생활사건들에 대해 감사할 것은 위기의 시간은 대개 일시적이라는 것이다. "시간은 모든 상처를 치유한다."라거나 "새벽이 오기 전이 가장 어둡다."라는 말이 진부하게 들릴지 모르지만, 자살하고자 하는 감정은 보통 가장 밑바닥에 떨어져 있을 때 찾아온다는 것을 기억하는 것이 중요하다. 당신이 최악으로 느끼는 얼마간의 기간을 참고 견디어 낼 수 있다면 당신은 살아남을 수 있다. 결국은 나아질 수 있는 것이다. 자살이라는 행위만이 이러한 긍정적인 결과를 불가능하게 만든다.

환경적인 요인들

이미 언급한 것처럼 자살 행동을 설명해 주는 것은 부정적인 생활사건 그 자체가 아니라 사람들이 그것에 대해 가지고 있는 신념이다. 그러나 어떤 사람도 고립된 섬이 아니며, 우리 모두는 우리가 살고 있는 환경의 영향을 받는다. 환경은 우리가 어떤 신념을 발달시키는지, 왜 우리가 그것을 버리지 않고 붙들고 있는지를 포함해서 여러 가지 방식으로 우리에게 영향을 준다. 다음에 우리는 자살 위험과 연관되어 있는 것으로 연구에서 드러난 환경적 요인의 범주에 대해 논의할 것이다.

불충분한 사회적 지지

자살을 하는 많은 사람들이 고립감과 사회적 지지의 결여로 고통을 받는다. 우리는 대개 우리가 타인이나 사회 기관에 어느 정도나 의지하는지를 인식하지 못한다. 그러다가 타인으로부터의 지지가 없을 때 문득 깨닫게 된다. 우리는 가족이나 종교적 모임, 직장 동료, 친구, 이웃 등의 여러 통로를 통해 사회적 지지를 받는다. 정신건강 센터나 YWCA 같은 서비스 기관들도 지역사회에 중요한 지지 역할을 한다.

자살 위험이 있는 사람들은 종종 사회적 지지가 결여된 환경에서 산다. 스트레스로 고통받는 동안에 그들의 가족들은 도움을 주거나 이해해 주지 못할 수 있고, 지역사회에 도움을 청하려 해도 마땅한 곳을 찾지 못할 수 있다. 때로는 지지의 잠재적인 근원이 거기에 있지만 우울증에 의해 발생한 부정적인 색안경이 그것을 보지 못하게 할 수 있다. 고립되었다는 감정은 도움을 받지 않고는 극복하기 어렵다. 사회적 지지망을 형성하는 치료 프로그램은 자살성과의 싸움에서 중요한 부분이다. 지지체계에 대해서는 5장에서 논의할 것이다.

부모와 타인에 대한 모델링

자살성은 어느 정도 가족내력이 있다. 그 이유 중 하나는 우울증이나 조울증 그리고 물질 남용 같은 특정 장애가 유전적인 소인을 가지기 때문이다. 만일 당신의 부모가 모두 임상적 우울증을 겪고 있다면 당신 역시 우울증을 앓게 될 가능성이 크다.

그러나 유전성은 전체 그림의 일부일 뿐이다. 만일 이 유전으로 장애의 발생 여부를 전부 설명할 수 있다면 세상의 모든 일란성 쌍생아들은 항상 똑같은 정신적 장애를 공유하겠지만 사실은 그렇지 않다는 것을 우리는 잘 알고 있다. 우리의 환경은 중요한 역할을 하며, 우리가 성장한 가정보다 더 막강한 영향력을 미치는 곳은 없다.

당신이 부모님이나 형제의 자살 행동뿐만 아니라 심한 만성적 우울증의 증상을 보며 성장했다면, 당신이 거기에 영향을 받는 것은 당연하다. 특히, 친척들 중 한두 명이 실제로 자살을 행동으로 옮겨 사망했다면 더 많은 영향을 받는다.

인생에서 좌절스럽긴 하지만 흥미로운 사실 중 하나는 우리가 가족들의 모습 속에서 싫어하는 것들을 배우고 따라하는 경향이 있다는 것이다. 예를 들면, "내가 엄마처럼 그랬단 말인가?"라며 고개를 내저어 본 적이 있을 것이다. 이것은 또한 희망이나 자기 가치감 등에 대한 태도에 있어서도 마찬가지다.

만일 당신의 직계 가족 중 몇몇이 자살을 했다면, 그들의 관점의 일부를 받아들였을 가능성이 있다. 그러나 이것이 당신이 과거를 재연할 운명이라는 의미는 아니다. 단지 당신이 강력한 학습경험을 했는데, 그것은 당신 자신과 당신의 인생 그리고 당신의 미래를 좀 더 긍정적으로 바라보는 새로운 학습경험을 통해 상쇄되어야 할 필요가 있다는 것이다. 당신이 스트레스에 대해 충동적이고 자기패배적이며 자해적인 반응을 하는 것은 당신의 잘 학습된 습관 중 하나일 수 있기 때문에 이에 대해 조심할 필요가 있다는 것이다. 다행히도 약간의 작업과 용기를 북돋아 주는 과정을 통해 당신은 이 오래된 습관을 극복할 수 있다.

자살에 대한 이야기와 행동의 강화

보상을 받은 행동은 반복되는 경향이 있다는 것은 심리학에서 잘 알려진 사실이다. 이것이 아이들이 숙제를 열심히 했을 때 칭찬을 해 주고, 친절한 행동을 하였을 때 '잘했다' 고 말하며, 열심히 일하는 것에 대해 유인가(incentive)를 제공해 주는 이유다.

그러나 때로는 부정적인 행동과 태도가 우연히 보상을 받기도 한다. 이것은 칭찬이나 애정이 부족한 가정이나 가족들이 뭔가 잘못을 했거나 문제를 일으켰을 때 더 주목을 받는 가정에서 좀 더 자주 일어나는 것 같다. 이러한 경우에 부정적인 행동은 강화의 결여 때문에 강화를 받는다.

예를 들어, 우울한 십대가 부모의 관심을 얻기 위해 자살 위협에 어떻게 의지하게 되는지 보자. 부모가 놀라서 좀 변하는 것 같았으나 가족관계의 본질은 변한 것이 아무것도 없었을 때, 그들이 의도한 것은 아니었지만 십대의 자녀가 주목을 받기 위해 자살하려는 경향을 강화한 것이다. 마찬가지로, 배우자가 자신에게 관심을 보이지 않는다고 느끼는—자살 시도를 할 때까지—사람은 상대방이 결혼생활에 충실하고 자신에게 관심을 기울이게 하려는 주요한 수단으로 자살 행동을 사용하는 경향이 생길 수 있다.

이런 유형의 문제가 발생하면 자살하려는 사람뿐만 아니라 그 배우자나 가족들도 전문적인 도움이 필요하다. 여기에 관련된 모든 사람들이 상호작용하는 새로운 방식들을 익혀서 긍정적이고,

관계를 증진시키며, 삶을 긍정하는 관점과 행동을 강화하도록 해야 한다. 개인의 습관과 마찬가지로 가족의 습관도 변화시키기 어려울 수 있으나 가족구조가 긍정적으로 변하는 것의 결과는 무수히 많고 노력할 가치가 있는 것이다.

자살의 낭만화: 로미오와 줄리엣에서 자살한 록 스타까지

자살에 대한 잘못된 신념을 확산시키는 데 기여를 해 온 것으로 알려진 또 하나의 환경적인 요인에는 '예술과 방송' 이 있다. 언론의 자유를 비난하는 것이 아니다. 우리는 기본적이고 기초적인 권리를 분명히 옹호한다. 그러나 매우 취약하고, 인상에 의거하여 판단하며, 환상과 실제 세계 사이의 차이점을 인식하지 못하는 사람들에게 어떤 메시지를 보내고 있는지를 자각할 필요가 있다.

예를 들어, 필라델피아에서 일어난, 기자 회견장에서 자살을 한 정치인 사건에 대해 언급해 보자. 이 사건은 텔레비전으로 광범위하게 보도되었으나 몇몇 방송국에서는 안전성과 예의를 위해 실제 총격장면은 방영하지 않기로 결정했다. 그렇게 하지 않았으면 '15분의 명예' 라는 식으로 그 사건을 보았을 사람들이 너무나 많았다는 점에서 그 방송국들은 일종의 사회적 책임감을 보여 주었다. '살인의 모방' 에 대한 이야기를 들어 보았을 텐데 마찬가지로 자살에도 모방자살이 있다.

음악과 문학작품들도 자살하는 것을 어떤 의미에서 '멋있는 일' 이라거나 낭만적인 것으로 보게 하는 부정적인 역할을 했다. 저자나 예술가가 자살에 내재된 공포와 비극을 들여다보지 못한 경우에 더 그러했는데, 다른 말로 하면 심각한 결과들을 충분히 상세하게 설명하지 않은 것이다.

우리의 관점을 예시하기 위해 셰익스피어에 대해 이야기해 보자. 그는 『로미오와 줄리엣』에서 책임감 있는 방식으로 자살을 그리는 데 성공했다. 왜냐하면 비참한 결과가 독자들에게 생생하게 전달되었기 때문이다. 반대로 많은 20세기의 매우 재능 있는 영국 시인들이 동료들을 제1차 세계 대전의 전장으로 나가도록 고무시켰다. 이들은 조국을 위해 죽는다는 것을 영광스러운 일로 만들었다. 이것이 높은 수준의 애국일 수 있지만 동시에 애국자의 죽음을 왜곡하고 지나치게 낭만적인 것으로 만들었다. 흥미롭게도 여기에는 다른 시인들의 반발이 있었으니 이들은 '전쟁의 시'를 가차 없이 비난하고 전쟁보다는 삶에 대한 지지를 보냈다.

오늘날 젊은이들에 대한 '자살 록(suicide rock)'의 영향에 대해 논쟁이 대단하다. 많은 음악가들이 그들의 가사를 적절한 맥락에서 볼 필요가 있다고 주장한다—자살에 대한 노래는 실제로는 비꼬는 것이자 반론이기 때문에 자살에 반대하는 것이라고 한다. 그럼에도 불구하고 듣는 사람의 분명하고 객관적인 사고가 필요하다. 심각하게 우울한 사람들은 부정적으로 왜곡된 사고를 하기 때문에 이런 관점에서 보면, 위험하게도 음악이 자살에 대한 태도를 받아들이도록 하는 것이 될 수 있다. 예를 들면, 자살이 인생의 문제에 대한 가장 좋은 해결책이라는 식으로 말이다. 이것은 정말 복잡하고 어려운 주제다.

chapter 4

잠깐! – 어쩌면 당신은 변할 필요가 없을지 모른다

자살하려는 사람들은 자신에게 자살하지 말라는 충고를 한다고 생각되는 사람에게 종종 분노—심지어 격분—를 표현한다. "어찌되었던 이게 누구의 인생입니까?" 라고 이들은 묻는다. "당신이 잠시라도 진짜 내 입장이 된 것도 아닌데 당신이 누구이기에 인생이 살 만한 가치가 있다고 합니까?" 가족이나 치료자는 좋은 의도를 가지고, 때로 죄책감이나 압력 같은 책략에 의존해서라도 종종 자살하려는 사람에게 죽어서는 안 된다고 간청하거나 명령하려고 하는데, 그 결과는 대개 자신을 통제하려고 하는 사람을 좌절시키려는 마음만 커지게 할 뿐이다.

30년 이상의 임상 경험을 통해 배운 것이 있다면 그것은 사람들이 변하기를 원한다고 가정하는 것은 어리석은 일이라는 것이다. 예전에 우리는 보다 자주 환자들을 열심히 (그리고 진지하게) '고치려고' 노력했다. 그때 우리가 의도했던 변화 과정에 환자들이 참여한 수준은 때로 예상보다 미약했다. 이것이 왜 중요한가? 심리학적 변화의 과정은 개인의 변화할 부분에 소요되는 시간과 노력에 비추어 그럴 만한 가치가 있다는 믿음이 필요하기 때문이다.

이런 관점에서, 정서적 치유는 신체적 치유와 매우 다르다. 우리가 기관지염에 걸렸거나 치통이 있다면 의사나 치과의사에게 가서 약물 처방이나 충치 치료같이 우리에게 필요한 것을 하도록 놔두면 된다. 한편 심리적, 행동적 변화는 변화가 꼭 필요하고 그것이 도움이 될 것이라는 강한 신념에 뿌리를 둔 참여와 동기를 필요로 한다. 이것이 알코올 중독자가 '바닥을 친' 이후에야 치료자가 도움이 될 수 있다(이것이 완전히 맞는 말은 아니지만)고 종종 말하는 이유다.

우리는 당신에게 변화가 필요하다고 가정하지 않는다. 이것이 우리의 철학적 신념인데, 우리의 과업은 당신의 인생을 더 나아지게 하기 위해 당신이 목표를 충족시키도록 돕는 것이지 당신이 변해야 한다고 말하는 것이 아니다. 우리는 당신이 자살 사고나 자살 행동을 하지 않는다면 더 잘 지낼 것이라고 확고하게 믿지만, 실용적인 관점에서 당신이 자살성을 제거하기 위해 노력하는 것이 시간과 노력을 들일 만한 가치가 있다는 점을 분명하게 보고 믿을 때에만 우리가 제안한 것을 사용할 것이라는 점을 이해하고 있다.

그러므로 우리는 당신을 감언이설로 달래고 설득하려고 시도하기보다는 당신이 어떤 중요한 결정을 할 때 거치는 과정과 유사한 절차를 통과하도록 안내하려고 한다. 당신이 결혼이나 취직, 진학을 결정할 때 또는 집을 살 때 어떻게 최선의 결정을 내렸는지 기억하는가? 아마도 당신이 결정을 하는 과정의 일부는 다양한 선택을 할 때의 장점과 단점—찬성과 반대—을 비교하는 것이었을 것이다. 그러므로 이제 자살 시도와 자살의 실행에서의 장점과 단점을 각각 고려해 보자.

자살의 장점 – 지금 놀리는 겁니까?

많은 환자들이 우리가 자살을 하는 것이 좋은 이유에 대해 그들과 심각하게 논의하려고 한다는 점에 대해 놀라워한다. 심지어 충격을 받는다. 이들 주변의 사람들은 일반적으로 자살하지 말아야 할 이유에 대해서만 이야기하므로 이는 이해할 만한 반응이다. 자살의 '장점'을 고려하다가 의사결정과정을 끝내지 못하는 경우만 제외하고는 괜찮다. 이것을 결혼의 장점과 독신 생활의 장점을 결코 고려해 보지 못한, 망설이는 신부의 경우와 비교해 보자. 그녀는 일을 진척시켜 결혼을 할 수 있지만, 독신으로 살면 더 행복했을지 모른다는 의구심을 계속 품고 살지 모른다. 하지만 독신으로 사는 것의 장점에 대해 심각하게 고민해 보았다면 현실적인 관점에서 그것의 장점을 평가할 수 있었을 것이다.

당신이 이것을 할 때 많은 이득이 있지만 적어도 '문제점' 하나는 가지고 있다는 것을 종종 발견하게 될 것이다. 예를 들어서, 독신으로 사는 것의 한 가지 장점은 여러 사람과 데이트를 할 수 있다는 것이다. 문제점은 뭘까? 이번 주말에(그리고 돌아오는 주말마다) 누구에게 만나자고 할까 고민하는 것은 어떤가? 기분 나쁜 맞선을 계속 보아야 하거나 친척들에게 "너는 언제쯤 '정착' 할 거니?"라는 질문을 들어야 하는 것, AIDS에 걸리면 어쩌나 하는 걱정 등이 있을 것이다. 갑자기 이 모든 자유가 좀 다르게 보이기 시작할 것이다(물론, 이 특정 결정은 결혼의 장점뿐 아니라 단점도 고려하지 않고서는 만족스럽게 되었다고 할 수 없다).

마찬가지로, 자살하는 사람이 때로 '당분간은' 살아가기로 선택하지만 장기적으로는 자살이 더 나은 대안일지도 모른다는 생각을 계속 가지고 있기 쉽다. 이것은 종종 이들이 자살에 대한 찬성의 입장과 반대의 입장에 대해 충분히 생각하지 않았기 때문이다. 달리 말하면, 자살의 장점에 대해 숙고하지 않는다면 '장점보다는 단점이 많다'는 것을 보지 못할 것이다. 이제 우리의 주장을 알았다면 계속 나가 보자.

연습 3: 자살로 인해 생기는 '이득' 탐색하기

자살을 했을 때 생기는 모든 이득에 대해서 생각할 수 있는 한 많이 기록해 보는 것부터 시작하자(자살 시도나 위협을 하는 이유는 잠시 접어 두자—이 부분은 나중에 할 것이다). 다음으로 〈표 4-1〉을 보라. 여기에 종종 들어볼 수 있는 자살의 이득이 제시되어 있다. 만약 당신이 생각한 이득이 이 목록에 포함되어 있다면 당신이 목록을 만드는 대신에 이 표를 이용할 수 있다. 만약 당신이 생각하는 장점 중 어느 것이라도 빠진 것이 있다면 빈 공간에 추가하라.

이제 표의 오른쪽을 살펴보고 각각의 자살의 이득이라고 생각한 것의 문제점에 대해 연구해 보자. 한 가지 이득에 대해 짧게 한 가지 문제점만을 제시했으나, 당신에게 떠오르는 문제점들이 있으면 표에 추가하라. 마지막으로 당신이 추가한 장점들을 훑어보고 어떤 문제점들이 마음에 떠오르는지를 보라. 만일 아무것도 없다면 친구나 치료자와 이것에 대해 상의해 볼 것을 권한다. 왜냐하면 당신이 어떤 것을 간과하고 있을 가능성이 있기 때문이다. 찾

표 4-1 자살로 인해 생기는 '이득'

이 득	문제점
• 다른 사람들에게 더 이상 짐이 되지 않을 것이다.	• 내 죽음이 그들에게 더 큰 짐이 되지 않을 것이라는 것을 어떻게 아는가?
• 나는 실패자다. 적어도 한 가지(나의 죽음)라도 성공을 해 보아야겠다.	• 죽음으로써, 모든 과거와 가능한 미래의 성공을 포기하는 것이다.
• 적어도 더 이상은 상처받지 않을 것이다.	• 결코 더 이상 기분이 나아지지 않을 것이다.
• 내가 죽으면 그들은 나에게 했던 것 때문에 미안해 할 것이다.	• 복수를 즐길 수 없을 것이다.
• 이것이 내가 통제감을 느낄 수 있는 유일한 방법이다.	• 죽음은 통제권을 영원히 상실하는 것이다.
• 죽음으로써, 내 죄를 대신하겠다.	• 죽었을 테니까 '처벌'은 앞으로의 행동에 아무 영향도 미치지 않는다.
• 마지막으로, 그/그녀는 내가 얼마나 그/그녀를 사랑했는지를 알게 될 것이고 나를 다시 사랑할 것이다.	• 죽으면 이것을 알 수가 없을 것이다.
• 나는 지금부터 행복할 것이다.	• 지금부터라는 개념이 완전히 틀렸다는 위험을 감수해야 한다.
다른 이득	**다른 문제점**

아보려고 애를 쓰면, 적어도 한 가지 이상의 커다란 문제점을 떠올릴 수 있을 것이다.

이 연습은 자살이 첫눈에 보았을 때보다 훨씬 더 복잡하다는 것을 당신에게 보여 주려는 것이다. 그러나 당신의 자살성이 '자살하려는' 것이었지만, 정말로 죽기를 원하지는 않았던 것이었다면, 이것이 당신에게 딱 맞지는 않는다고 느낄 수 있을 것이다(이것은 2장에서 기술한 의사소통·통제 유형에 해당된다는 것을 알았을 것이다). 만일 그렇다면 당신은 자살 사고와 자신을 해치는 행동을 표현하지 못하도록 타인들이 자신에게 압력을 행사한다고 느끼고 있을지 모르며, 자신이 변화할 동기를 느끼지 못할 수 있다. 많은 환자들이 이러한 경우에 속하는데, 이들은 때로 치료자와 권력 다툼을 벌이기도 한다. 마찬가지로, 치료자들은 환자를 돌보는 입장이고 그들이 자살 위협과 자살 시도의 에피소드를 반복하는 것을 그만두기를 간절히 원하기 때문에 때로는 부주의하게도 그러한 권력 다툼을 하기도 한다.

다시 한 번 말하지만, 우리가 그것을 바랄 수는 있어도 당신이 이익을 얻는다고 믿는 어떤 것을 포기하길 기대하지 않는다. 분노 문제를 가진 우리 환자들도 똑같은 상황에 있다. 그들이 분노행동의 **장점들**(그들이 사람들에게 겁을 줘서 종종 자기가 하고 싶은 대로 되는 것과 같은)을 깨닫지 못한다면 그것들을 변화시킬 동기가 되는 **단점들**(그들을 두려워하는 사람들은 그들을 별로 좋아하지 않는다는 사실 같은)에 대해서도 깨닫지 못할 가능성이 있다. 그러므로 이전 것과 본질적으로 똑같은 연습인데, 이번에는 자살 사고와 치명적이지 않은 자해행동의 장점과 단점을 고려하는 연습을 해 보자. 이 두 번째 연습은 실제적인 자살이 아니라 자살하려는 것—즉,

표 4-2 '자살하려 하는 행동'으로 인해 생기는 이득

이 득	문제점
• 이렇게 하면 그들이 내 행동을 진지하게 받아들일 것이다.	• 위기가 지나가면 어떻게 될까?
• 이것이 그/그녀가 행동하는 방식을 변화시킬 것이다.	• 그/그녀는 내가 강요했던 것을 싫어할 것이다. 그런 변화는 거의 언제나 오래가는 법이 없다.
• 나는 이 선택을 고수할 것이다. 왜냐하면 상황이 견딜 수 없을 정도로 나빠졌을 때, 내가 언제라도 그것을 끝낼 수 있는 방법을 알고 있다는 것이 위안이 되기 때문이다.	• 자살을 '끊임없이' 생각하는 것은 좀 더 도움이 되는 다른 대안을 생각하지 못하게 한다.
• 이것이 나에게 상처를 입힌 사람에게 똑같이 되돌려 주는 강력한 방법이다.	• 보통 보복은 상처와 복수의 악순환을 불러일으킨다.
• 자살에 대해 이야기하고 행동하는 것이 도움을 얻을 수 있는 효과적인 방법이다.	• 이러한 의사소통은 종종 오해를 일으키고 우발적인 자살을 초래할 수 있다.
• 내가 얼마나 상처를 받았는지 그들이 알게 될 것이다.	• 이러한 의사소통은 종종 오해를 일으키고 우발적인 자살을 초래할 수 있다.
다른 이득	다른 문제점

자살에 대한 생각이나 말 또는 실제로 자살 시도를 해서 자신을 다치게 하는 것—의 장점에 초점을 맞춘다는 것을 기억하라. 이 연습을 위해 〈표 4-2〉를 이용할 수도 있고, 다른 종이에 자신만의 목록을 만들 수도 있다.

자살하려는 것의 장점 목록에 몇 가지를 추가하고 각각에 대해 적어도 한 개의 문제점을 적어 넣을 수 있는가? 다시 한 번 말하지만 당신이 여전히 자살 사고와 자해 행위의 어떤 장점이 별다른 단점을 가지고 있지 않다고 확신한다면, 현명한 친구나 치료자와 이 문제를 논의해 볼 것을 촉구한다. "만 명의 과학자가 틀릴 수는 없다."라는 오랜 속담이 있다. 만일 장점이라고 생각하는 것이 정말이라면 그렇게 많은 연구자들과 치료자들이 자살성을 제거하기 위해 헌신하지는 않을 것이다. 당신이 생각하기에 문제점이 없는 장점 항목이 목록에 있다면 당신은 아마 뭔가를 간과한 것이다.

자살의 단점 – 눈에 보이는 것 이상

효과적인 의사결정을 하려면 그 결정을 찬성하는 입장과 반대하는 입장을 모두 고려하는 과정이 필요하다. 누가 알겠는가, 자살의 장점이 아무리 한계가 있더라도 단점보다 더 클지도 모른다. 그러므로 이제 자살의 단점으로 들어가 보자. 다른 말로 하면 왜 모두가 자살을 막으려고 난리인가 하는 것이다.

자살의 비논리성: 치러야 하는 대가에 대한 평가절하

예전에 방영된 〈생방송 토요일 밤(Saturday Night Live)〉이라는

TV 프로그램에서 〈위크앤드 업데이트(Weekend Update)〉의 진행자인 쉐비 체이스(Chevy Chaes)는 우스운 농담으로 프로그램을 시작하곤 했는데, '최신 뉴스' 에서 "최고 사령관 프란시스코 프랑코(Francisco Franco)[1]가 아직도 죽었습니다."라고 말하였다. 체이스는 때로 최고 사령관의 상태가 "여전히 안정적인 상태입니다."라고 말하기도 하였는데 이런 평이한 이야기를 재미있게 만드는 것은 매주 지나면서 프랑코가 죽는 것 이외에 달리 어떻게 될 수도 있다는 놀라운 생각이다. 우리는 지적으로 죽음이 마지막이고 영원하다는 것을 알고 있으며, 그렇지 않다는 어떤 함축을 하는 것이라고는 동화나 공포영화, 다크 코미디 스케치[2] 정도라는 것을 잘 알고 있다.

그럼에도 불구하고 '영원하다는 것' 은 정말로 두렵고 이해하기 어려운 것이며 우리는 때로 죽음이 얼마나 지속되는 것인지 충분히 알지 못한다. 따라서 죽음은 육체적으로나 심리적으로 극심한 고통을 겪고 있는 사람, 그리고 그 고통으로부터 평안을 얻고자 소망하는 사람에게 꽤 그럴듯하게 보일 수 있다. 슬프게도 이러한 관점은 고통받는 사람으로 하여금 실제로 일시적인 문제에 대해 돌이킬 수 없는 '해결책' 을 추구하게 하는 위험에 빠뜨린다.

자살하려는 사람이 직면하는 인생의 문제들은 끊임없이 영원히 지속되는 것처럼 보일 수 있다. 정말로 심한 고통을 겪고 있는 사람에게는 1분이 한 시간처럼 느껴지고 하루가 끝이 없는 것처럼

---

1) 역자 주: (1892~1975) 스페인의 군인, 정치가. 1936년 인민전선 정부가 수립되자 반정부 군사 쿠데타를 일으켜 정부주석에 오름
2) 역자 주: 보통 농담의 대상이 되기 어려운, 심각한 소재에 대해 우스갯소리를 하는 것

느껴질 수 있다. 이런 상황에서 그는 영원한 고통처럼 느껴지는 것으로부터 도망치기 위해 합리적으로 보이는 방법으로 자살을 택할 수 있는 것이다. 그러나 어떤 매우 중요한 정보를 빠트리고 있는 것 같은데, 그것은 다음 질문을 들어 보면 알 수 있다.

- 내가 자살한다고 가정하면, 죽지 않고 살았을 때의 남은 생애 동안 어떤 일이 벌어질까?
- 내가 일찍 떠나버린다면 내가 얼마나 많은 것-많은 사람-을 잃게 될까?
- 나의 자살이 남겨진 사람들에게 어떤 영향을 줄까?
- 죽은 다음에, 정확하게 나에게 무슨 일이 일어나는 것일까?
- 또 다른 인생을 살 기회가 있는 걸까? 혹은 유일한 기회를 단념해 버리는 것은 아닌가?
- 사정이 나아지지 않을 것이라는 생각이 틀리면 어쩌나? 예감에 의지해 자살했는데, 그게 틀린 것으로 판명되면 어떻게 하나?
- 만약 자살하면 나는 어떤 흔적을 남기게 되는 걸까? 나는 언제나 자살을 한 사람으로, 사랑하는 사람을 버린 사람으로 기억될까? 이것이 내가 이 세상에 남기고 싶은 것인가?

이러한 심오한 질문들은 어쩌면 이론적으로만 대답할 수 있는 것들이다. 여전히 우리는 얼마나 많은 자살한 사람들이 실제로 멈추어 서서 이런 질문을 고려해 보았는지 궁금하다. 우리가 자살 환자들에게 이런 문제들을 곰곰이 생각해 보라고 요청하면 그들은 "더 이상 어떻게 되든 상관없어요." "생각하고 싶지 않아요." "그런 것을 생각할 기운도, 인내심도 없어요."와 같은 이야기를 한다.

그러한 반응에 대한 우리의 반응을 다음과 같이 요약해 볼 수 있다.

- 당신이 어떻게 되든 상관없다면, 극단적인 행동을 하기 전에 이런 문제에 대해 진지하게 심사숙고한다고 해서 무슨 해가 되고, 무슨 잃을 것이 있겠는가?
- 당신에게 대답이 중요하지 않다고 하더라도, 당신이 알아낸 대답들이 당신의 삶에서 누군가에게 매우 중요할 가능성이 있음에도 불구하고 별것 아니라고 말할 수 있겠는가?
- 당신이 이런 것들에 대해 생각하기를 원하지 않는다면, 이것은 당신 손으로 목숨을 끊는다는 결정에 대해 완전히 편안하지 않다는 증거다. 당신에게 떠오를 수 있는 대답들이 두려운가? 그렇다면 당신은 두려워하는 것을 피하는 것을 선택하는 것인가? 뭔가를 두려워한다면 당신은 자신의 선택을 정말로 기꺼이 받아들일 수 없으며, 당신은 아마도 신뢰할 만한 다른 사람의 조언을 받아 이 주제를 좀 더 신중하게 숙고할 의무가 있다.
- 만일 당신이 그런 질문을 다룰 에너지도 없고 인내심도 없다고 믿는다면 당신이 죽었을 때 당신이 가질 힘이라는 게 얼마나 적을까, 지금 시점에서 죽는 것을 선택한 것이 틀린 것이라고 했을 때, 영원을 통과하려면 얼마나 많은 인내심이 필요할까 고려해 보라. 비교해 보면 당신이 자리에 앉아 이 질문들에 대해 곰곰이 생각을 하는 데 필요한 에너지와 인내심은 정말 별것 아닌 것이다.

예를 들기 위해 다음 질문을 고려해 보자. "내가 좀 일찍 떠나

버리기로 결심한다면, 나는 얼마나 많은 것들에 대해, 그리고 얼마나 많은 사람들에 대해 아쉬워하게 될까?" 만일 당신이 1년 단위로 이 질문에 답을 한다면 당신이 아쉬워할 것들에 대한 간단한 요약만 보아도 눈이 활짝 열릴 것이다.

10년 전쯤에 나(Newman)는 죽음을 낭만적인 관점에서 보고 자살할 소망을 가지고 있는 청소년 환자에게 치료 과제로 이 질문들을 생각해 보라고 하였다. 나는 그 환자(그를 '마일즈'라고 하자)에게 그가 죽은 뒤 60년 동안 매년 무슨 일이 일어날 것 같은지 서너 가지의 그럴듯한 일들을 말해 보라고 하였다. 그리고 "하지만 그건 나에게 영향을 미치지 못할 겁니다. 왜냐하면 나는 이미 죽었거든요." 같은 문장을 각 항목에 덧붙이게 하였다. 나는 마일즈에게 내 사무실에서 이 숙제를 시작하도록 했고, 그는 약 15분 정도 걸려서 다음 항목을 작성했다.

- 1986: 야구팀 양키즈가 정규 시즌에서 우승하고 돈 매링리(Don Mattingly)는 45개의 홈런을 친다. 내 동생은 바 미츠바(Bar Mitzvah)[3)]를 맞이하고 가족들은 큰 파티를 연다. 내 가장 친한 친구 팻은 밴드를 시작한다. 하지만 나는 이것들 중 어느 것도 볼 수가 없다. 왜냐하면 나는 죽었으니까.
- 1987: 나는 컬럼비아 대학과 뉴욕 대학에서 입학허가를 받았을 것이다. 야구팀 양키즈는 2년 연속 정규 시즌 우승을 한다. 내 가족은 이스라엘에 있는 아주머니와 아저씨, 조카를 방문하러 간다. 하지만 나는 이것들 중 어느 것도 볼 수가 없다. 왜냐하면 나는 죽었으니까.

---

3) 역자 주: 일종의 유태교 성인식

- 1988: 컬럼비아 대학의 신입생이 되었을 것이다. 내 동생은 여자에 관심을 갖고 있지만 어떻게 해야 할지, 누구에게 도움을 청해야 할지 모른다. 친구들은 모두 데이토나(Daytona) 해변으로 봄 휴가를 보내기 위해 몰려간다. 하지만 나는 이것들 중 어느 것도 볼 수가 없다. 왜냐하면 나는 죽었으니까.
- 1989: 나는 NBC 방송국에서 굉장한 시간제 일을 얻게 된다. 나는 컬럼비아 대학에서 꿈에 그리던 여자를 만나지만, 그녀는 이미 다른 사람을 만나고 있다. 동생은 대학에 지원하는데 어떻게 해야 하는지 잘 모른다. 이것들 중 아무것도 나와는 상관이 없다. 왜냐하면 나는 오래전에 죽었고, 죽은 지 점점 오래되는 거니까.

마일즈는 이 시점에서 멈추었고 이 작업을 하는 데 지쳤다고 이야기하였다. 나는 그에게 아직도 남은 56년을 요약해야 한다는 것을 상기시켰다. 마일즈는 이 일이 '따분하다'는 말을 반복하였다. 나는 그가 15분 만에 따분해졌다는데 주목하였고 그가 자살을 한다면 죽은 뒤의 '15조 정도의 시간'을 얼마나 지루해 할까 궁금하다고 이야기하였다. 그러고 나서 나는 이 1년 단위의 목록에 대해 상세히 설명하기 위해서 1990년대까지 야구팀 양키즈와 어떻게 해야 할지 모르는 그의 동생, 자신들의 삶을 살아가는 그의 친구들, 그가 가 보았을 장소들, 그가 해냈을 가능한 경력들 등에 대한 항목을 좀 더 만들었다.

마일스는 화가 난 것 같았고, 소리를 지르기 시작했다. "이제 충분해요. 당신 말을 알아들었다고요."라고 대꾸하였다. 나는 "당신이 알아들었다고 생각하지 않습니다."라고 맞받아치고, 21세기 초에 마일즈가 놓쳐버릴 것에 대해, 적을 공격할 때 최대한 그럴듯하게 꾸미는 것처럼 작업을 계속해 나갔다. 마침내 이 과정을 멈추고 그에게 이야기했다. "마일즈, 우리는 60년의 반도 끝내지 않았어요. 당신이 얼마나 많은 것을 놓쳤는가 보십시오. 당신은 몇 조 년 동안 있게 될지도 모를 곳에 가기 위해서 60년이라는 실제적인 시간을 희생시키려는 것 같습니다. 죽음이라는 것이 얼마나 최종적인 것인지 이제 깨닫기 시작했나요? 어떻게 생각합니까? 가능한 경험들과 이 모든 것들을 잃어버리고 싶습니까?"

자살의 비논리성: 타인에게 미치는 영향에 대한 과소평가

이제 '나의 자살이 남겨진 사람들에게 어떤 영향을 줄까?'라는 질문으로 돌아가 보자. 당신이 예상하는 것처럼, 고통에 빠져 자살을 생각하는 절망적인 사람들은 다른 사람들의 감정에 이성적으로 초점을 맞출 수 있는 상태가 못 된다. 이것은 자살을 하려는 사람이 이기적이어서가 아니고, 그들의 정서적 고통이 너무 커서 타인의 감정을 고려할 여유가 (적어도 일시적으로) 별로 없기 때문이다. 바로 그렇기 때문에 자살을 시도하려는 사람은 차분히 앉아서 자신의 죽음이 타인에게 미칠 수 있는 심각한 영향에 대해 주의 깊게 살펴보아야 하는 것이다.

처음에 당신은 자신이 떠나버렸을 때 아쉬워할 사람이 아무도 없다고 확신하기 때문에, 이런 연습을 왜 할까 생각할지 모른다. 이것은 우울증의 반영일 수 있다. 우울증에 빠지면 종종 자기에 대해 평가절하를 하게 된다. 당신이 자신은 아무짝에도 쓸모가 없다고 생각하고 자신에 대해 별로 신경 쓰지 않는다면, 당신의 친구나 친척들도 당신에게 신경 쓰지 않을 것이라고 기대하는 것이 당연하다.

경험은 우리에게 그렇지 않다는 것을 보여 주었다. 실제로 이런 신념을 가지고 있었던 자살한 사람들을 살펴보면, 그들은 비극적이게도 잘못 죽은 것이었다. 다른 사람들은 그들에게 관심을 가지고 있었다. 하지만 어떤 이유들 때문에 그것이 드러나지 않았거나 믿을 만하게 보이지 않았던 것이다. 그 결과, 자살을 한 사람은 이런 관계를 형성해 볼 기회를 영원히 상실한다. 더 나아가 친구들이나 친지들에게 종종 상당한 죄책감과 슬픔 그리고 일생 동안 허전함을 느끼게 하는 것이다.

당신은 또 '이건 나에게 해당되지 않습니다. 아무도 나를 사랑하지 않아요. 아무도 나에게 관심 없습니다.'라고 생각할지 모른다. 당신은 자살하는 것이 다른 사람에게 더 잘된 일이라고 생각할 수도 있다. 어떤 사람들은 이런 신념을 아무 의심 없이 사실인 것으로 받아들이고, 이러한 신념 때문에 죽으려고 한다. 그러나 이러한 자기파괴적인 극단주의에 직면하게 되었을 때 몇 가지 질문을 좀 더 해 보자.

- 당신이 죽는 게 다른 사람들에게 더 좋은 일인지 어떻게 아는가?
- 장기적인 결과를 당신이 어떻게 예언할 수 있는가?
- 누가 실제로 당신이 없어지는 편이 낫겠다고 말했는가? 반대로 당신이 죽지 않기를 바란다고, 당신에 대해 걱정하고 있다고 말한 사람은 누구인가?
- 당신이 죽는 게 그들에게 나은 일일까? 아니면 당신이 희망을 갖고 생기를 찾는 게 그들에게 더 나은 일일까?

- 만약 당신이 자살에 대한 생각을 당신의 삶에서 중요한 사람들에게 숨겨 왔다면, 그 이유는 무엇인가? 그들이 자살하지 못하게 막을까 봐 걱정하는가? 만약 그렇다면 왜 그들이 자살하는 걸 막으려고 한다고 생각하는가? 이것이 당신이 없어지는 편이 그들에게 더 나을 것이라는 생각에 부합되는가?
- 사람들이 당신에게 얼마나 관심을 가지고 있는지 깨닫기도 전에 자살해 버린다고 했을 때 이런 시나리오에서 누가 이득을 얻게 될 거라고 생각하는가? 당신의 삶을 그런 극단까지 밀어넣지 않고도 당신의 가장 중요한 관계들을 검증해 보고 개선시킬 더 나은 방법은 없는가?

종종 자살하려는 사람들은 다른 사람들이 자신에 대해 걱정한다는 것과 자살로 인해 상처받을 것이라는 점을 알고 있다. 하지만 자살하려는 사람은 '그들은 극복할 거야.'라고 믿는다. 중요한 사람을 자살로 잃은 내담자들과 상담을 해 보면, 그들이 사랑하는 사람이 자살을 했다는 현실과 함께 살아가야 한다는 것을 배우는 것이지 단순히 '극복'하는 게 아니라고 단언할 수 있다. 치료 장면에서, 사랑하는 사람이 죽은 지 몇 년이 지난 후에도 여전히 거기에 사로잡혀 있는 내담자를 만나는 것은 드문 일이 아니다.

실수하지 말자. 당신은 다른 사람들이 자신의 자살로 인해 고통을 겪지 않을 것이라고 생각하면서, 자신의 삶의 중요성을 터무니없이 평가절하하고, 다른 사람의 감정을 사소한 것으로 치부해 버리는 것이다. '하지만 그들은 지금 나로 인해 고통을 받고 있어요. 내가 죽음으로써 그들을 고통에서 벗어나게 해 주고 싶어요.'라고 생각하고 있다면 다시, 스스로에게 다음 질문을 해 보자. 당신이 죽는 게 그들에게 나은 일일까? 아니면 당신이 희망을 갖고 생기를 찾는 게 그들에게 더 나은 일일까?

자살은 합리적인 해결책이 아니다. 비록 때로 그렇게 보이기는 하지만 말이다. 우울증에서 회복되는 것이 해결책이다. 이것이 지금은 당신에게 불가능해 보이겠지만 그렇지 않다. 시간과 노력, 새로운 학습, 치료 그리고 어쩌면 치료제가 필요할 수 있겠지만 이것은 가능한 일이다. 시간을 가지고 당신의 삶에서 중요한 사람들에게 당신이 희망의 길을 선택했을 때와 스스로 부과한 죽음이라는 절망의 길을 선택했을 때 그들이 어느 편을 더 좋아할지 물어보라. 그리고 당신 자신에게도 물어 보라.

"나는 지금 정말로 난감합니다: 자살은 나의 유일한 탈출구였는데, 당신이 그걸 가로막는군요."

당신이 자신 속에 어떤 생각과 감정이 있는지를 알았으면 이 장을 마칠 때가 된 것인가?

우리는 당신이 자살에 대해 새로운 시각, 즉 자신의 죽음에 대한 집착에서 벗어나서 자신에 관한 새로운 선택을 할 수 있게 힘을 내기를 희망한다. 하지만 부정적이고 우울한 생각들 때문에 당신은 그 어느 때보다 비관적일지도 모른다. 자살이라는 선택이(비록 틀린 것이지만) 안전감을 줄 수 있었는데, 이것을 제거해 버렸기 때문에 당신은 이 장의 첫 부분에서 말했던 불안이나 슬픔, 분노의 감정을 느낄 수 있다. 당신은 다음과 같은 생각을 할 수도 있다. "나는 영원히 지속될 것만 같은 고통 속에서 지내 왔습니다. 그리고 자살에 대해 뒤섞인 감정을 가지고 있지만(그렇지 않다면 왜 이 책을 읽겠습니까?) 자살은 내 인생이 처한 끝도 없는 비참함에서 벗어날 유일한 탈출구입니다. 자살이라는 선택을 막아 버리면 내 나머지 일생 동안 더 비참해질 것만 보입니다. 고맙지만 사절하겠습니다."

여기에 우리는 두 가지 방식으로 반응할 것이다. 첫째, 자살과 자살성이 어떤 장점과 단점을 가지고 있는 것과 마찬가지로 자살과 자살 행동의 부재도 그러하다. 우리는 당신이 사는 것의 장점을 분명히 알기를 바란다. 당신의 자녀들이 성장하는 것을 지켜보는 것, 경력을 쌓아 나가는 것, 계절의 변화를 즐기는 것 등을 말이다. 그러나 이것이 분명하게 보이지 않는다면 이 장의 앞부분에서, 자살의 선택에서 했던 것처럼 당신 자신만의, 사는 것의 장점에 관한 목록을 작성할 시간을 가지기를 촉구한다. 그전처럼 좀 어렵다면 누군가에게 부탁해서 당신의 목록에 항목을 더하는 데 도움을 받아라. 또한 이전 장의 삶의 이유에 대한 논의로 돌아가서 참조하기 바란다.

자살이라는 선택을 포기하는 것의 단점은 어떠한가? 우리가 아는 것은 많지 않지만, 한 가지는 당신이 회복을 위해 작업을 하는 동안, 일시적으로 정서적인 고통을 경험하는 기간이 있을 것이라는 점이다. 여기에서 기억해야 할 중요한 부분은 '일시적'이라는 것인데 이것은 '영원히'라는 말과 같은 것이 아니다! 그러한 '영원히'라는 생각은 왜곡된 사고의 지표다.

정서적인 고통을 유발하는 사고에서의 오류(7장에서 다룰 것이다)를 어떻게 인지하고 변화시킬 것인지에 대해 아직 논의하지 않았으나, 앞의 "나는 영원히 …… 사절하겠습니다." 부분에서 인지적 오류를 찾을 수 있는지 보자. 그 생각에서 어떤 부분이 실수인가?

자세히 살펴본다면 아무것도 결코 변하지 않을 것이라는, 말하자면 결정적으로 잘못된 가정을 찾을 수 있을 것이다. 지금 당장은 당신의 과거 경험 때문에 그 가정이 맞는 것이라고 믿을 것이다. 그렇게 오랫동안 삶이 힘들었는데, 왜 상황이 변할 것이라고 기대해야 하는가? 그 대답은 너무나 명백해서 간과하기 힘들 것이다: 당신은 이제 체계적이고 검증된, 자기-변화와 삶을 향상시키기 위한 전략을 시작하려고 한다. 이것이 바로 상황이 결코 변하지 않을 것이라는 당신의 가정을 논박할 충분한 이유이며 이것이 바로 자살 이외의 선택에 대해 두려워할 필요가 없는 이유다. 목표는 당신이 비참함으로부터 탈출하는 유일한 통로를 포기하게 하는 것이 아니라 당신의 삶을 포기할 것을 요구하지 않는, 비참함으로부터 벗어나는 다른 길을 찾아보는 것이다.

좀 솔직해 보자. 당신은 자살이라는 선택권을 포기하는 것을 뒤집을 수 있다는 사실을 알고 있다. 당신은 자기파괴라는 선택권을 늘 가지고 있는 것이다. 정말로 이것은 인간 조건의 한 부분이다. 그러나 다른 선택(치료 같은)을 찾아보려는 노력이 성공하기 위해서 이제 당신은 자살을 적극적인 고려의 대상에서 빼버릴 절대적인 필요성이 있는 것이다. 그렇지 않으면 당신이 치료에 들이는 노력과 에너지는 심각한 위협을 받게 될 것이다. 이것은 올림픽 경기에 나가 이름을 널리 알리는 대신에 최소한의 노력만 기울이려는 운동선수와 비슷하다. 그러한 태도는 훈련에 부정적인 영향을 줄 수 밖에 없다.

심리치료 연구가들은 현재 '변화에 대한 준비성'이라는 용어로 변화의 과정에 대해 생각한다. 한 이론가는 '불평하는 사람' '손님' '고객'의 세 단계를 이야기하였다. 불평하는 사람은 현재의 상황으로 인해 분명한 고통을 겪고 있으며 불행한 사람이지만, 지금 상황이 얼마나 나쁜지를 말하는 데 대부분의 시간과 에너지를 쓴다. 불평하는 사람은 상황을 변화시키는 데는 별 관심을 보이지 않으며 특히 자신의 노력과 불편을 감수해야 하는 부분에서는 더 그러하다. 손님은 변화에 대해 '그냥 시험 삼아' 배우자나 가족들

영화 〈아름다운 인생(It's a Wonderful Life)〉에서 조지 베일리(George Bailey)의 역할을 한 제임스 스튜어트(James Stewart)는 사람들이 자신을 둘러싸고 있는 것들의 가치를 알지 못했을 때 무슨 일이 일어나는지에 대한 고전적인 예를 잘 보여 주었다. 그는 명백한 파산으로 인해 절망하고 있었으며, 감옥에 가게 될 것과 자신이 가족들과 고객들에게 끼친 손해로 인해 비난을 받을 것이 두려워서 다리에서 차가운 물속으로 뛰어내리려고 하였다.

이야기가 진전되면서, 그의 수호천사인 클래런스(Clarence)가 조지에게 두 번째 기회를 주었다. 하지만 클래런스는 현명해서 베일리가 많은 사람들에게 중요한 사람이며 인생은 살 만한 가치가 있다는 것을 믿도록 단순히 꼬시는 것이 쉽지 않다는 것을 알고 있었다. 클래런스는 꿈속에서 직접 조지를 데리고 다녔는데, 여기서 그는 자신이 태어나지 않았더라면 그의 가족이건 아니건 얼마나 많은 사람들이 비참한 결과에 빠지게 될지를 보게 되었다. 이 환상여행이 끝났을 때, 그는 자신의 삶과 자신의 대인관계가 얼마나 소중하고 의미 있는 것인지 이전에는 알지 못했다는 것을 깨달았다. 그를 자살에 이르게 했던 문제는 더 이상 중요하지 않았다. 조지는 다시 한 번 삶에 연결되었다.

허구적인 이야기이지만, 영화 〈아름다운 인생〉은 우리의 인생이 아무것도 아니라는 가정 때문에 슬픈 실수를 한다는 것을 가르쳐 준다. 이 영화는 많은 사람들이 우리의 부재로 인해 고통을 겪을 것이라는 점과 우리가 다른 사람들의 삶에 미치는 영향은 종종 알아차리기 어렵고 그래서 계산에 넣지 못한다는 것을 상기시킨다.

과 함께 몇 회기의 치료에 참여할 정도의 관심을 가지고 있다. 이 단계에 있는 사람은 변화에 대해 수동적인 자세를 취하고 있으며, 때로 자기 대신 다른 사람이 변하기를 바란다.

고객은 다른 말로 하면 상황을 더 좋게 만들겠다는 결정을 한 사람이다. 그는 자신의 목표를 달성하기 위해 무엇을 해야 하는지 아는 운동선수나 심장병 환자같이 책임을 지는 사람이다. 고객은 목표에 달성하기 위해 '값을 치를' 준비가 완전히 되어 있으며 자신이 들인 비용보다 훨씬 이익을 볼 것이라고 확신한다.

당신은 지금 어떤 단계인 것 같은가? 당신이 지금 완전히 고객의 단계가 아니라도 괜찮다. 불평하는 사람에서 고객으로 이동하는 것은 별로 오래 걸리지 않는다. 그러나 저절로 그렇게 되는 것은 아니다. 고객이 된다는 것은 적극적인 노력을 한다는 것이다. 당신이 할 수 있는 한 가지는 현재 어떤 수준의 노력을 기울이고 있는가, 그리고 고객 쪽으로 좀 더 이동했는가를 정기적으로 스스로에게 물어보는 것이다. 당신이 할 수 있는 또 다른 것은 당신 자신과 치료계약을 맺는 것이다.

자신과 맺는 치료계약

오늘날 많은 치료자들이 체중감량의 목표를 달성하거나 담배를 끊는 것, 우울증을 제거하는 것 등에 치료계약을 이용한다. 이러한 계약은 치료자와 내담자 간에 목표가 무엇이고, 목표를 추구하는 과정에서 각 사람이 할 일이 무엇인지에 대해 동의하는 바를 명시함으로써 오해를 줄이는 데 도움을 준다. 또한 계약은 더 많이 개입하게 만든다. 다음 장으로 넘어가기 전에 우리는 당신이 다음 페이지에 있는 자신과의 치료계약에 대해 살펴보고 서명을 하기 바란다.

이 계약서의 어떤 문항들은 당신의 마음을 불편하게 할 수도 있지만, 이것을 심각하게 고려해 보았으면 한다. 예를 들어, 많은 자살환자들은 비록 자신이 죽기를 원했다고 생각했지만 자신이 정말로 원했던 것은 고통을 멈추는 것이었다는 점을 알게 되었을 때 놀라곤 했다. 이들에게 만일 고통이 없어져도 여전히 죽기를 원하는지 물었을 때 실제로 모든 사람이 "아니요"라고 대답하였다.

자기 자신과 하는 것이긴 하지만 글로 쓰인 계약서를 작성한다는 것은 당신에게 어려운 일일 수 있다. 당신이 이 과제에 대해 생각할 때 다음 질문을 고려해 보도록 권하고 싶다. 당신이 손해볼 것이 무엇인가? 대안적 선택(자살성)을 따르는 것이 바로 당신의 목숨을 좌우하는 것인데 당신이 어떤 손해를 감수하는 것인가? 치료계약에서 당신이 잃게 되는 유일한 것은 시간과 노력 정도이며, 얻게 되는 것은 그보다 훨씬 많다. 이 정도면 감수할 만한 것 같지 않은가?

자신과 맺는 치료계약

나 자신과 나의 행복을 위한 약속으로, 아래의 사항을 지킬 것이다.

▶ 나의 목표는 죽는 것이 아니라 나의 고통을 보살피는 것임을 선언한다.

____________ (서명)

▶ 긍정적으로 말하자면: 내 목표는 오래 즐겁게 사는 것이고 지금 내가 경험하고 있는 것보다 덜 불행하게 사는 것이다.

____________ (서명)

▶ 우울해지거나 흥분했을 때 자살하려는 경향성이 이러한 목표를 성취하는 것을 방해한다는 것과 자살성을 극복하는 것이 목표에 도달하도록 도울 것이라는 점을 깨닫는다. 그러므로 나는 정서적인 고통을 다루기 위해 자살성보다는 다른 방법을 배우기 위해 노력할 것을 약속한다.

____________ (서명)

▶ 나는 그러므로 이러한 목표를 달성하기 위해 시간과 노력을 기울일 가치가 있다는 것을 선언한다(혹은 내가 '그럴 만한 가치가 있다'고 믿는 노력을 계속할 것을 약속한다).

____________ (서명)

▶ 나의 회복에는 시간이 걸리기 때문에, 그동안 자해를 하거나 죽으려는 동기에 저항할 것을 약속한다.

____________ (서명)

▶ 자해를 하거나 죽으려는 충동을 견딜 수 없을 것 같은 때에는 5장에 쓰여 있는 '1단계: 위기에서 살아남기'의 단계를 따를 것을 약속한다.

____________ (서명)

나는 나 자신과 이 계약의 조항들을 준수할 것을 약속하며, 치료자나 나를 생각해 주는 다른 믿을 만한 사람과 상의하지 않고는 이 계약을 어기지 않을 것에 동의한다.

__________________ (서명/날짜)

제2부

당신이 할 수 있는 것

chapter 5

1단계: 위기에서 살아남기

자살은 영원한 것이다. 그러나 자살하고 싶은 느낌이 드는 것은 일반적으로 일시적이거나 간헐적이다. 당신도 알다시피 그런 유형의 공허함과 고통을 경험한다는 것은 끔찍한 일이다. 당신이 깊이 가라앉아 있을 때는 영원히 지속되는 것처럼 느껴지지만 그런 경험에는 기복이 있다. 탈출구가 없다는 느낌은 착각이며, 잔인한 속임수다. 실제로 아주 간단한 탈출구가 있는데, 그것은 시간의 경과다.

우리는 당신이 할 수 있는 유일한 일이 가만히 앉아서 기다리는 것이며, 언젠가 기분이 좋아지기 시작할 것이라는 희망을 가지라고 제안하는 것이 아니다. 그보다 당신은 적극적으로 시간의 경과에 참여해야 한다. 다른 말로 하면, 자신이 가장 깊은 나락에 빠져 있다고 느낄 때, 시간을 잘 참고 견디어 낼 수 있도록 도와주는 단계들이 있다는 것이다. 이런 단계들을 밟음으로써 당신은 수많은 시간으로도 지워 버릴 수 없는 한 가지 일(자살)을 안 하도록 막을 수 있다.

이 장에서 우리는 자살 위기를 견디어 내기 위해 사용할 수 있는 세 가지 주요 전략을 소개할 것이다. 이러한 전략들은 자신을 상처 입히지 않고 '다른 길로 가게' 할 수 있을 것이다. 이 전략들은 자신의 인생에 다시 몰입하도록 돕기 위한 시작점일 뿐이며, 이것이 당신의 문제를 해결해 주지는 못할 것이다(우리는 뒷부분에서 당신이 문제를 해결하는 것을 도울 것이다). 그 대신에 이 전략들은 당신이 가장 취약해졌을 때, 돌이킬 수 없는 충동에 저항할 수 있도록 도울 것이다. 이것들은 당신이 삶의 의미와 목적을 되찾고 고통을 감소시킬 수 있도록 싸울 의지가 생길 때까지, 버틸 수 있도록 도울 것이다.

충동을 지연시키기

간단히 말해, 충동을 지연하는 것은 무엇보다 중요하다: 당신이 자살을 미루는 데 챔피언이 되길 바란다. 당신은 자살을 할 계획을 세우지만 그것을 계속 미루어 버리는 것이다. 다른 활동들, 의무, 그리고 예상치 못한 장애물이 방해를 할 수 있다. 이론적으로는 자살이 매력적인 선택인 것처럼 들릴 수 있지만 실제로는 너무 많이 개입되어야 하고, 너무 많은 계획과 준비를 필요로 하며, 시작하기가 상당히 번거로울 것이다. 그러므로 당신은 언젠가 '다시 생각해 볼 것이다' 라고 확신하며, 그것을 미룰 것이다. 당신이 정한 어떤 마감일도 넘어갈 것이며 당신은 여전히 살아 있을 것이다. 당신은 다시 한 번 지연하는 데 성공할 것이다. 훌륭하다. 삶이, 죽으려는 당신의 계획을 계속 방해하도록 내버려 두자.

위기의 순간에 충동지연하기

자살 충동을 '지연시키는' 첫 단계는 절망스런 감정이 정점에 이르렀을 때, 자신을 해치려는 소망을 행동화하는 것을 미루는 것이다. 때로 절망이 영원처럼 느껴질 수 있겠지만, 단지 하룻밤이나 또는 한 시간 정도 지속될 수도 있다. 이때가 자신에게 상처를 입히기 가장 쉬운 때며 당신에게 닥친 일에 대해서 공정한 마음으로 판단을 내리기 가장 어려운 때다. 인생이 당신에게 공정하지 못했다 하더라도, 당신은 자신에게 공정해야 하며 좀 더 명확하게 생각할 수 있도록 감정이 가라앉을 때까지 기다려야 한다. 만일 당신이 더 나은 대우를 받을 자격이 없다고 느끼기 때문에 자살 그 자체가 '공정한' 선택이라고 믿는다면, 적어도 시간이 좀 지나서 당신이 선택한 것에 대해 좀 더 신중하게 평가해 볼 수 있을 때까지 기다려라. '자격'이라는 말은 매우 주관적이고 우울한 감정에 의해 쉽게 왜곡될 수 있다. 자살은 취소할 수 없는 것이므로 당신은 의문을 품어 볼 기회를 가져야 한다.

자신을 상처 입히려는 즉각적인 충동을 참고 이겨내기 위해 할 수 있는 일이 무엇일까? 그 대답은 매우 간단하면서도 매우 어렵다. 과제 그 자체는 상당히 평범하기 때문에 간단하다고 할 수 있지만 그것을 실행하기 위해서는 용기와 자기-통제, 고통을 견디어 낼 수 있는 능력이 필요하다. 그러므로 이런 전략을 실현하기 위한 당신의 노력은 존경받을 만하다.

그런 전략 중 하나는 건강한 수면을 취하는 것이다. 죽음을 '깊은 잠'이라고 부르기도 한다. 우리는 당신이 우선 '얕은 잠'을 시도해 보기를 제안한다. 만일 고통으로부터 일시적으로 도피하는 것이 필요하다면 잠은 훌륭한 선택이다. 당신이 삶에 몹시 지치고 밧줄의 끝을 잡고 있는 느낌이라면 특히 그러하다. 잠은 원기를 회복시켜 주고, 좀 더 신중하게 생각할 수 있는 시간을 벌어줌으로써 고통을 줄이도록 도울 수 있다. 이유가 무엇이든 당신이 잠을 잘 수 없다면 억지로 자려고 하지 말고 다른 전략을 시도해 보자.

누군가와 이야기를 하라. 밤이거나 낮이거나 상관하지 말고 누군가와 대화를 나누라. 혼자 죽지 말라. 누군가에게 연락을 취하고 살아라. 당신이 존경하고 믿는 누군가를 선택하라. 과거에 당신에게 관심을 보여 주었던 사람을 선택하라. 전화를 하라. 그들이 가까이에 살고 있다면 찾아가라. 집에 있는 컴퓨터로 그들과 접촉하라. 혼자서 힘들어 하지 말라.

그때가 매우 늦은 밤이어서 다른 사람들을 괴롭히는 게 아닌가 걱정이 된다면 다른 선택을 할 수도 있다. 첫째, 당신에게 치료자가 있다면 그 사람에게 전화를 하라. 치료자는 당신이 자살하려는 기분인지에 대해 알기를 원할 것이다. 만일 당신에게 치료자가 없거나 그에게 연락이 닿지 않는다면, 자살성(suicidality)을 다룰 수 있도록 수련을 받은 사람에게 연락을 하라. 당신이 사는 지역의 자살예방 응급전화로 전화하는 것도 좋은 방법이다. 그 번호는 전화번호부에 나온다. 그러므로 손쉽게 이용할 수 있도록 적어두자.

만일 당신이 약을 삼켰거나 손목을 긋는 등의 행동을 이미 해버렸다면 가능한 한 빨리 가장 가까운 병원의 응급실로 가야 한다. 거기에 혼자서 가려고 애쓰지 말라. 경찰, 119, 구급차 등 응급상황에서 전화할 수 있는 누구에게든 연락을 해서 당신이 어디에 있는지 이야기하라. 정확하게 당신이 무슨 일을 했는지, 얼마나 시간이 지났는지 말하라. 우리는 당신이 이런 과정을 거치지 않기를 바란다. 우리는 결코 당신이 실제 자살 시도를 하지 않기를 바란다. 그러나 당신이 해 버렸다면 병원에서 응급처치를 받는 것이 당신에게 소중한 시간을 벌어 줄 것이다.

연습 4: 자살충동을 지연시키기 위한 장기적인 전략

가장 깊이 가라앉아 있을 때가 아니더라도 당신은 자살을 하기 위한 일반적인 계획을 세우고 있을 수 있다. 이런 때 당신이 연습 4를 할 것을 제안한다. 이 과제는 당신의 인생에서 할 수 있는 기회가 없었거나 끝마치지 못한 일들을 곰곰이 생각해 보는 것이다. 가능한 한 많은 항목을 만들어라. 당신이 다른 모든 가능한 것들을 다 해 볼 때까지 '자살'을 목록에 넣지 말라.

이것은 당신이 마무리하지 못한 모든 일들에 초점을 맞춤으로써 기분이 더 나빠지게 하자는 것이 아니다. 그보다는, 당신의 인생에 아직 끝마치지 못한 일들이 얼마나 많은지를 보여 주려는 것이 목적이다. 우리 모두는 부족한 점이 있는 사람들이므로 때로는 계획하고 의도한 것들을 다 지키지 못하곤 한다. 우리 모두가 그렇기 때문에 지연은 부끄러워할 일이 아니다.

다음으로, 지연 목록에 있는 각 항목들(자살까지, 하지만 포함시키지는 말고)이 당신에게 중요한 이유를 숙고해 보라(그리고 기록하라). 물론 그것들은 중요하다. 그렇지 않았으면 처음에 그것을 할 마음이 없었을 것이다. 마찬가지로 어떤 의미에서건 그것들이 중요하지 않았다면 지연시키려고 애쓰지 않을 것이다.

이제 당신이 마치고 싶었지만 지금은 관심이 없는 많은 일들을 시각적으로 떠올리고, 그중 한 가지를 선택하라. 예를 들어, 당신

연습 4. 내 인생에서 아직 끝마치지 못한 일들
하려고 했거나 끝마치려고 했던 일들
1. 2. 3. 4. 5. 6. 7.
이런 일들을 하기 위해 사는 것이 왜 내게 중요한가?
1. 2. 3. 4. 5. 6. 7.
지금 주의를 기울여야 하는 끝마치지 못한 일들
1. 2. 3.

이 늘 읽으려고 했었지만 사지 않았던 책이 있다면 오늘 나가서 그 책을 사라. 읽기 시작하라. 그러고 나서 당신의 다음 목표가 무엇이 될지를 고려해 보라. 늘 가고 싶었는데, 엄두를 못 내었던 여행이 있다면 오늘 계획을 세우기 시작하라. 여행사에 전화를 하거나 자동차 동호회에서 제공하는 정보를 얻어라. 자살 계획을 지연시킬 수밖에 없도록 당신의 삶을 준비시켜라. 왜냐하면 당신에게는 좀 더 급하게 우선적으로 해야 할 일이 있기 때문이다. 조지 번스(George Burns)가 한때 이런 이야기를 했다. "나는 죽을래야 죽을 수가 없다. 나는 이미 예약이 되어 있다."

당신의 생각을 행동으로 옮길 때마다 미래에 자살 위기가 닥칠 때를 대비해서 다음 순서로는 무엇을 할지 생각하라. 인생에서 끝마치지 못한 일들이 있다는 것은 좋은 것이라는 생각에 초점을 맞추라. 왜냐하면 이것이 추구할 목표와 목적을 제공해 줄 것이기 때문이다. 자살이 지연 목록의 가장 마지막이 되도록 하자. 당신의 삶에서 미루어 왔던 모든 다른 과제들이 우선적으로 실현되어야 한다.

"내 목록에 있는 것을 다 해버리고 '자살' 항목까지 내려가면 어떻게 하나요? 그러면 자살을 해야 합니까?"라고 물을지도 모른다. 대답은 다음과 같은 이유로 아니라는 것이다. 만일 당신이 이 연습을 온전하게 적절한 마음으로 했다면 이런 활동에 참여하는 것이나 목표는 당신을 삶에 좀 더 강하게 연결되도록 했을 것이다. 당신은 목적, 의미 그리고 열정을 좀 더 느꼈을 것이다. 당신이 인생과 미래에 재투자하는 중요한 과정을 시작할 것이다. 당신은 죽고 싶은 마음이 좀 줄어들 것이다. 이것이 어려운 시기를 견디어 나가고 삶과의 연결을 공고히 하기 위한 많은 가능한 전략

중 하나라는 것을 기억하라. 당신의 인생은 이 방법의 효과나 또 다른 전략 하나로 결정될 수 없다. 모든 사람은 다르다. 만일 어떤 접근법이 도움이 되지 않는다 해도 다른 접근법이 도움이 될 수 있다. 여기에서 그리고 이 책을 읽는 동안에 인내심이야말로 당신의 가장 중요한 동지일 것이다.

만일 요구하는 게 너무 많고 너무 오래 걸린다고 느낀다면 한 번에 한 단계만 하는 것도 좋다. 우선 지연 목록을 만드는 것부터 시작하라. 또는 목록에 있는 제안된 활동 중 하나만 하라. 목적은 자살을 해 버리면 끝마치지 못하고 남겨두게 될 '다른 프로젝트'를 하기 위해 자살을 미루어 두게 하려는 것이다. 기억하라. 자살을 거부하기로 결심한다면, 그리고 당신이 자신을 잘 돌보는 사람이라면, 당신이 늘 하고 싶었던 일들을 하면서 인생을 보내야 한다. 당신의 나머지 인생이 풍부하고 가능성으로 가득하게 되도록, 자살로 인해 인생이 단축되는 일이 없도록 하라.

추가적인 지연기술들

자살의 위기에서 살아남는 데 도움이 되는 또 다른 방법은 자살하기 어렵게 만드는 것이다. 우선 환경을 안전하게 만들라. 총을 가지고 있다면, 팔거나 다른 사람에게 주어라. 상당량의 약을 소지하고 있다면, 필요한 약물과 용량에 대해 의사와 상담하고 나머지는 버려라. 만약 술이나 다른 정신활성 약물을 집안에 가지고 있다면, 없애버려라. 총기와 약과 술을 쉽게 사용할 수 있다면, 자살은 매우 쉽게 일어날 수 있다. 당신의 환경을 자살하기 어렵게 만들어라. 이렇게 하면 기분이 저조한 때를 무사히 견뎌 낼 수 있는 소중한 시간을 벌어 줄 것이다.

자살하려는 충동에 저항하기 위한 다음 전략은 곧 견디기 어려운 일이 닥칠 것이고 자살을 함으로써 그것을 피할 수 있을 것이라고 확신하고 있을 때 적용할 만하다. 당신이 두려운 일들—이혼, 파산, 법적인 문제, 대중적인 망신, 또는 심각한 질병—이 닥쳐올 것을 예상하여 자살하고 싶은 충동을 느낄 때는 가만히 앉아서 당하고 있지 말라. 이런 끔찍한 일이 생길 것이라는 가정이나 이 일로 인해 영원히 망가지고 말 것이라는 당신의 가정은 틀린 것일 수 있다. 조금만 더 살다 보면, 조금만 더 견디다 보면, 가장 두려워했던 것이 지나갔다는 것을 발견하게 될 것이다. 죽고 싶다는 충동이 사라질 것이다. 자신이 처리할 수 없는 일들에 대해 스스로를 용서하지 못하기 때문에 자살한다는 것은 몹시 어리석은 일이라는 점을 발견할 것이다.

기본적으로 당신의 의무는 당신 자신의 운명을 결정하는 유일한 사람이 되기를 거부해야 한다는 것이다. 참을 수 있는 한 참으면서 두려운 것이 지나가길 기다려 보자. 불운이 닥칠 것을 두려워하고 있다면 이 적군을 얼마나 오래 막을 수 있는지 보자. 운명의 신을 돕지 말라. 할 수 있는 한 거기에 저항하라.

이 원리는 셰익스피어의 『로미오와 줄리엣』의 마지막 장에 잘 나타나 있다. 로미오는 사랑하는 줄리엣의 시신 앞에서 이제 모든 것이 끝나 버렸고 자신이 살아야 할 이유가 사라져 버렸다고 믿었기 때문에 서둘러 자살을 한다. 얼마 후, 줄리엣은 약으로 인한 잠시 동안의 '죽음'에서 깨어난다. 만일 로미오가 자신을 파괴하고자 하는 충동을 미룰 수 있었다면, 그는 사랑하는 줄리엣과 재회할 수 있었을 것이다. 그러나 로미오와 줄리엣은 모두 충동적인 자살의 희생자로 생을 마감했다.

물론 이것은 이야기다. 그러나 이것은 잔인한 가정이 검증되기 전에 생명을 잃은 비극적인 결과를 보여 주고 있다. 다음의 중요한 원칙을 당신의 인생에 적용해 보기를 촉구한다. 당신이 극단적인 감정상태일 때에는 중요한, 목숨이 달려 있는 결정을 해서는 절대로 안 된다. 이 원리의 중요성은 아무리 강조해도 지나치지 않다. 많은 사람들이 부정적인 감정상태에 휩싸여 자신에게 가장 중요한 결정을 내려 버리기 때문에 상처를 입고 목숨을 잃는다. 감정적으로 혼란상태일 때 인생을 바꿀 만한 결정은 절대 하지 말아야 한다.

적어도 이 문제를 차분하고 침착하게 생각하고 논의할 수 있을 때까지, 당신에게는 자살하고 싶은 충동을 없애 버릴 수 있는 일이라면 무엇이든 할 책임이 있다. 자신을 돕기 위해, 당신의 문제를 해결하기 위해, 그리고 다른 사람들의 자문을 받기 위해 당신이 할 수 있는 모든 것을 다 하는 것이 정말 중요하다. 이제 위기에서 살아남기 위한 다음 전략으로 넘어가 보자.

사회적 지지 이용하기

전형적으로, 자살하려는 상태는 형언할 수 없는 외로움을 수반한다. 이러한 상태에 사로잡힌 사람들은 고통과 함께, 혼자라는 느낌을 받으며 자신을 이해하고 신경 써 주는 사람이 아무도 없다고 믿는다. 이것은 객관적인 증거도 없으면서 상처받은 마음으로 결론을 내려 버리는 또 다른 예다.

세상에 자기 혼자뿐이라고 믿는 사람들은 거의 언제나 그들에게 신경을 쓰고 있는 사람들이나 기회가 주어진다면 도우려고 노력할 많은 사람들을 간과한다. 치료자로서 우리들은 가족들이 치료 회기 동안에 울면서 '그가 어떻게 느꼈는지 내게 말을 해 주었더라면 그를 돕기 위해 뭔가 했을 텐데.' 라며, 괴로워하는 이야기를 듣는다. 만일 당신이 자살을 하려고 한다면, 당신에 대해 알고 싶어 하고, 당신이 받아만 준다면 몹시 돕고 싶어 하는 사람들이 있다는 사실을 기억해야 한다.

아마 당신은 자신의 문제로 다른 사람들에게 부담을 주는 것을 염려하고 있는지도 모른다. 만일 그렇다면 당신에게 신경 쓰는 사람들이 당신이 가버린 다음에 느낄 부담에 대해 생각해 보라. 그들은 당신을 돕기 위해 무언가 했어야 했는데 못했다고 믿을 것이다. 또 당신은 자살하고 싶은 기분이라고 다른 사람에게 말하는 것이 부끄러운 일이라고 느낄 수 있다. 만일 그렇다면 당신이 왜 이런 식으로 느끼는지에 대해 자신에게 반문해 보라. 그들이 이해하지 못할 것을 두려워하기 때문인가? 그들에게 기회를 주어 보라. 당신이 이야기하려고 선택한 사람이 당신 말을 '알아듣지' 못한다면 또 다른 사람에게 시도해 보자. 한때 자살 충동을 느꼈던 사람이 당신의 경험에 대해 얼마나 잘 공감하는지 알면 놀랄 것이다. 너무나 많은 사람들이 한때 자살하고 싶다고 느끼기 때문에 경험이 일치할 가능성은 상당히 높다. 당신이 누군가에게 당신의 절망에 대해 이야기하기만 한다면 말이다.

당신이 자살하고 싶은 마음을 나누었을 때 낙인이 찍혀 버리지 않을까 걱정한다면 우리는 다음과 같이 제안하고자 한다. ① 열린 마음을 가지고 있는 것처럼 보이는 사람을 선택하라. 친구나 친척이나 동료나 치료자 중에 누구든 당신의 인생에서 믿을 만하고 공정한 사람을 선택하라. ② 대부분의 사람들은 자살성에 대한 이야기를 들으면 비판을 하기보다는 걱정을 한다는 것과 대부분의 사람들은 죽으려고 절벽에 서 있는 사람을 재촉하는 전형적인 구경꾼이 아니라는 것을 명심하라. ③ 자살을 해 버린 사람이 되는 '낙인'을 생각해 보라. 자살이 몇 십 년 전에 있었던 스캔들과는 다르다는 것이 사실이지만 여전히 강력하고 부정적인 전설이 된다—그것은 당신이 자살 사고를 가지고 있었지만 결코 행동으로 옮기지 않았을 때보다 훨씬 더 심할 것이다.

당신이 자살을 계획하고 있을 때 누군가와 접촉하는 것을 꺼리는 또 다른 이유는 아마 '그들은 내 이야기를 이전부터 들어왔어. 이젠 내 문제에 진력이 난다고 할 거야.'와 같은 생각일 것이다. 이것은 위험하게도 주제넘은 생각이라고 할 수 있다. 단지 당신이 자신을 싫어한다고 해서 그리고 자신에 대해서 참을 수 없다고 해서 다른 사람들도 당신과 같이 가혹한 입장에 서야 하는 것은 아니다.

다른 한편으로, 다른 사람들이 '내 문제에 질렸을 것'이라고 염려하는 것은 당신이 그들의 어려운 입장에 대해 어떤 공감을 하고 있다는 것을 보여 주는 것이다. 가까운 사람이 어쩌면 곧 죽어 버릴 수도 있다는 것, 특히 그 사람의 마음을 풀어 주기 위해 아무것도 할 수 없다는 것은 매우 고통스러울 수 있다. 그러므로 우리가 제안하고 싶은 것은 당신의 공감을 이 상황에서 강점으로 이용하라는 것이다. 다른 사람들에게 그들이 들어 주려고 애썼던 것에 대해, 그리고 절망에 빠졌을 때 함께 있어 준 것에 대해 당신이 얼마나 감사하는지 이야기하라. 당신이 다른 사람을 힘들게 한다는 것을 알고 있다는 것과 힘들게 하고 싶지 않다는 것을 강조하라. 당신이 언젠가 그들의 친절함에 대해 보상하고 싶어 한다는 것을 알려 주라(물론, 그렇게 하기 위해서는 당신이 살아 있어야 한다).

아직 당신이 자살 생각에 대해 누군가에게 말하는 것을 하지 못하도록 막는 것이 더 있다면, 그것은 당신이 진지하게 받아들여지지 않을 것이라는 생각 때문일 것이다. 우리가 하고자 하는 말은 이것이다. 어떤 사람은 당신이 느끼는 바를 축소해 버릴지라도 또 다른 사람은 그러지 않을 수 있다. 어떤 사람이 회의적(예를 들어, 진지하게 하는 말일 리가 없다. 만일 그렇다면, 자살에 대해 말을 하는 게 아니라 '그냥 해버렸을 테니까' 라고 반응할 수도 있다)이라고 해도 당신이 뭔가 증명하기 위해 자살 행동을 해 보일 필요는 없다. 그 대신, 이야기를 나눌 다른 사람을 찾아볼 필요가 있다. 좀 더 공감적이고 자살성에 대해 좀 더 잘 알고 있는 사람을 찾아보자.

당신이 다른 사람들과 자살 생각과 감정을 나누는 것에 대해 완강하게 반대하더라도 여전히 다른 사람들과 접촉하는 것은 도움이 될 수 있다. 혼자라고 느끼는 대신, 그리고 자해 행동에 빠지는 대신에 당신과 시간을 보낼 수 있는 다른 사람을 찾아보자. 누군가에게 전화를 하자. 편지를 쓰자. 친구와 저녁 약속을 하자. 한동안 못 만났던 사람을 찾아가 보자. 만약 당신이 일을 하고 있다면 동료들과 상호작용을 하자. 만일 당신이 다른 사람들과 접촉을 하는 데 어려움을 겪고 있는 중이라면 당신의 개나 고양이와 함께 시간을 보내 보자. 접속을 해 보자. 혼자서 죽지 말자. 다른 사람들과 함께 그리고 그들 속에서 살자. 당신이 스스로 도울 수 있을 때까지 임시방편이지만, 그리고 그들은 당신에게 이런 기능을 하고 있다는 것을 깨닫지 못하겠지만, 다른 사람들이 당신의 생명줄이 되게 하자.

연습 5: 관심 있는 사람을 찾아내기

이것은 당신의 사회적 지지체계를 이용하는 것을 연습하기 위한 것이다. 이 연습은 언제든지 활용할 수 있지만, 당신이 혼자라고 생각할 때, 그리고 당신이 어떻게 느끼는지 다른 사람이 알아봐야 소용없다고 믿을 때 특히 유용하다.

첫 번째 단계는 현재 어떤 식으로든 당신과 관계를 맺고 있는 모든 사람들의 이름을 적는 것이다. 목록에는 다음과 같은 사람이 포함되어야 한다.

- 지난 몇 주 동안 당신에게 말을 건넨 사람들과 당신의 이름이나 주소, 전화번호 혹은 생일을 알고 있는 사람
- 최근에 당신을 칭찬한 사람
- 최근에 전화를 하거나 편지를 보낸 사람
- 당신의 죽음을 알면 깊이 슬퍼할 것 같은 사람
- 마지막으로 대화를 하거나 같이 지낸 지 오래되어서 당신으로부터 연락을 받으면 반가워할 사람
- 최근의 기억 중에 당신에게 키스를 하거나, 포옹을 하거나, '사랑한다' 는 말을 한 사람

이러한 기준에 해당되는 사람이 얼마나 많은지 보자. '이 사람은 이래서 여기에 넣을 수 없어.' 라는 식의 판단을 해서 당신의 목록을 검열하지 마라. 당신의 우울증이 당신을 너무 피곤하게 해서 생각하거나 집중하기 어렵게 만들겠지만 이 목록을 가지고 작업하는 것을 멈추지 마라. 영화 〈쉰들러 리스트〉에서처럼 목록에 이름을 추가하고 또 추가하라. '목록이 생명이다.'

두 번째 단계는 각각의 사람과 함께 했던, 친밀하거나 그렇지

않더라도 긍정적인 상호작용을 적어도 한 가지 이상 적는 것이다. 가장 최근에 긍정적인 접촉을 했던 사람이나 의사소통을 했을 때 가장 좋았던 사람의 이름에 별표를 하라. 이 연습의 다음 단계는 이 '별표' 와 관계가 있다.

세 번째 단계는 각각의 사람들이 당신의 우울증이나 자살성에 대해서 알고 있는지를 기록하는 것이다. 만일 당신이 특정인물과 당신의 감정에 대해 상의해 왔다면, 그 사람이 당신이 겪고 있는 것을 이해하는 것 같은지 판단해 보고 이 형식의 세 번째 칸에 적어 보자. 목록에 있는 각각의 사람들에 대해서 그 사람이 최근에

연습 5. 사회적 지지 이용하기		
이 름	긍정적인 상호작용	내가 어떻게 느끼는지 아는가? (예/아니요/아마도)

관심을 보이면서 "어떻게 지내세요?"라고 물었는지 고려해 보라. 그 사람이 당신에게 진심으로 이야기하거나 함께 시간을 보내자고 하였는가? 당신에게 '뭐 필요한 거라도 있다면' 부탁하라고 이야기하며, '도움'을 주겠다고 제안한 사람이 있는가? 이 항목에 맞는 사람이라면 그는 실제적으로 당신에게 마음을 열고 이야기하고 싶다고 간청하는 것이다. 이 요청을 존중하고 도움의 손길을 잡아라.

만일 당신의 고통을 아는 사람이 아무도 없거나 거의 없다고 믿고 있다면, 당신이 그들의 관심의 표시들을 알아차리지 못한 것일 수 있다. 또는 그들이 당신의 부정적인 마음 상태를 알게 되었지만 당신이 먼저 들어 주기를 바랄 때까지, 당신의 사생활에 대한 권리를 존중하는 것일 수 있다. 또한 당신이 사람들 앞에서 즐겁고 편안해 보이려고 노력을 해 왔기 때문에 주변 사람들은 당신이 사회적 지지를 필요로 하는 정도라는 것을 짐작도 못할 가능성이 있다. 이 설명들 중 어느 것이라도 그럴듯하게 들린다면 다른 사람들이 당신에게 보내는 관심의 사인뿐만 아니라 당신이 다른 사람들에게 보이고 있는 사인도 자세히 살펴보아야 할 때다. 숨거나 눈을 감지 마라. 자신이 되어라. 그리고 다른 사람들에게 그들의 지지를 드러낼 수 있는 기회를 주어라.

당신이 자살을 고려하고 있다고 누군가에게 말해야만 하는 것은 아니라는 점을 기억하라. 누군가에게 당신 기분이 좀 '저조'하다는 것과 당신이 정말로 어떤 도덕적 지지나 이해 그리고 아마 이 둘 다를 모두 이용할 수 없다는 것을 알리는 것으로 충분할 수 있다. 고통에 빠진 채 혼자 있지 말자. 다른 사람들과 관계를 맺음으로써 "기쁨은 몇 배로 늘어나고 슬픔은 줄어든다."는 말이 있다. 이 말을 당신의 인생을 통해 검증해 보자. 이상적이라면 한 사람 이상의 사람에게 말이다.

이 연습의 네 번째와 다섯 번째 단계는 이름 옆에 별표가 있는 한두 사람을 선택해서 연락을 하고 적어도 얼마간의 시간을 그들과 보내는 것이다. 진심으로 대화를 하는 것이다. 함께 시간을 보냈던 사람들의 모임을 선택할 수도 있다. 그게 좀 덜 겁나는 일이라고 생각된다면 말이다. 개인적으로 아는 사람이든 직장에서 또는 치료를 받으면서(예를 들어, 12단계 집단이나 개인 치료자) 알게 된 사람이든, 궁극적으로 당신에게 가능한 모든 사회적 지지를 이용하자. 목록에 별표가 있는 모든 사람들과 접촉함으로써 광범위한 사회적 지지의 도움을 받을 수 있다. 또한 어떤 한 사람에게 지나치게 의존하는 것을 막을 수 있으며 다른 사람들이 당신의 '인생을 위한 팀'의 일부가 되도록 도울 수 있다. 당신은 자신을 돕는 것이며, 동시에 다른 사람들이 당신을 도울 수 있도록 해 주는 것이다.

자신을 돌볼 수 있는 방법을 찾기

자살 위기를 겪는 동안 취해야 할 처음 두 가지 전략은 시간이 지나가도록 하는 것, 그리고 다른 사람들의 지지를 구하는 것과 관련된다. 세 번째 전략은 특히 감정이 흥분되었을 때, 자기 자신을 돌보는 방법을 찾는 것이다. 기운이 없고 자신에게 관대하기 어려운 마음 상태일 때는 말하기는 쉬워도 실제로 그렇게 행동하기는 어렵다는 것을 발견할 것이다. 그럼에도 불구하고 자신을 돌보는 것 또는 '자기위안'은 아주 기본적이지만 필수적인 기술이다. 당신 자신은 당신에게 언제나 이용 가능하기 때문에, 당신은 잠재적으로 당신의 가장 중요한 자원이다. 이 전략은 기본적으로 '나의 도움이 필요할 때 나 자신을 버려두지는 않을 것이다.' 라는 말이다. 다른 사람들은 당신의 삶의 결정적인 시기에 당신을 버려두었을 수 있다. 그러나 당신도 마찬가지로 당신을 버려둘 필요는 없다. 당신은 자신을 위해 거기 있을 수 있다.

이것을 실행하는 실제적인 방법들을 찾아보자. 자기돌봄의 기초부터 시작하라. 우울한 사람들은 때로 안녕감(well-being)에 필수적인 것들을 무시하곤 한다. 잘 먹지 않거나 불규칙하게 자거나 잘 씻지 않고 제대로 차려입지 않거나 필요한 약을 먹지 않는 등의 문제 있는 습관을 보인다. 이런 습관들은 우울한 사람을 당연히 더 우울하게 느끼게 하며 더 많은 문제 행동들을 야기한다. 이것이 바로 악순환의 고전적인 예다.

모든 악순환에 대해 긍정적인 순환이 있다. 만일 당신이 자신을 조금 더 잘 보살필 수 있다면, 그것이 단순히 적당한 시간에 자고 일어나는 것이거나, 샤워를 하고 옷을 말끔하게 차려입는 것을 의미한다고 하더라도 그것은 당신의 인생에 긍정적인 연쇄작용의 시작이 될 수 있다. 간단하지만 효과가 있다.

그러나 당신이 실제로 그렇게 하는 것은 어려울 수도 있다. 우울증은 자신에 대한 흥미를 잃게 만든다. 자신에게 그렇게 무심한가? 만일 그렇다면 당신은 아마도 악순환에 걸려든 것이다. 거기에서 벗어나기 위해서는 자신을 밀어붙이려고 해야 한다. 기분이 더 좋아지고 더 좋게 보이기 위해 필요한, 사소하지만 일상적인 일들을 하려고 해야 한다. 당신은 이것이 소용이 없을 것이라고 생각할지 모른다. 그러나 어찌되었건 시도해 보라. 잃을 것은 아무것도 없다. 당신은 놀라게 될지도 모른다.

자신을 돌보는 또 다른 방법은 마음이 어지러울 때 '신체적 안락감을 주는 것(creature comforts)'을 자신에게 제공해 주는 것이다. 마샤 라이한(Marsha Linehan) 박사는 오감 각각을 위한 위안을 추천했다. 시각을 위해 당신은 책에서 아름다운 그림을 볼 수 있고, 청각을 위해 위안이 되는 음악을 들을 수 있다. 후각을 위해 향초를 태울 수 있으며, 미각을 위해 허브차를 마실 수 있고, 촉각을 위해 애완동물을 쓰다듬거나 동물 인형을 끌어안을 수 있다.

물론 이러한 활동들이 당신의 인생을 통째로 바꿔 줄 것이라거나 당신 문제에 대한 장기적인 해결책이 될 것이라고 기대할 수는 없다. 그러나 이것은 자신을 잘 돌보지 않는 해로운 습관의 악순환을 깰 것이며 자신을 좀 더 나은 방식으로 대할 수 있게 하는 새로운 경향을 형성할 것이다. 이것은 당신의 고통을 완화시킬 것이며 적어도 일시적으로 당신이 자살 위기에서 벗어나도록 또는 도움을 받을 수 있도록 하는 데 도움이 될 것이다.

마지막으로, 자기위안은 이 책에서 제시한 항자살(antisuicide) 기법의 적극적 활용을 전제로 하고 있다는 점을 잊어서는 안 된다. 자신을 도움으로써, 기분이 좋아지고 통제감을 가질 것이며 어려운 상황에서도 견디어 내는 용기를 가졌다는 자부심을 느낄 것이다. 당신의 수고와 새로 습득한 기술들은 만족감과 안녕감으로 전환될 것이다. 이 기술들은 자기위안의 최고 수준이라고 할 수 있는데, 왜냐하면 그것들은 당신이 자신의 치료자로서 생각하고 느끼고 행동하도록 가르치기 때문이다.

chapter 6

2단계: 너 자신을 알라(생각과 감정)

"의미는 상황에 의해 결정되는 것이 아니다. 하지만 우리 자신은 우리가 상황에 부여한 의미에 의해 결정된다."

–알프레드 아들러(Alfred Adler)

사고와 감정

이제 이 책에서 가장 희망적인 생각을 이야기할 때가 되었다. 당신은 자신이 어떻게 느끼는지를 변화시킬 수 있다. 어떻게 변화시킬 수 있는지에 대해 이야기하기 전에, 우선 우울과 절망 같은 감정이 어떻게 형성되는지를 보여 주고자 한다. 다음의 이야기를 보자.

나이든 농부가 밭을 갈고 있는데, 여섯 살 된 손자가 눈이 휘둥그레져서 뛰어왔다. "할아버지, 할아버지, 빨리 오세요. 바비와 베티 수가 건초더미에서 꼭 붙어서 쉬를 해요."라고 말하였다. "뭐라고?" 할아버지가 대답하였다. 말을 듣기는 했으나, 의미를 이해할 수는 없었다.

"빨리 와요. 바비와 베티 수가 건초더미에서 꼭 붙어서 쉬를 해요." 여전히 혼란스러워서 농부는 좀 더 생각할 시간이 필요하다고 생각했다. "네가 본 것을 정확하게 이야기하는 편이 좋겠구나."라고 하였다. 소년은 "제가 아는 거라고는, 헛간 다락에서 그들이 입맞추고 끌어안고 바지를 벗기 시작했다는 거에요. 그리고 그들이 건초더미에서 꼭 붙어서 쉬를 하는 걸 보고 할아버지에게 달려온 거에요."라고 말했다. 야윈 농부는 웃으면서 "얘야, 네가 본 것은 그게 맞지만 네가 잘못된 결론을 내린 것 같구나."라고 하였다.

이 경우에 사람들의 일이 종종 그러한 것처럼, 유머는 중요한 진실을 우리에게 보여 준다. 어른으로 성장해 가면서 많은 인생의 비밀(예를 들어, 성(性) 같은 것)을 분명하게 알게 되지만, 우리가 스물한 살이 되었을 때 갑자기 '잘못된 결론을 도출하는 것' 으로부터 안전해질 수는 결코 없다. 우리는 치료자로서 이런 경우를 매일 본다. 존경할 만한 훌륭한 사람이 우리에게 와서 자신은 가치가 없다고, 자신의 인생은 실패라고 말한다. 실직을 했거나 사랑하는 사람에게 거부를 당했거나, 자녀를 키우다가 실수를 했기 때문에 말이다. 농부와 손자의 이야기에서처럼 우리는 종종 사실은 똑바로 보았지만 잘못된 결론을 내릴 수 있다. 그리고 위의 이야기와는 달리, 그러한 오해석의 결과는 심각하며 심지어 인생을 위태롭게 하기도 한다. 임상적 우울증이나 자살 생각, 자살 행동은 거의 항상 잘못된 사고의 맥락에서 발생한다.

이 간단하지만 심오한 원리—불안한 감정의 상당 부분은 잘못된 사고에 의해 생겨나고 유지된다—는 임상심리학, 정신의학, 상담심리학에서 '인지적 혁명' 의 기초를 형성하고 있다. 아론 벡(Aaron T. Beck)의 인지치료에서 앨버트 엘리스(Albert Ellis)의 합리적-정서치료까지 인지치료자들과 연구자들에 의한 진보는 지그문트 프로이트(Sigmund Freud)가 무의식에 대해 기술하고 스키너(B. F. Skinner)가 보상과 처벌이 어떻게 행동에 영향을 미치는지를 보여 준 이래 심리치료의 효율성을 증가시키는 것 이상의 기여를 해 왔다. 우울한 사고를 변화시킴으로써 어떻게 기분이 나아질 수 있는지를 배우기 위한 단계를 설명하기 위해, 인지치료의 이론과 과학의 세 가지 핵심 원리를 살펴보자.

1. 우울이나 불안과 같은 부정적인 감정은 확인 가능한 부정적 사고와 인지적 왜곡에 의해 상당히 심화된다.

많은 연구들이 이 원칙을 지지한다. 예를 들어, 펜실베이니아 대학의 심리학자 마틴 셀리그먼(Martin Seligman)에 의하면, 우울한 사람은 나쁜 일이 있을 때 자신을 탓하는 분명한 경향이 있는 반면에, 우울하지 않은 사람은 유사한 사건에 대해 당시의 상황이나 환경에 귀인하는 경향이 있다고 한다. 우울한 사람은 시험점수가 낮으면 '내가 멍청해서' 라고 설명하겠지만, 우울하지 않은 사람은 시험이 어렵다거나 충분히 공부하지 않은 것에서 이유를 찾는다. 어떤 해석이 우울증을 더욱 악화시킬 것인지는 자명하다.

사고의 오류가 우울증에 기여하는 방식에는 여러 가지가 있다. 이것은 조금 뒤에 상세히 다룰 것이다[1]. 당신이 느끼는 것과는 달리 감정적인 비참함은 당신의 통제를 넘어서는 영향력에 의해서

---

1) 우리는 우울증이 잘못된 사고에 의해 '유발' 되었다고 주장하는 것이 아니다. 우울증이나 다른 심리적 장애들은 생물학적, 환경적, 학습 요인의 조합에 의해 유발된다. 그러나 우울증이 우울한 사고에 의해 유지되고 악화된다는 것은 거의 확실하며, 우울증은 이러한 사고 패턴이 변화될 때 호전된다.

만 생성되는 것이 아니다.

제발 오해하지 말아 달라. 이 말은 당신이 고의적으로 당신의 고통을 만들어 냈다고 말하는 것이 아니다. 프로이트와 일부 추종자들이 어떤 사람들은 '고통받고자 하는 욕구'를 가지고 있다고 주장했지만, 우리는 이 말을 단호히 거부한다. 그보다는 사람들이 자신과 세상에 대해 비현실적으로 부정적인 신념을 가지고 있기 때문에, 의도한 것은 아니지만 자신을 비참하게 만든다는 것을 보여 주는 증거들이 많이 있다.

2. 우울한 사고 패턴은 보통은 의식 밖에 존재하지만, 꽤 쉽게 자각으로 끌어올릴 수 있다.

이것을 읽고 '나는 나 자신을 우울하게 만드는 생각 같은 것을 가지고 있지 않아. 감정이 나를 사로잡는 것이지.'라고 생각할지도 모른다. 이것은 정상적인 반응이다. 우리의 사고의 대부분은 우울한 사고를 포함해서 무의식적이거나 '자동적'이다. 예를 들어, 오늘 아침에 신발을 신으려고 할 때 무슨 생각을 했는지 기억하는가, 또는 이를 닦을 때 어떻게 하는지 자신에게 이야기하는가? 그러나 사고 패턴은 몇 년 동안 심리치료를 받지 않고도 금방 확실하게 발견할 수 있다. 실제로 당신은 아마 이 책을 읽는 동안에 당신의 우울한 사고의 일부를 알아차리게 될 것이다.

3. 우울한 생각과 자살 생각의 패턴을 자각하게 되면 변화시킬 수 있다. 그리고 사고의 변화는 정서의 변화를 수반한다.

앞서 이야기했던 시험점수가 낮은 경우를 살펴보자. 만일 우울한 사람이 우울하지 않은 사람이 해석하는 것과 같은 방식으로 이러한 일을 해석하는 것을 배운다면 그는 우울함을 덜 느낄 것이다. 실제로 이것이 우리가 상담 현장에서 발견하는 것이며, 많은 연구 자료에서 지지되고 있다. 인지치료가 항우울제만큼이나 효과가 있다는 것을 보여 주는 매우 엄격한 연구 결과에 대해 알고 있는가? 어떤 연구들은 치료가 끝난 뒤에도 효과가 강력하다는 점에서 인지치료가 더 효과적이라고 제안한다.

어찌되었든 이 책의 목적을 위해 알고 있어야 할 중요한 점은, 당신의 우울한 감정과 자살 충동을 심화시키는 잘못된 사고를 인식하고 변화시키는 법을 배울 수 있다는 것이다. 이제 어떻게 시작하는지 보자.

사살 사고: 인지적 왜곡과 17가지의 위험한 신념들

고통을 양산하는 사고를 인식하고 변화시키는 첫 단계로, 일반적인 사고과정에 대해 조금 알아보고 그 다음에 특별히 자살 생각에 대해 좀 더 배우도록 하자. 간단하지만 심오한 원칙부터 살펴보자: 생각은 사실이 아니다. 당연한 말이라고 생각할 것이다. '나는 아주 부자다.' 라는 단순한 생각이 갑자기 당신의 계좌를 불려주고 부유하고 유명한 사람의 삶의 방식처럼 살게 하지는 않음을 알고 있을 것이다. 그러나 좀 더 친숙하게 들리는 다른 생각을 고려해 보자. '나는 너무나 멍청해.' '아무도 나에게 관심이 없어.' '미래에는 희망이 없어.' 같은 생각들. 이것은 그럴듯하게 보이긴 하지만 검증해 보면 맞지 않는 생각들이다.

'존' 의 예를 들어 보자. 고등학교의 교장이자 두 아이의 아버지인 존은 우울증과 점차 빈번해지는 자살 생각 때문에 치료를 받으러 왔다. 기분이 가라앉은 이유에 대해 묻자 존은 "실패자인 것처럼 느껴져요. 나는 아버지 노릇을 제대로 하지 못했고 직장에서는 내가 겁쟁이라는 게 드러날까 봐 늘 두려워했어요. 아버지는 항상 너는 어느 것도 제대로 할 수 없을 거라고 했는데 아버지의 말이 옳았어요."라고 대답하였다.

이런 생각을 하고 있다면 존이 우울한 것은 당연하다. 그러나 그의 인생의 실제를 살펴보기 시작했을 때, 존의 신념은 '사실'과 일치하지 않는다는 것이 점차 명확하게 드러났다. 존은 아버지로서 부족한 점에 대해 이야기했지만, 그는 아내와 아이들로부터 사랑을 많이 받았으며, 직장에서 제대로 일을 했는가에 대해 깊은 의문을 품고 있지만, 그는 직장에서 수년간 효율적으로 일해 왔으며 실제로 몇 차례의 훌륭한 성과에 대해 공식적으로 인정을 받고 있었다.

인지치료자는 존의 사고가 '왜곡되었으며' 이 왜곡된 사고가 아마도 그의 우울증에 기여했을 것이라고 말했을 것이다. 존은 이런 생각을 일부러 한 것이 아니며, 이런 왜곡을 한다는 것이 그의 지적 능력이 조금이라도 부족하다는 것을 의미하는 것은 절대 아니다. 그보다는 어린 시절에 학습한, 뭔가 부족하다는 자기상(self-image)과 반대되는 증거들에 직면하게 되었을 때, 존은 자기상을 현실에 맞게 바꾼 것이 아니라 부지불식간에 그것을 자기상에 들어맞는 방향으로 왜곡시켜 버린 것이다. 치료과정 동안에 그는 이 과정을 되돌릴 수 있었으며, 그가 성취한 것에 대해 재평가하고 받아들일 수 있었다.

아론 벡(Aaron T. Beck)의 인지치료에 대한 지속적인 기여 중 하나는 사람들의 사고가 왜곡되는 다양한 방식에 대해서 설명한 것이다. 여기에 데이비드 번스(David Burns) 박사가 기술한 왜곡의 목록과 짧은 설명이 있다(좀 더 충분한 논의를 위해서는 번스 박사의 『필링 굿(Feeling Good)』이라는 저서를 추천한다).

- 실무율적 사고(All-or-nothing thinking): 상황을 흑백논리로 본다. 예를 들어, 당신이 한 일이 완벽하지 않다면 완전히 실패한 것으로 본다.
- 과잉일반화(Overgeneralization): 단 한 번의 부정적인 사건을 영원한 결함으로 생각한다.
- 정신적 여과(Mental filter): 한 가지의 부정적인 세부사항을 집어내어 그것에 집착하며, 그 결과 모든 현실을 어둡게 본다.
- 긍정적인 측면을 평가절하하기(Disqualifying the positive): 긍정적인 사건에 대해서 '별것 아니다'라고 거부하며, 반대되는 증거가 있음에도 불구하고 세상에 대한 부정적인 시각을 고수한다.
- 비약적 결론(Jumping to conclusion): 당신의 결론을 지지할 분명한 증거가 없는데도 불구하고 부정적인 해석을 한다. 비약적 결론에는 두 가지 형태가 있다. 지레짐작(mind-reading)에서는 사람들이 안 좋은 생각을 할 것이라고 가정하지만 실제 그것에 대한 명백한 증거는 없다. 미래 예언(fortune-telling)에서는 자신의 예측이 부정확할 수 있음에도 불구하고 미래에 대한 부정적인 예언을 한다.
- 확대나 축소(Magnification or minimization): (실수와 같은) 부정적인 일의 중요성을 과장하고 (성취와 같은) 긍정적인 일에 대해서는 축소한다.
- 감정적 추론(Emotional reasoning): 부정적인 정서가 실제로 현실을 반영한다고 생각한다('나는 절망적인 느낌이다. 그러므로 그

건 사실임에 틀림없다.').

- 당위(Shoulds, musts와 Oughts): 당신 자신을 '해야 한다' 혹은 '하지 말아야 한다' 같은 것으로 동기화하려고 한다. 뭐든 하게 만들려면 채찍질과 처벌을 당해야 하는 것처럼 말이다.
- 낙인찍기(Labeling): 과잉일반화의 극단적인 형태다. 자신의 실수에 대해 서술하기보다 자신에게 '나는 실패자야.'와 같은 부정적인 낙인을 찍어 버린다.
- 개인화(Personalization): 실제로는 책임이 없음에도 불구하고 자신을 부정적인 외부사건의 원인으로 생각한다.

얼마나 많은 방식으로 '잘못된 결론을 도출'하는지 보고 좀 놀랐을 것이다. 이 정보를 보고 당신이 미쳤다거나 도움을 받을 수 있는 지경이 아니라는 식으로 개인화하거나 과잉일반화하지 않도록 조심하라. 수년 동안 앨버트 엘리스(Albert Ellis)는 많은 연구에서 사람들에게는 '비뚤어진 사고(crooked thinking)'를 하는 타고난 경향이 있다는 것을 지적해 왔다. 다행히도 모든 비합리적인 사고를 우리 속에서 완전히 제거할 필요는 없다. 완벽한 합리성을 주장하는 것이야말로 비합리적인 것이니까. 우리가 할 수 있는 것은 우리에게 가장 부정적인 영향을 미치고 있는 왜곡들을 찾아내어 바꾸는 것이다. 이제 몇 가지 예를 살펴보자.

연습 6: 인지적인 왜곡의 확인

1979년에 출간된 우울증의 인지치료에 관한 선구적인 책에서 아론 벡(Aaron T. Beck)과 동료들은 우울증이 부정적인 사고와 다음 세 가지 영역에 어떻게 관련되어 있는지를 보여 주었다. 자신에 대한 부정적인 관점, 세상에 대한 부정적인 관점, 그리고 미래에 대한 부정적인 관점이 그것이다. 그는 이것을 '부정적인 인지 삼제(negative cognitive triad)' 라고 불렀다. 연습 6에는 '17가지의 위험한 신념들' 이 나열되어 있는데, 아래쪽 여분의 공간에 자살하고 싶은 느낌이 들 때 발견할 수 있는 자신의 신념들을 적을 수 있게 되어 있다. 각 신념의 옆에 있는 공간에는 각각의 신념 속에 있는 인지적 왜곡을 찾아서 적어 보라. 연습 6의 답안은 이 장의 끝부분에 제시되어 있다.

어땠는가? 당신이 잘했든 못했든 간에 이 연습 자체에 대해 어떤 생각과 감정을 느꼈는지를 살펴보자. 만일 당신이 잘했고 즐거움을 느꼈다면, 만족감을 느껴서 자신에게 했을 격려의 말들에 주의를 기울여 보자(기억하라. 당신을 기분 좋게 만드는 것은 당신이 수행한 것 그 자체가 아니다). 왜냐하면 당신이 아무리 잘했더라도 '이건 별것 아니야.' (왜곡 목록에 있는 '축소' 를 보라)라고 스스로에게 말함으로써, 또는 '더 잘해야만 한다.' ('당위' 를 보라)라고 말함으로써 자신을 낙심하게 할 수 있기 때문이다.

만일 당신이 그렇게 잘하지 못했고 낙심한 느낌이라면, 어떤 생각들이 당신을 그런 식으로 느끼게 만드는가? 그 생각들을 적어 보고 우리 목록에 있는 왜곡들 중 어떤 것을 포함하고 있는지 살펴보자. 그 왜곡을 수정하는 것에 대한 걱정은 잠시 접어 두자. 이후에 잘하게 될 것이다. 지금은 '그건 부정적인 생각일 뿐이다. 생각이 반드시 사실은 아니다.' 라고 자신에게 말하는 연습을 하자.

연습 6 : 위험한 신념들	
위험한 신념들	인지적인 왜곡
자신에 관한 신념	
나는 부적절하며 실패자다.	
나는 고통을 견딜 수 없다.	
나는 너무나 나쁜 사람이어서 당해도 싸다.	
내가 아주 많이 원하는 그것(사람이든 물건이든) 없이는 살 수가 없다.	
나는 다른 사람들처럼 대처할 수 없다.	
타인이나 세상에 관한 신념	
자해를 하는 것이 다른 사람에게서 내가 필요한 것을 얻는 유일한 방법이다.	
내가 없어져 버려도 아무도 나를 그리워하지 않을 것이다.	
그들에게는 내가 없는 편이 더 낫다.	
그들은 유감스러워할 것이다.	
인생은 거지 같고 결국은 다 죽게 되어 있다.	
자해가 기분을 나아지게 하는 유일한 길이다.	
미래에 관한 신념	
인생은 내가 필요로 하는 것을 절대 주지 않을 것이다.	
나는 절대로 사랑받지 못할 것이다.	
다음 생이 더 나을 것이다.	
미래는 단지 고통만 있을 뿐이다.	
자해가 나의 최선이자 유일한 대안이다.	
계속 살 아무런 이유가 없다.	
자살하고 싶은 마음이 들 때 당신이 하는 생각들	

기분과 고통에서 배우는 것

이 부분은 당신의 기분을 관찰하는 방법을 배우도록 도와줄 것이다. 당신은 정확히 어떻게 느끼는지와 언제 그것을 느끼는지 알고 있다고 생각할 수 있지만, 당신의 사고와 감정을 기록함으로써 얼마나 많이 배울 수 있고 이득을 볼 수 있는지 알게 되면 놀랄 것이다. 체중감량 프로그램에서 우리가 오늘 얼마나 '뚱뚱하다'고 느끼는지에 의존하기보다는 체중계 같은 척도를 사용하는 것처럼, 감정적으로 느끼는 것에 대해 좀 더 객관적이 되어 보려고 노력하는 것이 중요하다.

다음의 질문을 고려해 보자. 당신의 인생을 돌아보았을 때, 당신의 불행이 늘 한결같고 줄어든 적이 없었던 것 같은가? '나는 늘 우울했습니다. 100% 시간 동안에 100% 비참했습니다.' 같은 생각을 하고 있는가? 만일 그렇다면 당신은 자신의 기분을 관찰하는 것을 배워야 할 이유가 아주 많다. 당신이 어느 정도나 '늘' 불행했다고 믿건 간에, 실제로 정확하게 똑같은 방식으로, 매일 언제나 아무런 변동 없이 그렇게 느끼는 것은 불가능하다. 살면서 심각한 문제가 많았고 고통스러웠다고 해도 적어도 올라갔다 내려갔다 하는 작은 주기가 있게 마련이다. 같은 원리가 살거나 죽고 싶은 소망에도 적용된다: 시간이 경과되면서 기분, 생각 그리고 행동에서 미묘한 변화가 일어나는 것이다. 이러한 경험적인 이동을 자각한다는 것은 당신의 기분과 자살 충동을 통제하는 데 있어서 어떤 중요한 것을 배울 수 있는 생생한 기회를 제공해 줄 수 있다.

당신이 밟아 나가야 할 첫 단계는 당신의 기분이 좋은지 나쁜지 혹은 그 중간인지를 배우는 것이다. 이렇게 하기 위해서 당신은 외부에 있는 관찰자인 것처럼 자신을 관찰하려고 노력해야 한다.

대부분의 기분과 행동은 세 가지 요소로 되어 있는데, 촉발사건, 그 사건에 대한 해석, 그리고 뒤따르는 감정과 행동이라는 과정의 결과다. 이 과정을 다음과 같이 살펴보자.

촉발사건 → 해석 → 감정/행동

이 장의 끝까지 이 모델을 사용할 것이기 때문에, 이 모델에 친숙해지기 바란다. 이것이 인지치료의 초석이며, 이것이 함축하는 바는 혁명적이다. 이것이 의미하는 바는 상황이 어떻게 보이는지와는 달리, 인간이라는 존재는 자신에게 일어난 사건에 따라 좌우되는 것이 아니라는 말이다.

인지적 왜곡 연습에 대한 당신의 반응으로 되돌아가 보자. 당신이 그것을 그리 잘하지 못했고, 당황스럽고 실망스러운 마음으로 그것을 마치게 되었다고 가정해 보자. 당신의 첫 반응은 당신이 원했던 만큼 잘하지 못했던 수행 때문에 당황스러움이 유발된 것으로 경험될 것이다. 그러나 이제 당신은 어떤 일이 벌어졌는가에 대해 좀 더 정교하게 (치료적인) 이해를 할 수 있다. 조금 더 읽어 나가기 전에 아래 빈칸이나 다른 종이에 당신의 반응의 세 가지 요소를 확인할 수 있는지 살펴보자.

- 촉발사건: ______________________________
- 나의 해석: ______________________________
- 감정/행동: ______________________________

촉발사건은 연습에서 기대한 것만큼 잘하지 못한 것이고, 감정/행동은 당황스럽고, 낙담한 것이다. 이제 조금 어려운 부분을 살펴보자. 이 부분이 어려운 이유는 어떤 사건에 대한 우리의 사고의 대부분은 조용하고(무의식적이고) 일반적으로 알아차리지 못하는 사이에 지나가기 때문이다. 여기에 실망과 실패에 뒤따르는 당황스럽고 낙담한 감정을 설명해 줄 수 있는 몇 가지 가능한 해석을 제시해 놓았다.

> 이것은 너무 어려워. 나는 절대 해낼 수 없을 거야.
> 난 너무나 바보 같아!
> 내가 실패자라는 더 이상의 증명은 없을 거야.
> 내가 이걸 할 수 없다면 아무도 나를 도울 수 없는 거야.
> 나는 좌절을 견딜 수 없어. 담배가 필요해.

여기에 몇 개의 인지적 왜곡이 있다는 것을 알아차렸는가? 당신은 이 촉발사건에서 생긴 감정들을 이해하기 시작했는가? 당신이 이러한 일들을 다른 사람에게 이야기한다면, 그들이 과연 당신과 똑같은 방식으로 느낄 것인가? 자살 사고가 '아무도 나를 도울 수 없는 거야'와 같은 생각들과 그리 다르지 않다는 것을 볼 수 있는가?

이제 실험을 해 보자. 다음의 빈 공간에 동일한 촉발사건에 대한 새로운 해석을 몇 가지 적어 보자. 당신이 세상에서 가장 아끼는 사람이 비슷한 실망을 경험했고 그가 비참하게 느낀다고 할 때, 그와 이야기하는 것을 상상해 보라. 아들이나 딸, 배우자, 연인 아니면 친구가 이 방에 있는 장면을 생생하게 그려 보고 고통을 깊이 느껴 보자. 당신은 뭐라고 말하겠는가?

• 새로운 해석들:

____

____

____

어떻게 했는가? 여기에 실패경험에 대해 낙담하게 하기보다는 건설적으로 해석하는 예가 있다.

> 당신이 잘하지 못했다니 유감이네요. 하지만 난 적어도 당신이 그걸 해 봤다는 것이 기뻐요.
>
> 누구나 처음 할 때는 잘 못하기 마련이에요. 계속 하다 보면 더 나아질 거에요.
>
> 얼마나 자주 실패를 하든 당신은 절대 실패자가 아니에요.
>
> 당신이 바보 같지 않다는 확실한 증거를 기억해 봅시다.
>
> 당신은 좌절을 견디어 낼 수 있어요. 자신을 과소평가하지 마세요.

몇 가지 예를 살펴보았는데, 당신은 아마 좀 더 만들어 낼 수 있을 것이다. 이제 가장 중요한 부분을 보자. 당신의 낙심한 친구가 당신의 이야기에 진심으로 귀를 기울인다면, 그가 어떤 감정을 느끼기 시작할 것인지 고려해 보라. 당신 생각에 그가 좀 덜 실망하고 좀 더 계속 시도를 해 보려는 것 같으면 당신은 정말 성공한 것이다. 상당수의 연구에서 사람들이 자신의 생각을 바꿀 때 그들의 감정과 행동도 따라서 바뀐다는 결과가 나왔다.

그러나 우리 자신에 대해서는 너무 앞서가지 말자. 당신이 생각하는 것을 변화시키는 것은 다음 장의 주제다. 이 장에서 초점을 둘 것은 당신의 사고와 감정에 주의를 기울이는 기술을 발달시키는 것이다. 오래된 경구를 이야기 해 보겠다: 만일 당신이 어디에 있는지 모른다면, 어떻게 어디로 가야 하는지 알 수 있겠는가?

기억하라. 학습치료의 기술들은 테니스나 피아노 아니면 프랑스어를 배우는 것이나 다름없다. 연습 없이는 기술을 발전시킬 수 없다. 그러므로 당신이 비참한 느낌과 자살에 대한 생각에 사로잡혀 있을 때, 다음의 질문을 스스로에게 던져 보라.

- 지금 이 순간에 내가 경험하는 감정은 무엇인가? 슬픔인가? 분노? 절망감? 아니면 두려움인가?
- 지금 이 순간에 나를 힘들게 하는 상황은 무엇인가?
- 내가 이런 식으로 느끼게 만드는 생각은 무엇인가?

스스로에게 이러한 질문을 해 보라고 하는 목적은 단지 무기력하게 고통을 겪기보다는 당신의 경험에 대해 배우도록 하기 위한 것이다. 궁극적으로 이 학습과정은 당신이 변할 수 있는 부분을 직접적으로 지적해 줄 것이다. 고통의 진화적인 목적은 고통받는 사람으로 하여금 무엇이 잘못되었는지 그리고 고통에서 벗어나기 위해 무엇이 필요한지를 알게 하려는 것이다. 당신은 자신의 정서적인 고통과 자살 충동을 동일한 방식으로 이용할 수 있다.

앞에서 우리는 자신의 감정과 행동을 감찰하고 당신의 해석을 바꾸는 연습을 시작하는 데 사용할 수 있는 표를 제공하였다. 지금까지 초점은 주로 사고와 감정을 나열하는 것이었다. 만일 당신이 자신의 해석을 변화시키려고 한다면 그것이 쉽지 않다는 것을 발견할 것이다. 걱정하지 마라. 그것은 다음 장에서 다룰 것이다.

이 표를 복사해서 적어도 5장 정도 기록해 볼 것을 추천한다. 당신은 현재나 과거, 또는 상상으로 만들어 낸 촉발사건이라도 이

생각과 감정의 감찰 기록지				
날짜	촉발사건	해석 (자살 생각 포함)	감정/행동	새로운 해석

용할 수 있다. 이 사건들은 상대적으로 평범한 당혹스러움(예를 들어, 직장에서의 실수와 같은 것)에서 매우 고통스러운 경험(예를 들어, 속임을 당했다거나 거부를 당한 것)까지 다양하다.

찾아낸 해석이 적절한지 아닌지를 확인하기 위해서 스스로에게 질문을 던져 보라. X를 생각하는 사람이 Y를 느끼는 것이 말이 되는 것 같은가? 덧붙여, 친구나 상담자를 공명판(sounding board)[2]으로 이용하라. 우리가 이전에 이야기한 대로 대부분의 생각과 신념과 해석은 즉각적인 지각 밖에서 이루어진다. 그러므로 처음에 그것을 잘 알아차리지 못하는 것은 당연하다. 당신을 잘 알고, 친절함과 존중감을 가지고 당신을 대하려는 사람이 있으면 '너 자신을 알라'라는 탐색에 상당한 도움이 될 수 있다.

연습 6의 해답*	
위험한 신념	인지적 왜곡
• 나는 부적절하며 실패자다.	• 낙인찍기, 긍정적인 측면을 평가절하하기
• 나는 고통을 견딜 수 없다.	• 비약적 결론, 확대
• 나는 너무나 나쁜 사람이어서 당해도 싸다.	• 낙인찍기, 비약적 결론
• 내가 아주 많이 원하는 그것(사람이든 물건이든) 없이는 살 수가 없다.	• 당위, 실무율적 사고
• 나는 다른 사람들처럼 대처할 수 없다.	• 비약적 결론, 긍정적인 측면을 평가절하하기, 과잉일반화

〈계속〉

2) 역자 주: 반응을 알아보기 위해 이용되는 사람

• 자해를 하는 것이 다른 사람들에게서 내가 필요한 것을 얻는 유일한 방법이다.	• 비약적 결론
• 내가 없어져 버려도 아무도 나를 그리워하지 않을 것이다.	• 비약적 결론, 긍정적인 측면을 평가절하하기
• 그들에게는 내가 없는 편이 더 낫다.	• 개인화, 정신적 여과
• 그들은 유감스러워할 것이다.	• 개인화, 정신적 여과
• 인생은 거지 같고 결국은 다 죽게 되어 있다.	• 정신적 여과, 긍정적인 측면을 평가절하하기
• 자해가 기분을 나아지게 하는 유일한 길이다.	• 비약적 결론
• 인생은 내가 원하는 것을 절대 주지 않을 것이다.	• 비약적 결론
• 나는 절대로 사랑받지 못할 것이다.	• 비약적 결론
• 다음 생이 더 나을 것이다.	• 비약적 결론
• 미래는 단지 고통만 있을 뿐이다.	• 정신적 여과, 비약적 결론
• 자해는 나의 최선이자 유일한 대안이다.	• 비약적 결론, 정신적 여과
• 계속 살 아무런 이유가 없다.	• 정신적 여과

* 이 해답은 해석의 주제이므로, 당신의 대답이 딱 들어맞지 않아도 걱정하지 말라. 인지적인 왜곡의 많은 범주들이 어느 정도 서로 겹친다. 해 보려고 하는 것이 가장 중요하다. 왜냐하면 그것이 당신의 우울한 생각에 대해 의문을 가지도록 격려해 줄 것이기 때문이다. 이에 대해 당신의 치료자와 토론해 보는 것이 도움이 될 것이다.

chapter 7

3단계: 머리가 가는 곳으로 나머지도 따라간다 –당신은 생각(그리고 감정)을 바꿀 수 있다

이 장은 생각을 바꿈으로써 기분이 나아지는 것에 관한 것이다. 이미 파악했겠지만 이것이 인지치료의 초석이다. 이것은 당신의 변화과정에서 매우 중요한 요소이기 때문에 이 책에서 가장 긴 장이 될 것이다. 우리는 비생산적인 사고를 평가하고 변화시키는 T.E.S.T 과정을 다룰 것이다: 사고, 감정과 행동이 서로에게 어떤 영향을 주는지 논의하고, 자살 사고를 변화시키는 인지적 전략을 제시하며, 행동을 변화시켜서 어떻게 생각을 바꿀 수 있는지를 보여 줄 것이다. 정보가 많아서 부담스러울 수 있으므로, 한 번에 조금씩 읽고 정보를 흡수할 수 있는 기회와 시간을 많이 가지며, 전략을 연습하도록 하자.

T.E.S.T: 변화를 위한 처방

이제 당신의 사고가 자살하고 싶은 감정과 충동에 기름을 붓는 역할을 한다는 것을 살펴보기 시작했는데, 당신은 어떤 생각들을 가지고 있는 것 같은가? 여기에 주의를 기울여서 적어 보고 그것이 당신의 기분과 행동에 지금 어떤 영향을 주는지에 주목하라.

예를 들어, '지금까지 너무 많은 이야기를 했습니다. 나를 괴롭히는 이런 생각들을 어떻게 변화시킬 것인지나 말해 주시지요.' 라고 생각하고 있다면 당신이 가지고 있는 감정은 아마도 참을 수 없음일 것이고 당신은 더 많은 주의를 기울이고 빨리 읽는 행동을 할 것이다. 다행스런 일이다! 다른 한편으로, 당신이 만일 '물론 내가 부정적인 생각을 합니다. 그게 뭐 새로울 게 있습니까? 변화라는 것은 말하기는 쉬워도 행동하기는 어렵습니다. 나를 도울 수 있는 방법은 아무데도 없습니다.' 라고 생각하고 있다면 당신은 아마 낙심한 감정을 느끼는 것이며 이 책을 쓰레기통에 던져 버리고 잠을 자러 가 버릴 것이다. 이런 경우라 하더라도 이 책을 계속 읽기를 강력히 권고하고 싶다. 다음에 나오는 것들이 생각보다 쉽다는 것을 알 수 있는 좋은 기회가 될 것이다. '손해 볼 게 뭐 있겠는가? 적어도 내가 계속 읽어 나간다면 거기 뭐가 있는지는 알 수 있는 기회가 되겠지.' 라는 격려의 말을 자신에게 건네는 연습을 하자.

당연히 자기변화라는 것이 말처럼 쉽지는 않다. 그러나 그것을 불가능한 것으로 치부해서는 안 된다는 데 주의하라. 생각해 보면, 케이크를 굽는 것에서 달에 착륙하는 것까지 거의 모든 것들이 말하기야 쉽지만 실제 행동으로 옮기기는 쉽지 않은 것들이다. 보통 뭔가 '말' 할 수 있는 것과 '행동' 할 수 있는 것 사이의 차이점은 관련된 정보와 지침을 가지고 있는가 하는 점이며, 그것이 바로 이 장에서 하려는 것이다.

사고와 행동을 바꾸기 위해서는 몇 가지 단계가 필요한데, 그것을 T.E.S.T라는 약자로 외우면 쉽게 기억할 수 있다. 이러한 과정은 다른 약자(가장 많이 알려진 것은, 앨버트 엘리스(Albert Ellis)의 A-B-C 모형)를 사용해 가르칠 수도 있지만, 우리는 과학자와 같은 태도를 채택하는 기법이라는 것을 강조하기 위해 이것을 선택하였다. 과학자들처럼, 당신이 경험하는 우울한 사고, 자살 사고와 감정이 사실이며 적절한 것이라고 가정하기보다는, 당신의 태도와 행동에 대한 타당성을 검증(TEST)하는 습관을 형성하게 될 것이다.

- T(Take stock of your reactions to an event): 사건에 대한 당신의 반응(당신의 사고, 감정 그리고 행동에 대해서)을 면밀히 살펴보기
- E(Evaluate the thoughts and beliefs that were triggered by the event): 사건에 의해 촉발된 생각과 신념을 평가하기
- S(Substitute helpful thoughts and beliefs): 도움이 되는 생각과 신념으로 대체하기
- T(Try the new way): 새로운 방법을 시도하기

이제 각 단계를 좀 더 세부적으로 알아보자.

T: 사건에 대한 당신의 반응(당신의 사고, 감정 그리고 행동에 대해서)을 면밀히 살펴보기

6장을 읽고 기술들을 연습했다면 당신은 이미 첫 단계를 밟아 나가기 위해 어떻게 해야 하는지를 알 것이다. 이 논의에서 중요한 요점을 반복하자면, 만일 당신이 문제가 되는 감정상태, 행동 그리고 그 뒤에 자리 잡은 사고를 파악하는 데 능숙하지 못하다면, 어떻게 변할 것인지(심지어 무엇을 변화시킬 것인지도)를 알 수 없다는 것이다. 우리는 당신이 추상적으로 자신에게 "내가 어떻게

느끼지?"라고 질문하는 것이 아니라 특정 사건에 대한 당신의 강한 반응들을 상세히 살펴볼 것을 추천한다. 그러므로 좀 더 생산적인 질문은 "오늘 아침에 엄마가 한 말에 대한 반응으로 내가 무슨 생각을 하고 있기에, 내가 이렇게 절망적으로 느끼고 자살 행동을 하려는 거지?"라고 하는 것이다.

또한 이전 장에서 설명한 것처럼, 이것을 적는 일은 매우 중요하다. 이것을 단지 머릿속으로, 즉 생각만으로 해 보려는 것은 일을 더 어렵게 만들고 별다른 변화를 이루어 내지 못한다. 그러니 적고, 적고, 또 적어라! 이 장의 뒷부분에 나오는 양식이나 6장에서 만들어 둔 양식을 사용할 수 있다.

E: 사건에 의해 촉발된 생각과 신념을 평가하기

6장에서는 사람들이 겪는 상당한 고통을 설명해 주는, 보다 보편적인 인지적 왜곡에 대해서 다루었다. 사고의 오류들을 탐지하는 것은 매우 중요한 기술인데, 깊이 주의를 기울이고 연습을 해야만 학습될 수 있는 것이다. 불행히도 당신은 아마 학교에서 '사고에 대해 사고'하는 방법을 배우지 못했을 것이므로 이 과정이 낯설게 느껴질 수 있다. 그러므로 우리는 이 장의 상당 부분을 당신 사고의 타당성을 결정하는 방법에 할애하려고 한다. 평가단계에서 당신은 스스로에게 다음과 같은 질문을 함으로써 고통을 유발하는 사고에 도전하는 것을 배우게 될 것이다.

- 그 생각이 진짜 맞는가? 아니면 단지 맞는다고 느끼는 것인가?
- 그 생각에 대한 증거가 어디에 있는가? 만약 없다면 증거에

의해 지지되는 신념은 무엇인가?

- 내가 이런 식으로 말을 해서 얻게 되는 것이 무엇인가?
- 이 사건을 해석할 다른 방법이 있는가?
- 비슷한 상황이 친한 친구에게 일어났다면 이런 식으로 말할 수 있을 것인가?

S: 도움이 되는 생각과 신념으로 대체하기

당신은 아마도 어떻게 평가단계가 자연스럽게 T.E.S.T 과정의 대체 부분으로 연결되는지 볼 수 있을 것이다. 왜냐하면 이러한 질문들에 대해 종종 스스로 대답을 해 주기 때문이다. 일단 주어진 생각이 비논리적이라거나 타당하지 않다고 판단을 했더라도, 어디로 가야 할지가 늘 명확한 것은 결코 아니다. 그러므로 일단 역기능적인 사고를 확인한 다음에, 그것을 변화시키는 다양한 방법들을 보여 주는 데 이 장의 상당부분을 할애할 것이다.

T: 새로운 방법을 시도하기

T.E.S.T 과정의 네 번째이자 마지막 단계는 명백해 보일 수 있지만, 환자들이 필요한 기술을 전부 학습하고도 '새로운 방법' 에 적절한 시간과 노력을 들이지 못해 종종 실망스러운 결과를 내놓게 된다는 것을 이야기한다면, 당신은 놀랄지도 모른다. 예를 들어, 당신이 미래에 좋지 않은 일만 일어날 것이라는 식으로 '미래 예언(fortune-telling)' 을 하는 경향이 상당히 많다는 것을 알았다고 하자. 그러나 언제 미래 예언이 나타나는지에 주의를 기울이는 규칙적이고 지속적인 노력을 하고, 그것에 적극적으로 도전하려는 작업을 하지 않는다면, 별로 얻는 것이 없을 것이다.

달리 말하면, 오래된 습관은 잘 없어지지 않는다는 것이다. 우리가 수년 동안 매일 '실행' 해 온 사고 패턴은 그것이 '비논리적' 이라는 통찰을 가지게 되었다고 해서 간단히 없어져 버리지 않는다. 늘 주의를 늦추지 말아야 하며 "어휴, 또 시작이네."라고 반응할 준비가 되어 있어야 한다.

우리는 이 장의 끝부분에서 이 중요한 주제를 다시 다룰 것이다. 그러나 우선 고통을 유발하는 사고에 도전하고, 새롭고 건강한 태도와 신념을 채택할 수 있도록 하는 특정 방법에 대해 살펴보자.

사고, 감정 그리고 행동이 서로에게 어떻게 영향을 미치는가

사고와 감정을 변화시키는 구체적인 방법을 살펴보기 전에, 사람이라는 존재가 어떤 기제에 의해 작동되는가라는 기본적인 사실에 익숙해지는 것이 중요하다. '삶' 이라고 우리가 보편적으로 보는 것은 [그림 7-1]에 제시되어 있는 것처럼 상호작용하는 세 가지 부분으로 구성되어 있다.

이 모델은 예를 들어 설명하는 것이 가장 좋다. 이혼한 젊은 간호사인 '리사' 는 최근에 남자친구로부터 다른 사람에게 관심이 있으니 더 이상 만나고 싶지 않다는 이야기를 들었다. 삼각형의 맨 위에서 시작하자면, 그녀는 '이건 정말 내가 얼마나 사랑받을 만하지 못한 사람인가를 증명하고 있어. 나는 이제 다시는 사랑하는 사람을 만날 수 없을 거야.' 라고 생각한다. 이러한 생각은 삼각형의 감정 영역(우울, 절망감, 부적절감)과 행동 영역(울고, 새로운 사람을 만나는 것을 포기하는 것과 같은 행동)에 주요한 영향을 미칠 수 있다. 그러나 이 과정이 여기서 멈추는 것이 아니다. 왜냐하면

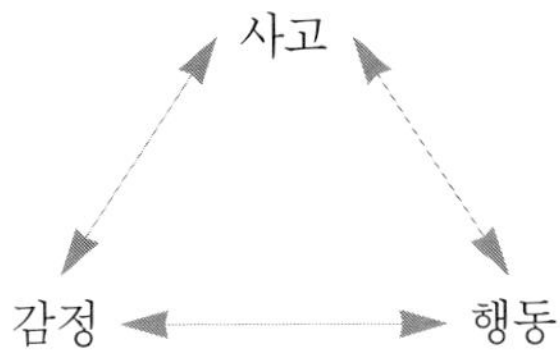

[그림 7-1] 사고-감정-행동의 삼각형

감정과 행동은 사고에 다시 영향을 미치기 때문이다. 리사의 경우에 자신의 우울한 감정과 행동에 대해 '보라구, 난 사랑받을 만하지 못한 사람일 뿐만 아니라 상황이 안 좋을 때는 다 포기해 버리는 불쌍하고 한심한 존재야.'라고 생각할 수 있다. 이 새로운 사고는 다시 그녀의 감정과 행동에 영향을 주기 시작하고 그녀는 자기영속적인 악순환에 사로잡히게 된다.

이 모델을 최근에 당신에게 있었던 한두 가지 경험에 적용해 보려고 노력해 보자. 이 모델이 악순환뿐만 아니라 '긍정적인' 순환에도 적용될 수 있다는 것을 기억하라. 역기능적인 사고가 역기능적인 감정과 행동을 끌어내는 것처럼 기능적인 사고는 기능적인 감정과 행동을 이끌어 낸다. 이것은 어떻게 수백만의 거부당한 연인들이 '바다 속에 있는 또 다른 물고기'를 발견하게 되는지를 설명해 준다.

이제 논의의 핵심으로 들어가자. 사고-감정-행동의 삼각형은 단순히 어떻게 우리가 상황을 경험하는가에 관한 모델이 아니다. 이것은 변화에 대한 청사진이다. 이것이 의미하는 바는 이 모델의 어떤 영역(사고나 감정이나 행동)에서의 변화가 다른 두 영역에서의 변화를 산출하게 된다는 것이다. 리사가 친구나 상담자에게 이야기를 하거나 이 책과 같은 종류의 책을 읽는 과정을 통해 그녀의 생각을 다음과 같이 바꾸었다고 가정해 보자. '물론, 난 중요한 사람을 잃었어. 하지만 그게 내가 사랑받을 만하지 못한 사람이라는 뜻은 절대 아니야. 사실 내가 사랑받을 만한 사람이라는 증거는 많이 있어. 이제 나 자신을 방에 가두어 두는 대신에 나한테 잘해 주기 위해 뭘 하면 좋을까?'

이러한 변화가 리사의 감정과 행동에 어떤 영향을 줄 것이라고 기대할 수 있을까? 첫째, 우리는 그녀의 감정이 우울하고 절망적이고 부적절감을 느끼던 데서 슬프지만(방금 상실을 겪었으니까) 희망적이고 적절한 방향으로 변하는 것을 기대할 수 있다. 더 나아가 우리는 그녀의 행동이 사회적인 철수와 고립으로부터 벗어나 적절히 자기를 돌보고 보살피는 쪽으로 크게 바뀔 것을 기대할 수 있다.

이제 이 모델에서 한 단계 더 나아가 보자. 리사가 앞서 기술한 것처럼 자신의 사고를 변화시키는 데 별로 성공적이지 못했다고 가정해 보자. 아직 그녀가 선택할 수 있는 여지가 남아 있다는 것을 알고 있는가? 그녀는 행동에 변화를 주기 시작함으로써 사고와 감정에 영향을 미칠 수 있다. 예를 들어, 리사는 친구에게 전화를 걸거나 영화를 보러 감으로써 자신의 생각인 '난 늘 어려움이 닥칠 때마다 포기해.'라는 생각을 틀린 것으로 만들어 버릴 수 있다. 변화는 사고를 바꾸는 것뿐만 아니라 행동을 바꾸는 것으로부터도 시작할 수 있다.

이 장에서 우선 우리는 당신에게 생각하는 과정을 통해 당신의 사고와 감정을 변화시킴으로써 어떻게 기분이 나아질 수 있는가를 보여 줄 것이다. 그리고 이 장의 후반부에서는 행동의 변화를 통해 어떻게 당신의 사고와 감정을 변화시킬 수 있는가를 설명할 것이다.

자살 신념을 변화시키기 위한 인지적 접근

신체적인 건강을 개선하는 데 여러 방법—운동, 건강에 좋은 음식 먹기, 충분한 휴식 취하기 등—이 있는 것처럼, 건강하게 생각하는 습관을 얻는 데도 여러 '올바른' 방법이 있다. 이제부터 당신의 우울하고 자살하고 싶은 생각을, 덜 취약하고 살고 싶게 만드는 부분을 좀 더 자각하는 쪽으로 변화시킬 수 있는 다양한 방법에 대해 이야기할 것이다.

더 건강한(그리고 더 행복한) 사고를 할 수 있게 하는 인지적 접근에는 세 가지 범주가 있다. ① 기능적 접근, ② 논리적/경험주의적 접근, 그리고 ③ 질문적 접근이 그것이다. 각 범주는 하나나 그 이상의 특정한 전략을 포함한다. 사람들은 모두 다르기 때문에, 모든 접근이 모든 사람에게 똑같이 도움이 되지 않을 수 있다는 것을 기억하라. 각각의 접근법을 다 시도해 보라. 그래야 어떤 접근이 당신에게 맞는지 알 수 있기 때문이다. 우리는 당신이 각각의 접근법을 많이 시도해 보고 당신에게 가장 효과적인 전략을 만들 수 있을 때까지 연습을 했으면 한다.

이 전략들은 당신이 감정과 문제가 되는 사고를 확인해 내는 법을 배웠다고 가정하고 있다는 점을 기억하라. 만일 당신이 마음을 어지럽히는 사고를 확인하는 능력에 대해 적어도 보통 수준 정도의 자신감이 없다고 느낀다면 6장으로 돌아가서 좀 더 연습을 하기 바란다.

기능적 접근: 어떤 점이 좋아진 것인가(그래서 나아진 점이 무엇인가)?

기능적인 접근은 '어떤 점이 좋아진 것인가?' 라고 부르는 것이 더 쉬울 것이다. 가장 단순하지만 효과적인 접근 중 하나다. 이것은 당신의 마음을 어지럽히는 생각을 확인하고 스스로에게 어디에 도움이 되었는지를 반문하면 되는 것이다.

예를 들어, 지방대학에서 토목공학을 전공한 '프랜시스' 는 자신의 사고를 모니터링하여 자신이 실수했을 때마다 가장 흔히 하는 해석이 '나는 바보야.' 라는 것을 알았다. 그녀는 다른 보통 사람들처럼 자주 실수를 하기 때문에 하루에도 여러 번씩 자신에게 이러한 낙인을 찍는다는 것을 알았다. 이런 일이 일어날 때, 잘하면 불행감을 느끼는 정도지만 더 안 좋은 날에는 '나는 바보야.' 에서 '죽는 게 차라리 나아.' 라는 쪽으로 금방 넘어가곤 했다.

'어떤 점이 좋아진 것인가?' 가 어떻게 적용되는지 보기 위해 프랜시스의 치료회기 중 일부분을 살펴보자.

치 료 자: 실수를 한 후에 스스로에게 '나는 바보야.' 라고 하는 것은 어디에 도움이 되나요?

프랜시스: 미래에는 내가 좀 더 잘하도록 도와줘요.

치 료 자: 좀 더 이야기해 보시겠어요?

프랜시스: 글쎄요. 내가 바보짓을 했을 때 나 자신에게 심하게 하지 않는다면, 내가 어떻게 되어야 하는지에 대해 무슨 말을 할 수 있겠어요?

치 료 자: 알겠어요. 그래서 지금까지 그게 효과가 있었나요?

프랜시스: 무슨 말씀이세요?

치 료 자: 내가 물어보는 것은, 당신이 실수를 했을 때마다 당신 자신을 바보라고 불러서 얻은 게 무엇이었나 하는 거에요.

프랜시스: 우울과 낙담이요. 그게 다예요.

치 료 자: 당신에게 나쁜 말을 하는 것이 당신 인생의 실수들을 다 지워주었나요?

프랜시스: 결코 아니에요. 실수만 점점 더 하게 되는 것 같아요.

치 료 자: 여기에서 무슨 일이 일어났는지 볼 수 있겠어요?

프랜시스: 예. 내가 더 잘하도록 자극하기 위해 자신을 비난할 필요가 있다고 생각해 왔어요. 그런데 실제로 일어난 일은 실수 때문에 나를 더 비참하게 느끼게 만든 거네요.

치 료 자: 맞아요. 자, 이제 어떻게 해야 할까요?

프랜시스: 잘 모르겠어요.

치 료 자: 자, 이런 식으로 한번 봅시다. 당신의 딸이 실수를 했는데 당신은 딸이 비참하게 느끼는 대신에 실수로부터 뭔가를 배우기를 원한다면 딸에게 무슨 말을 해 주면 좋을까요?

프랜시스: 모든 사람들은 실수를 하고, 실수는 뭔가를 배우는 가장 좋은 방법이라고 말해 주는 게 좋겠어요.

치 료 자: 당신은 그녀를 바보라고 부를 건가요?

프랜시스: 당연히 아니죠.

치 료 자: 자, 이것이 당신에게 갖는 의미는 무엇일까요?

프랜시스: 나를 비난하는 것을 멈추고 실수를 통해 무엇을 배울지에 좀 더 초점을 두는 게 나을 거 같네요.

기능적인 접근은 상대적으로 단순하지만 강력하다. 그러나 당신이 이것을 사용하지 않는다면 아무 소용이 없다. 지금 당장 몇 분 동안 시간을 내서 종이에 당신이 자주 하는 자기 비난의 사고를 세 가지만 적어 보자. 각각의 사고에 대해 '그 생각을 해서 나아지는 점이 무엇인가?' 만약 대답이 '아무것도 없다' 이거나 '비참해지는 것' 이라면 몇 가지 대안적인 사고를 적어 보자. 언제나 그런 것처럼, 한동안은 좀 어려울 수 있다. 하지만 연습을 하다

보면 좋아질 것이다.

논리적/경험주의적 접근: 마음을 어지럽히는 사고를 검증하는 질문하기

이제껏 살펴본 것처럼, 기능적 접근은 특정의 생각과 신념이 당신의 삶에 미치는 영향을 고려하는 데 반해, 논리적/경험주의적 접근은 사고의 실제적인 타당성을 평가한다는 점에서 차이점이 있다. 즉, 다양한 방법으로 '그것이 말이 되는가?' 에 대해 질문을 한다. 이 방법은 기능적 분석과 결코 양립할 수 없다. 사실 당신은 한쪽 끝에서 다른 쪽으로 움직여 가는 것을 종종 발견할지도 모른다. 즉, 그 신념의 부정적인 영향이 무엇인지를 살펴보는 것에서 왜 그 신념이 비논리적이고 타당하지 않은지(논리적/경험주의적 접근)를 살펴보는 것으로 말이다.

우리 대부분은 논리적이라는 단어가 무슨 의미인지 이해할 수 있는 상식을 가지고 있다. 과학자가 아닌 사람들에게 경험주의적이라는 말은 좀 친숙하지 않겠지만 그 의미는 말 그대로다. 경험주의적이라는 말은 증거(근거)에 기반을 둔다는 말이다. 과학자들은, 예를 들면, 약이 효과가 있는지를 알아보기 위해 경험주의를 이용한다. 다른 말로 하면, 단순히 그 약이 안전하고 효과적일 것이라는 의견에 의지하는 것이 아니라 그 약이 효과가 있다는 증거를 보여주는 엄격한 실험을 하는 것이다.

재판에서도 경험주의를 사용한다. 배심원의 역할은 어떤 사람이 유죄인지 무죄인지를 결정하기 위해 확실한 증거를 바탕으로 판단을 하는 것이다. 만약 당신이 끔찍한 범죄를 저지른 사람으로 몰려 법정에 소환되었는데, 확실한 증거도 없는 상황에서 배심원의 감정에만 의거해서 형을 선고받는다면 어떨지 상상해 보라. 그러나 이것은 당신이 자신에게 "난 너무 멍청해." "차라리 죽는 게 나아."라고 말할 때마다 벌어지는 일이다. 당신은 타당한 증거도 없는데 감정에 의거해서 당신에게 형을 선고하고 있는 것이다.

우리는 우울하고 자살하고자 하는 생각에 도전하기 위한 다음의 네 가지 논리적/경험주의적 방법을 살펴볼 것이다.

- 증거 요구하기
- 자료 수집하기
- 더 나은 질문하기
- 마음을 어지럽히는 사고를 검증해 보기

증거 요구하기

이 방법은 아주 단순한 것이다. 이것은 마음을 어지럽히는 생각, 자기비난, 미래에 대한 절망적인 예측들을 타당한 증거도 없는 상황에서 그대로 받아들이지 말라는 것이다. 여기서 '타당한' 이라는 말을 강조했다는 데 주목하자.

예를 들어서, 당신에게 비싼 냉장고를 팔려고 하는 상인이 이 냉장고가 최고의 제품이라고 이야기했다고 해 보자. 당신이 그 주장을 지지하는 증거를 요구했을 때 그 상인이 "증거는 없어요. 그냥 내 의견이에요."라고 말했다고 가정해 보자. 이 '증거'는 타당한가? 당신이 어렵게 번 돈을 그런 설득력 없는 증거에 기초해서 넘겨주겠는가? 당신이 가전제품을 파는 상인들을 위한 자선 모임에 참가한 게 아니라면 대답은 아마 "안 사요."일 것이다.

이제 당신이 살인혐의로 기소된 사람의 유죄 여부를 가려야 하는 배심원의 일원이고 검사의 주장은 그 사람이 한때 부랑자였다는 사실에 기반을 두고 있다고 해 보자. 그에게 형을 선고하는 쪽으로 투표를 하고 사형선고를 받을 수 있게 하겠는가? 물론 아닐 것이다. 왜냐하면 아무리 그 남자의 이전 행동이 잘못되었다 해도 그것이 그가 살인자라는 의미는 절대 아니기 때문이다. 그런 증거는 법정에서 타당한 것으로 간주되지 않을 것이다.

이제, 우울하고 잠재적인 자살 사고인 '나는 완전한 실패자이고 앞으로도 나아질 일은 없을 거야.'라는 생각을 고려해 보자. 다시, 우리는 이 책망하는 사고의 근거가 무엇이냐고 질문할 수 있다. 어떤 경우에 당신은 거기에 증거가 없다는 것을 보게 되고 곧 기분이 좋아지기도 한다. 또 다른 경우에는 당신 속의 '검사'가 외친다. "바로 여기 증거가 있지 않소. 당신은 금방 세 번째 직장에서 또 해고되었잖아요." 단번에 이것은 피할 길 없는 증거로 느껴질 것이다. 그런데 정말 그런가?

이 질문에 대한 대답을 하자면 우리는 낙인찍기와 과잉일반화에 대한 논의로 되돌아가야 한다. 과학자들이나 대부분의 법률가들은 이 증거는 단지 어떤 사람이—더도 덜도 아니고—세 번 해고되었다는 것을 보여 주는 것일 뿐이라고 말할 것이다. 그리고 증거를 좀 더 찾아 들어가면, 이 사람은 '완전한 실패자'와는 거리가 먼, 인생에서 실제로 많은 성공을 한 사람이었다는 것을 찾아낼 것이다.

〈표 7-1〉은 '증거가 무엇인가?'라는 질문에 대한 대답과 함께 몇 가지 예를 제시해 준다. 목록에 타당하지 않은(거짓) 증거와 타당한 해석을 같이 제시했다는 데 주목하라. 자신의 경우를 생각해서 연습을 좀 더 해 보라.

표 7-1 증거가 무엇인가?

자기진술	거짓 증거	타당한 해석
나는 완전히 실패했다.	두 번이나 직장에서 해고되었다.	나는 한 직장을 오래 다니는데 어려움이 있다. 하지만 이것은 나의 일부분일 뿐이다. 나는 인생의 다른 부분들에서는 잘 해냈다.
나는 외로움을 견딜 수 없다.	혼자일 때 너무나 절망스럽다.	나는 친한 사람과 있는 것을 더 좋아하지만 혼자인 것을 '견딘' 적도 많이 있다. 사실 내가 보낸 최고의 시간들 중 일부는 내가 혼자였을 때였다.
아무도 나에게 관심이 없다.	3일 동안이나 전화가 오지 않았다.	이것은 단지 아무도 나에게 전화를 하지 않았다는 것일 뿐이다. 나도 최근에 전화하지 않은 많은 사람들이 있지만 내가 그들에게 관심이 없는 것은 아니다.
미래가 암담하다.	내가 기억하는 한 내 인생은 좋지 않았다.	때로 과거가 미래를 예측하는데 사용될 수는 있지만 과거가 미래를 결정하는 것은 아니다. 경험을 통해 보면, 사람들은 항상 자신들의 삶을 더 낫게 변화시킨다.
자해를 하거나 자살을 하는 것이 문제에 대한 최선의 해결책이다.	나는 다른 어떤 해결책도 생각해 낼 수 없다.	겉보기와는 다를 수 있다. 나에게 관심 있는 다른 사람들에게 이야기하는 과정에서 더 나은 해결책을 찾을 수 있다.

새로운 자료를 수집하고 그에 따라 행동하기

당신의 신념을 지지하거나 반대하는 증거를 검증하는 데 덧붙여서, 당신은 다양한 방식을 통해 적극적으로 새로운 증거를 수집할 수 있다. [그림 7-2]는 당신이 자살 사고에 대한 거짓 증거에 도전하는 데 사용할 수 있는 4단계 절차를 보여 준다(이 방법은 어떤 문제 신념에 도전하는 데라도 사용될 수 있지만 지금 우리는 자살 사고에만 초점을 맞출 것이다).

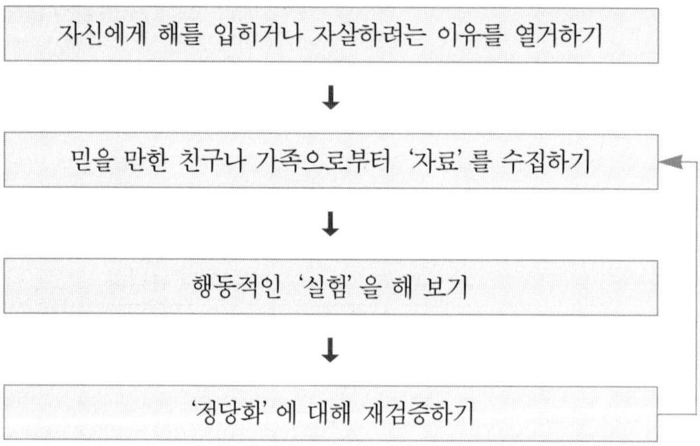

[그림 7-2] 자살의 이유에 대한 도전

당신의 신념을 적극적으로 검증하는 첫 단계는 당신에게 떠오르는 자살하려는 모든 이유들을 나열하는 것이다. 여기에 한 가지 주의할 점이 있다. 이유들은 검증 가능한 것이어야 한다. 이것이 의미하는 바는 당신이 훌륭한 실험자들이 하는 것처럼, 그 이유들이 타당한지 아닌지 볼 수 있는 방식으로 진술해야 한다는 것이다.

예를 들어, 만일 당신이 목록에 쓴 죽으려는 이유들 중에서 '어쨌든 내 나머지 인생은 끔찍할 거니까' 라든가 '나는 결코 내 비참함을 극복할 수 없을 거니까' 와 같은 것이 들어 있다고 하자. 이것은 누구도 (점치는 데 쓰는) 수정 구슬을 가지고 있지 않기 때문에 검증 가능한 이유에 포함될 수 없다. 이런 신념들을 정말로 검증할 수 있는 유일한 방법은 당신의 나머지 인생을 살아 보고 무슨 일이 일어나는지를 보는 것뿐이다. 우리는 물론 당신이 자연적인 수명을 다 채우는 것을 확실히 선호하지만, 아주 많은 사람들이 한 가지 관점을 증명하거나 이론을 검증하기 위해 몇 년 동안 또는 몇 십 년 동안 기다리는 것을 심각하게 고려하는 것 같지는 않다.

그 대신에 당신이 죽기를 원하는 이유에 대해 타당성과 비타당성을 살펴보는 접근법을 추천한다. 자살 사고 이면의 일반적이고 검증 가능한 이유들을 제시해 놓았다.

- 아무도 나에게 관심이 없다.
- 한 인간으로서 나는 완전히 실패했다.
- 술이나 약물 문제를 해결할 수 없다. 유일한 해결책은 죽는 것뿐이다.
- 나는 나 자신을 견딜 수 없다. 나의 모든 것과 내가 한 모든 일을 다 증오한다.
- 내 삶은 완전히 통제 불능이다. 유일하게 통제할 수 있는 것은 나에게 상처를 입히는 것이다.

이러한 신념들 중에서 당신에게 해당되는 것이 있는가? 이것은 우리가 만났던 환자들이 나열한 '죽기를 원하는 이유들' 중 일부다. 이러한 신념들은 지금 그리고 여기에서 검증할 수 있는 것이거나 가까운 미래에 검증할 수 있는 것이어서, 지금 당장 급성적인 정서적 고통을 겪고 있는 사람들이 다음 치료적 단계로 나아갈 수 있게 하는 것들이다. 흥미롭게도, 지금-그리고-여기에서 '실험'(이것을 짧게 설명할 것이다)은 당신이 좀 더 나은 미래를 위해, 절망감과 반복되는 실망에 맞서 싸워 나가는 계획을 할 수 있도록 하는 과정 중 일부다. 다음 단계인 거짓 증거에 도전하는 단계를 살펴보자.

두 번째 단계는 외부에 의견을 구하는 것과 관련된 단계다. 죽느냐 사느냐 하는 결정을 단순히 아무도 나에게 관심이 없다거나 나는 완전한 실패자라는 가정에 근거해서 내린다는 것은 너무 위험한 일이다. 만일 당신이 심각한 우울증의 고통 중에 있다면, 상황에 대해 온전히 객관적이 되는 것은 불가능하다. 당신이 고립되어 있다면, 자신에 대해 세워 놓은 부정적인 이론이 틀렸다는 것이 증명될 수 있는 기회를 결코 가지지 못할 것이다. 한편, 이 문제에 대해 다른 사람들의 관점을 들어보는 것은 매우 도움이 되는 일이다.

당신이 아는 사람을 한두 사람 또는 세 사람 정도 골라서 그와 자리에 앉아 당신 자신에 대해 어떤 감정을 느끼고 있는지를 솔직히 털어놓아 보자. 주의: 너무 비판적인 사람이나 마음이 차가운 사람은 고르지 말 것. 그 대신에 친절하고 좋아할 만하고 심리적으로 건강하며 믿을 만한 사람을 선택하라. 그 사람은 친구나 친척이나 직장 동료나 치료자, 이웃, 목사 등이 될 수 있다. 그들에게 당신이 그동안 어떻게 느껴 왔는지와 자신과 인생에 대한 부정적인 관점에 대해 이야기하라(자살 사고에 대해 이야기할 것인지 아닌지는 순전히 당신에게 달려 있다. 그 정보를 꼭 이야기해야 할 의무는 없다. 그러나 만일 당신이 믿을 만한 사람의 조언을 듣고자 하는 것이라면 인생이 살 만한 것인가에 대해 의문을 품어 왔다는 것을 알려 보자. 그들에게 당신에 대한 관심과 염려를 드러낼 수 있는 기회를 주어 보자).

그들에게 의견을 물어보라. 그들이 당신을 끔찍한 사람이라고 생각하는가? 그들이 당신의 인생은 무의미한 것이라고 생각하는가? 그들이 당신을 완벽한 실패자라고 생각하는가? 그들이, 사람들은 당신이 없어지는 게 차라리 낫다고 생각한다고 보는가? 당신이 할 수만 있다면, 한 사람 이상에게 이 문제를 이야기해 보자. 그들이 무슨 말을 하는지 경청하라. 만일 그들이 지지적이고 따스한 반응을 보이면서 놀라워한다면, 그들에게 왜 당신에 대해 그런 식으로 느끼는지를 질문해 보라. 요약하면, 건강하고 객관적인 외부의 의견을 들어보고 당신 자신의 주관적이고 고통을 가중시키는 관점과 비교해 보라. 기억하라. 이것들은 당신이 믿는 사람들의 의견이다. 이것에 대해 생각해 보고 다음 단계로 나아가자.

세 번째 단계는 자신과 인생에 대한 당신의 부정적인 신념을 검증하기 위해 작은 '실험들'을 해 보는 것이다. 만일 당신의 인생이 통제 불능이라고 느낀다면, 당신의 행동과 활동에 대한 통제권을 주장하기 위해 할 수 있는 일들을 생각해 보자(잠시 어떤 예에 대해 논의할 것이다). 만일 당신이 자신은 완벽한 실패자이고 다른 사람에게 짐이 될 뿐이라고 생각한다면, 한동안 하지 않았지만 잘 할 수 있는 일을 한두 가지 해 볼 계획을 세우고 당신에게 관심을 보이는 사람들에게 도움이 되는 좋은 일을 해 보자.

만일 당신이 자신은 약물 중독의 노예이고 이것이 당신을 변할 수 없는 '나쁜' 사람으로 만드는 것이라고 확신한다면, 지지집단 모임에 참석하거나 인근 병원의 약물 중독 치료에 대해 알아보자.

만일 당신이 그동안 해 온 일이나 당신에게 벌어진 일들 때문에 죄책감과 수치심을 느껴 자신을 미워하고 있다면, 보상을 하기 위해 당신이 할 수 있는 일이 무엇인지에 대해 생각해 보자. 만일 가능한 것이라면 말이다. 당신이 상처를 주었다고 믿는 사람에게 사과를 해 보자. 다른 관점으로 상황을 바라볼 수 있게 되었을지도 모르는 사람들이나 당신과 화해하려고 할지도 모르는 사람들에 대한 죄책감과 수치심을 내려놓자. 다시 당신에게 자부심을 느끼게 할 수 있는 일들을 시작하자. 매일 매일의 목표를 정해서 성취감을 느낄 수 있게 해 보자.

이 과정을 이용해서 나아진 '제리'의 예를 들어보겠다. 그는 자살을 고려하고 있었고, '자기 자신을 더 이상 참을 수가 없다' 고 하였다. 그는 '엉망진창' 이 되는 데 지쳐 있었다. 그는 술과 약물 남용에 빠져 있었는데, 가족들과 다시는 안 그러겠다고 여러 번 약속을 하고서도 다시 술과 약물에 빠져들곤 했다. 그는 자신이 사랑하는 사람들에게 짐이 될 뿐이라고 믿었고, 신용불량 상태가 되었기 때문에 평생 동안 법적인 문제나 고용문제로 인해 고통을 받을 것이라고 믿었다. 또한 그는 다른 사람들로부터의 고립과 약물에 대한 갈구 때문에 무기력해질 것이라고 믿었다.

제리의 치료자는 그의 수치심과 다른 사람들에게 짐이 된다는 느낌을 다루기 위해 적극적인 계획을 세워서 실행해 나가도록 도왔다. ① 지금은 약속을 하지 않기, ② 사과하지 않기, ③ 방어적이 되지 않고, 술과 약물을 먹지 않고 가족들의 비난에 대처하기, ④ 직장을 구하기, ⑤ 단주 모임에 일주일에 적어도 5번 나가기, ⑥ 예전에 즐겼었거나 자부심을 가지게 할 수 있는 여가활동이나 취미활동(예를 들면, 당구, 볼링)을 다시 시작하기, ⑦ 소원해진 부인과 두 자녀를 위해 될 수 있는 한 돈을 보내기 등.

제리는 이 합의를 완벽하게 지키지는 못했지만, 자신에 대해 다시 좋은 감정을 느끼기 위해 해야 하는 구체적이고 생산적인 일이 무엇인지를 알게 되었다. 제리의 문제는 계속 그에게 도전이 되었지만, 그는 점차 자신의 인생에 대한 통제감을 느끼기 시작했고 점차 자살성도 사라졌다. 이 구체적인 단계들은 제리가 자신은 절망적인 실패자라는 자신의 이론을 경험주의적으로 반증하는 데 결정적이었다.

당신의 문제 신념을 검증하는 네 번째 단계는 당신이 처음 세 가지 단계(죽고 싶은 이유들을 나열한다/ 피드백과 지지를 받기 위해 다른 사람과 상의한다/ 당신의 인생에 대한 통제권을 되찾기 위한 새로운 행동 계획을 시작한다)를 거친 뒤에 증거를 다시 검증하는 것이다. 이것은 좀 더 긍정적이고 대안적으로 상황을 바라보는 관점을 찬찬히 검토해 보는 과정이 필요하다. 또한 당신이 이전의 우울하고 자기파괴적인 양상에서 탈피하기 위해 얼마나 실제로 다르게 행동했는가를 차분하게 평가하는 과정을 필요로 한다.

만약 이 네 번째 단계에서 당신이 한 것을 평가해 보았을 때 만족스럽지 못하다면 두 번째 단계—이전에 한 것처럼 믿을 만한 사람의 자문을 받는다—로 되돌아가는 것이 좋다. 그들에게 당신이 어떻게 하고 있다고 생각하는지와 당신에게 어떤 변화라도 발견했는지에 대해 질문해 보라. 그들이 보기에 어떤 부분에서 좀 나아졌는지, 또 어떤 부분에서 좀 부족한지에 대해 피드백과 제안을 해 달라고 부탁하라. 그들에게 아직도 당신에 대해 걱정하고 있는지 물어보라. 건강하고 믿을 만한 사람들은 당신 인생에서 매우 중요한 자산이다. 그러므로 그러한 사람들과 관계를 잘 유지해 나가고, 그들에게 당신이 어떻게 느끼는지 그리고 당신의 자조 프로젝트를 어떻게 해 나가고 있는지에 대해 정기적으로 이야기하는 것이 정말 중요하다.

일단 당신이 두 번째 단계를 마쳤다면, 목표한 대로 구체적인 변화가 나타날 수 있도록 세 번째, 네 번째 단계를 다시 거치도록 하자. 그리하여 희망이 없고 통제할 길이 없다는 우울한 신념과 싸우도록 하자. 다시 강조하지만, 혼자 괴로워하지 말자. 만일 당신이 의논할 친구도 친척도 찾을 수 없다면 치료자나 지지집단을 찾아보자. 인생의 긍정적인 변화는 당신이 다른 사람들과 연결되어 있을 때 더 잘 일어난다.

더 나은 질문하기: NRQ와 PLQ

우리가 당신을 개인적으로 잘 알고 있다거나 이해한다고 할 수는 없겠지만, 당신에 대해서 두 가지 가정을 하는 것은 괜찮다고 생각한다. 첫 번째 가정은 다른 모든 사람들과 마찬가지로, 당신은 살고자 하는 강한 의지— '생존 본능' —를 가지고 있다는 것이다. 당신이 이 책을 읽고 있다는 단순한 사실은, 얼마나 자주 흔들리건 간에 당신이 삶에 대한 의지를 가지고 있다는 강력한 증거다. 모든 동물과 모든 사람들이 예외 없이 생존본능을 가지고 있다는 것은 잘 알려진 사실이다.

두 번째 가정은 당신이나 자살을 고려하는 사람들이 너무나 압도적인 문제를 겪고 있으며 몹시 고통스럽다는 것이다. 우리 모두가 강한 생존본능을 가지고 태어났다는 점을 감안해 보면, 얼마나 고통이 심하고 오래 지속되었으면 죽기를 원하는 지경에까지 이르렀겠는가. 이 상태에 있는 사람은 고통이 압도적이고, 통제할 길이 없으며, 조금도 줄어들지 않고 계속되리라고 기대할 수밖에 없을 것이다. 이런 상황에서 계속 싸우기보다는 그것을 그냥 끝내 버리는 편을 택하고 싶어 하는 것은 이해할 만한 일이다. 하지만 다음 질문들을 생각해 보자.

- 만약 어려움을 해결할 수 있게 되어 그렇게 압도당하는 느낌을 받지 않게 될 것이라는 점을 알게 된다면 어떨까?
- 만약 당신이 고통의 원인을 어느 정도 통제할 수 있다면, 그것을 다룰 수 있고, 거기에 반응하는 데 선택권이 있다는 것을 알게 된다면 어떨까?
- 만약에 당신의 고통이 누그러뜨릴 수 없는 것이 아니고 순간적이거나 간헐적인 것이라는 것을 알게 된다면 어떨까?

이러한 질문들의 요지는 현재 당신이 무엇을 경험하고 있든지 여전히 만족과 즐거움, 희망과 열정, 그리고 당신도 괜찮고 세상도 괜찮다는 전반적인 느낌을 가질 수 있는 희망이 있다고 제안하고자 하는 것이다. 자살을 한다는 것은 그것을 경험할 수 있는 기회를 포기해 버리는 것과 같다. 살기로 결심한다는 것은 당신 자신에게 당신의 고통을 어떻게 다루고 어떻게 치유할지를 배울 수 있도록 허용한다는 것을 의미한다.

당신은 아마 우리가 방금 한 질문들이 당신이 보통 자신에게 하는 형태의 질문들과는 다르다는 것을 알아차렸을 것이다. 만일 당신이 심각한 수준의 우울증과 불안으로 인해 힘겨워하고 있다면, 당신은 어쩌면 자신에게 **부정적이며 과장적인 질문들**(Negative Rhetorical Questions: NRQs)을 하는 자기패배적인 습관을 가지고 있는지도 모른다.

과장적인 질문은 질문 자체가 대답을 가지고 있기 때문에 대답을 필요로 하지 않는 질문이다. 부정적이며 과장적 질문, 즉 NRQ는 부정적인 대답을 가정하고 있는 질문이다. 아래 제시된 NRQ의 일부는 당신에게 친숙할지 모른다.

- 번거롭게 뭘 시도해 보나?
- 누가 나한테 신경이나 쓰나?
- 내가 이 문제를 절대 극복하지 못하면 어쩌지?
- 내가 어떻게 변할 수가 있겠어?
- 내가 없어져 버려도 누가 알기나 하겠어?
- 내가 완전히 혼자 남겨지면 어쩌지?
- 인생을 계속 살아야 하는 이유가 뭐야?
- 살아서 고통을 연장할 이유가 뭐야?

우리는 자살을 고려하는 사람들이 항상 스스로에게 이런 해롭고 믿을 수 없는 질문들을 한다는 것을 발견했다. 그러나 NRQ는 건설적인 목적에 기여하는 바가 없다. 이것들은 단지 기분을 더 나빠지게 하고 당신의 인생이 가장 비극적인 시나리오인 것처럼 보이도록 속인다. 위험한 것은 NRQ가 종종 사고의 자동적인 측면이 되어 알아차리지 못하는 사이에 일어난다는 점이다. 이것이 당신의 감정과 정신에 미치는 손실은 너무나 실제적이고 너무나 심각하다.

공평하게 하기 위해서, 당신의 자동적이고 해로운 NRQ에 상응하는, 신중하고, 진실을 드러내는 긍정적이며 사실에 충실한 질문들(Positive Literal Questions: PLQs)에 대해서 배워 볼 것을 권한다. NRQ와는 달리, PLQ는 답을 해 주지는 않지만 진실을 찾도록 도와준다. 예를 들어, 낙심하고 절망과 좌절감에 빠져 스스로에게 "인생을 계속 살아야 하는 의미가 뭐야?"라고 말하고 있다는 것을 알게 되었다면 긍정적이고 사실에 충실한 대답을 하려고 노력하라.

NRQ를 PLQ로 전환하는 예를 제시할 것이다. NRQ를 PLQ로 바꾸는 것은 종종 톤이나 발음을 바꾸는 것만으로도 가능하다. 예를 들면,

NRQ: 인생을 계속 살아야 하는 이유가 뭐야?

추정되는 대답: 아무것도 없다.

PLQ: 좋아. 그러면 인생을 계속 살아야 하는 이유가 뭐지?

가능한 대답: 인생을 계속 산다는 것은 지금보다 더 나아질 수 있는 기회를 나 자신에게 주는 것이다. 산다는 것은 내 인생을 끝내는 것이 아니라 변화시키는 것이다. 산다는 것은 내가 살아남았고 내 어려움을 극복하는 방법을 찾아낼 수 있었다는 것을 나 자신에게 보여 주는 것이다. 산다는 것은 내 인생에서 내가 성취하기를 원하는 중요한 일들을 성취하려 하며, 내 목표나 꿈을 영원히 포기하지 않으려고 노력한다는 것이다.

계속 산다는 것은 나 자신을 수용하고, 심지어 좋아하게까지 되는 것이며, 내가 관심을 가지고 있는 사람들에게 내가 그들을 사랑한다는 것을 알게 하는 것이다. 산다는 것은 새로운 날을 만나는 것이며, 조금씩 조금씩 내가 미소 지을 수 있고 웃을 수 있는 날들에 가까워진다는 것이다. 산다는 것은 내 인생에서 언젠가 이 시간을 회고할 수 있게 된다는 것이고, 이에 대해 옛날 이야기처럼 말할 수 있다는 것이며,

자살을 고려하고 있고 나의 이해와 지지가 필요한 누군가에게 내 경험을 이야기해 줄 수 있다는 것이자, 내가 살아남았다는 것을 깨닫는 것이다. 계속 산다는 것은 바로 이런 것이다.

요약을 하자면, 당신의 정서적인 반응의 심각도와 기간을 감소시키는 대답은 쉽지 않지만 간단한 것이다. 당신이 생각하고 행동하는 방식에 있어서 기본적인 변화가 필요하다. 그러면 당신의 감정이 변화될 것이다. 물론 하룻밤 사이에 일어나는 일은 아닐 것이다. 그러나 만약 당신이 이런 공정한 기회를 누려 볼 수 있을 만큼 살고자 한다면, 만약 당신이 한 번에 한 단계씩 밟아 나가려고 한다면, 만약 당신이 새로운 방식을 연습하고자 한다면, 그리고 만약 당신이 긍정적인 변화가 처음에는 좀 낯설다는 것을 받아들이고자 한다면, 당신의 통제권 밖에서 무슨 일이 벌어지든 간에 당신의 고통을 경감시킬 수 있으며, 희망을 가지게 될 것이다.

이 말이 너무 낙관적으로 들린다면 PLQ인 '시도를 해 봐서 손해 볼 것이 무엇인가?' 라는 질문을 던져 보자. 너무 어려워 보이거나 노력할 가치가 없는 것처럼 보인다면 PLQ인 '그러면 어떻게 내 노력을 가치 있게 만들까?' 라는 질문을 해 보자. 만약 자신에게 NRQ인 '내가 책에서 하라는 대로 다 했는데 여전히 잘 모르겠고 여전히 자살하고 싶다면 어떻게 해?' 하는 질문을 하게 된다면 즉각적으로 '노력해서 기분이 좋아지고 내 삶이 긍정적인 방향으로 변화한다면 어떨까?' 와 같은 PLQ로 반응하라.

궁극적으로 당신이 일상생활에서 하는 자동적 사고에서 NRQ를 대부분 없애는 것을 배우기 바란다. 그러나 이것은 시간이 걸리고 인내가 필요하기 때문에 가장 좋은 접근법은 NRQ가 나타날 때 여기에 도전하고 PLQ로 반응하지 않고는 지나가지 못하게 하는 것이다. 이것은 잘 되길 그저 바라는 것이나, 모래 속에 머리만 처박고 있는 것, 문제를 부인해 버리는 것, 또는 당신이 얼마나 기분이 안 좋은가를 무시하는 것과는 다르다.

자신과 인생 그리고 미래에 대한 부정적인 관점이 너무 오랫동안 중심부를 차지해 왔고, 자신과 인생과 미래에 대한 긍정적인 관점은 차별받아 왔으며, 힘을 쓰지 못했다. 이제 당신의 낙관주의와 자기돌봄이 적극적인 행동으로 나타나게 할 때다. 모든 당신의 생각들—긍정적인 것과 부정적인 것 모두—에게 싸워 볼 수 있는 공정한 기회를 줄 때가 되었다.

소크라테스식 방법: 올바른 질문을 통한 진실 찾기

그리스 철학자인 소크라테스는 논리와 교수법에 있어 혁신적으로 새로운 방식을 만들어 냈다. 그는 진실의 근원이 '저 바깥 어딘가'에 있다기보다는 각 사람 안에 있다고 믿었기 때문에, 주로 질문을 통해 학생들을 가르쳤다. 똑같은 방식을 당신의 기분이 좀 더 나아지기 위해 필요한 지식을 습득하는 데 적용할 수 있다. 여기에서 우리는 몇 가지 아주 중요한 소크라테스식 질문(실제로는 PLQ)을 제시하고 어떻게 성장과 정신건강을 증진시킬 수 있는 방식으로 사용할 수 있는지를 보여 줄 것이다.

이 방법을 제대로 사용하기 위해서는 앉아서 적는 것이 필수적이다. 단지 머릿속으로만 생각한다면, 당신은 똑같은 문제에 직면하게 되어 괴로워질 수 있다. 압도당한 느낌이 들 것이고, 당신이 하려고 하는 핵심에서 벗어나게 되고, 포기하고 싶어지고, 당신이 다룰 수 있는 것은 아무것도 없다는 생각 때문에 헤매게 될 것이다. 그러므로 다시 한 번 강조하지만, 적고 적고 또 적어라.

당신 자신에게 물어야 하는 핵심 질문들이 있다.

핵심 질문 1: 자해를 하거나 죽으려는 이유가 무엇인가? 왜 그 이유들이 정당해 보이는가?

첫 번째 핵심 질문에 대해 논의하기 위해, 생각해 낼 수 있는 모든 자살하려는 이유들을 목록으로 만들어 보자. 목록에 넣은 각각의 문항에 대해서 '이것은 ~때문에 자해를 하는 것이 타당한 것 같다' 라는 말을 넣어서 문장을 마치도록 하자.

처음에는 이것을 하는 것이 몹시 곤란해 보일 수 있다. 왜 자신을 상처 입히는 경우에 대한 작업을 해야 하는가? 그것은 자해나 자기파괴의 이유를 인식하지 못하는 것이 이유에 대해 말로 표현하고 평가하는 것보다 훨씬 위험하기 때문이다. 죽는 것이 왜 당신의 최선의 선택이라고 생각하는지 그 근원적인 원인을 파악하지 못한다면, 상황을 찬찬히 들여다볼 수 있는 좋은 기회를 놓치게 될 것이고 당신의 논리의 결정적인 결함을 보지 못할 수 있다. 대신에, 감정의 소용돌이 속에 남아 있게 될 것인데, 몹시 힘든 상황에서는 극도로 위험할 수 있다.

젊은 우울증 환자인 '메리' 가 첫 번째 핵심질문에 대해 응답한 예를 제시하였다. 질문에 답을 달아 나가는 것은 당신에게 달려 있다는 것을 명심하라—이 예제들은 단순히 당신 자신의 목록을 시작할 수 있도록 돕기 위한 것이다.

핵심 질문 1에 대한 메리의 대답: 내가 자해를 하거나 죽으려는 이유가 무엇인가?

1. **나를 사랑하는 사람이 없다면 삶은 아무 의미가 없는데, 나는 그런 사랑을 결코 얻을 수 없을 것이기 때문에** 자살을 하거나 자해를 해야 한다.

이것은 내가 혼자 있는 것을 견딜 수 없고, 내가 어떻게 하든 결국은 혼자 남을 것이라는 점을 알기 때문에 타당한 것 같이 보인다.

2. **아무도 나를 진정으로 사랑하지 않기 때문에—어떻게 그들이 나를 사랑할 수 있겠는가? 나는 누군가의 사랑을 받을 만한 가치가 없는 것 같다**—죽거나 자해를 해야 한다.

이것은 죽는 것에 대한 타당한 정당화인 것 같다. 왜냐하면 **누군가 나를 사랑한다고 해도 곧 내가 그럴 만한 가치가 없다는 것을 알게 되어 나를 버릴 것—이건 처음부터 아무도 없던 것보다 더 나쁘다—이기 때문**이다.

3. **나 자신에 대해 그나마 괜찮다고 느꼈던 유일한 부분이 외모였는데, 지금은 나이를 먹어서 유일하게 믿었던 부분을 잃어버렸다. 누구도 나이 먹는 것을 피할 길이 없으며 나는 앞으로 지금보다 더 나빠질 것이기 때문에** 죽거나 자해를 해야 한다.

가장 좋은 시절은 이미 지나갔고 시간이 흐르면서 모든 것이 더 나빠질 것이기 때문에 죽는 것이 타당한 것 같다.

이제 그녀 자신을 상처 입히려는 이유에 대한 목록을 만들었으므로 메리는 삶, 죽음 그리고 한 사람으로서 자신의 가치에 대해 이성적인 관점을 가질 수 있다. 이 모든 정보를 애매하게 마음속에 묻어 두었다면 하지 못했을 방식으로 상황을 바라볼 수 있다. 이제 다음 질문으로 넘어가 보자.

핵심 질문 2: 친한 친구가 나와 같은 상황에 처했다면 나는 뭐라고 할 것인가?

이것은 거의 항상 동정심과 희망을 자극하기 때문에 강력한 치료적 질문이다. 우울한 사람들은 종종 자신에게보다는 자신이 관심을 가지고 있는 사람들에게 더 큰 위로와 지지, 수용과 건설적인 충고를 할 수 있는 능력을 가지고 있다. 이 질문은 이중 기준(double standard)을 공개적으로 다룰 수 있게 해 준다.

왜 이런 이중 기준이 존재하는가? 어떤 사람들은 자기 자신에게 잘해 주어도 괜찮다는 것을 배우지 못했다. 어떤 사람들은 다른 사람에게 친절하고 동정심을 가지는 것은 중요한 일이라고 배웠지만 자기 자신은 그런 친절함을 누릴 만한 가치가 없다고 알고 있다. 당신은 아마 당신 친구를 좋아하고 그를 높이 평가하며, 그의 많은 인간적 단점에 대해서 눈감아 주면서, 자신의 비슷한 단점에 대해서는 자신이 좋은 대우를 받을 만하지 못하기 때문에 심하게 대하는 것이 정당하다고 생각한다.

만일 당신이 좋아하고 존경하는 친구가 있다면 다음의 중요한 사실을 고려해 보자. 사회심리학 분야의 많은 연구들에 따르면, 사람들이 친구가 되는 주요 이유 중 하나는 서로 중요한 부분(관심영역, 성격, 삶의 환경, 생각하는 방식 등)이 비슷하다고 보기 때문이라고 한다. 그러므로 당신이 친구라고 생각하는 사람—당신이 존경하는 사람—은 아마 당신과 그리 다르지 않을 것이다. 그러므로 당신이 친구들에게 너그러운 만큼 당신에게도 같은 정도의 인내심과 동정심을 베푸는 것이 합당하다.

핵심 질문 2에 대한 메리의 대답: 친한 친구가 나와 같은 상황에 처했다면 나는 뭐라고 할 것인가?

나는 아마 너는 혼자가 아니라고, 너에게 관심을 가지고 있는 사람들이 있다고 이야기할 것이며, 네가 최고라고 생각하지 않았기 때문에 너를 떠난 사람이 있다면 그 사람은 어쨌든 친구로 지낼 만큼 성숙한 사람이 아니었다고 말해 줄 것이다. 너는 사랑받을 만한 사람이고, 이전에도 사랑받아 왔고, 다시 또 사랑을 받을 수 있을 것이라는 점을 말해 줄 것이다. 그리고 때로 외로울 수 있겠지만 그건 영원히 외롭게 지낼 것이라는 뜻이 아니라는 점을 상기시킬 것이다.

또한 남자 없이 지낸다는 것이 사랑받을 만하지 못하다는 것과 같은 의미는 아니라는 것을 이야기할 것이다. 사랑할 수 있는 파트너를 찾는다는 것은 네가 아무리 가치가 있는 사람이어도 어려운 일이라는 것과 하지만 네가 처음부터 자신을 수용하고 좋아할 수 있다면 좀 더 찾기 쉬울 것이라는 점을 이야기할 것이다. 너의 최고의 시절은 이미 지나가버린 것이 아니라고 이야기할 것이다. 사실, 자살하고자 했던 많은 날들은 뒤에 남겨 두는 편이 낫다고 할 것이다.

사랑받을 만하다고 느낄 이유 그리고 계속 살아야 할 이유들이 많이 있다는 것을 이야기할 것이며, 나는 너에게 정말로 관심을 가지고 있고, 너를 잃고 싶지 않다고 이야기할 것이다. 이것이 바로 내 친구가 나와 같은 처지에 있고 죽고 싶어 한다면 내가 해 주고 싶은 말이다.

핵심 질문 3: 내가 처한 상황을 어떻게 달리 이성적으로 볼 것인가?

"언제나 남의 집 정원에 있는 잔디가 더 푸르러 보인다."라는 격언은 자살하려는 사람들이 자신의 삶을 평가할 때도 적용된다. 흔히 이들은 다른 사람들은 다 가지고 있다고 생각되는 행복의 근원이 자신에게는 없고, 살아야 할 이유가 아무것도 없다고 굳게 확신하고 있다. 흥미롭게도, 그런 사람들이 목숨을 끊으려고 할 때 주변 사람들의 반응은 "어떻게 그 사람이 죽으려고 할 수가 있죠? 선량하고 괜찮은 사람인데."라거나 "무슨 일이 있었기에 그 마음씨 좋은 부인이 죽으려고 했을까?"라거나 "정말 이해가 안 되네요. 그렇게 가진 게 많은 사람이 죽으려 하다니, 그런 마음을 먹었을 때는 굉장히 안 좋은 일이 있었나 보죠?" 등의 이야기를 하면서 탄성을 지르는 것이다.

로빈슨(E. A. Robinson)의 시, 〈리처드 코리(Richard Cory)〉의 주제가 떠오른다. 주변의 모든 사람들은 그를 성공했으며, 점잖고 잘생겼으며, 남들이 부러워하고 존경할 만한 어떤 우아함을 가지고 있는 사람으로 보았다. 그런 그가 어느 날 저녁 집에 가서 '머리에 총구를 겨눈다.' 이것은 우리에게 중요한 교훈을 가르쳐 준다: 고통이 심할 때에는 자신의 삶을 공정하고 객관적으로 평가하는 것이 불가능하다. 당신이 자살하고 싶은 마음이 들 때, 인생의 가치와 장점들을 평가절하한다는 것은 정말 확실하다. 당신은 부정확하고 바뀔 수 있으며 어쩌면 남들이 생각하지도 않은 의견에 근거해서 돌이킬 수 없는 행동-자살-을 하려고 하고 있는 것이다.

자기파괴적인 충동을 행동으로 옮기기 전에, 자신의 삶에 대해 좀 더 균형 잡힌 시각을 가질 수 있도록 가능한 모든 노력을 해 보아야 한다. 핵심 질문 3에 대한 메리의 대답을 보자.

핵심 질문 3에 대한 메리의 대답: 내가 처한 상황을 어떻게 달리 이성적으로 볼 것인가?

나는 내가 사랑받을 만한 사람인가에 대한 확신이 부족한 것 같다. 하지만 그것이 내가 사랑받을 만한 사람이 아니라는 것을 의미하는 것은 아니다. 사실 많은 사람들이 나에게 관심을 가지고 있다고 말했다. 다만 나는 그걸 믿지 못하는 것이다. 그들이 거짓말을 하는 것 같지는 않지만 어떤 이유들 때문에 나는 나 자신에게 너그럽지 못하다. 내가 나를 너무나 싫어하기 때문에 나는 사람들이 나의 불완전함을 보는 순간 나를 거부할 것이라고 자연스럽게 결론짓게 된다. 그러나 사실은 나의 외모가 시들해져 가고 사회성이 떨어질 때에도, 내가 좋아하고 믿는 사람들은 나에게 관심을 가지는 것 같다. 아마도 나는 보지 못하지만, 다른 사람들이 보는 내 모습에 대해 좀 더 주의를 기울이기 시작할 수 있을 것이다. 어쨌든 내가 거부당할 것이라는 가정에 의거해서 자살을 하기로 마음먹는다는 것은 미성숙한 일인 것 같다. 내가 부모에게 사랑받지 못했고 버림받은 느낌을 가지고 있다는 것을 알고 있다. 하지만 그것이 곧 내가 친구들에게 사랑받지 못할 것이고 버려질 것이라는 것을 의미하는 것은 아니다. 더 나아가 내가 도움이 필요할 때에 자살을 함으로써 나 자신을 버려서는 안 된다. 그건 잔인한 일이다. 때로는 나 자신을 감싸 안아 줄 필요가 있다.

핵심 질문 4: 생을 마감하는 대신에 내 인생을 변화시키기 위해 내가 할 수 있는 것은 무엇인가?

보통 무력감과 절망감이 자살하려는 사람의 기분과 사고를 지배한다. 인생의 문제를 극복하지 못하고 압도당할 것이며, 나아지기 위해 할 수 있는 것은 아무것도 없다는 굳은 믿음이 자리 잡고 있다.

예를 들어, '린다'는 결혼을 한 것이 중대한 실수라고 생각했다. 그녀는 배우자를 잘못 골랐다고 후회하며, 자살로 도망치는 것을 심각하게 고려하고 있었다. 고통이 너무나 크기 때문에 자살이야말로 타당한 해결책이라고 생각했다. 그러나 치료자가 그녀에게 "결혼생활을 정리하는 것을 고려해 보기도 전에 생을 끝마치려고 하고 있다는 데 주목해 보세요."라고 이야기하자, 충격을 받은 것 같았다. 이것은 분명하고 명백한 제안이었다. 린다는 이런 실현 가능하고 치명적이지 않은 인생의 변화를 시도해 볼 생각도, 구체적인 행동도 아직 해 보지 않았던 것이다. 치료자가 좀 더 질문을 해 나가는 과정에서 린다가 남편을 떠나기를 원하는 것은 나쁜 사람이 된다는 뜻이며, 그렇게 한다면 모든 사람들이 그녀를 비난하고 피할 것이라는 역기능적인 신념을 가지고 있다는 것이 드러났다. 그러므로 분명한 선택을 놔두고 대신 가장 치명적인 선택만을 들여다보고 있었던 것이다. 똑똑한 사람들조차도 이런 식의 무시무시한 문제해결 방식을 사용하는 경우가 흔하다. 이런 위험한 접근법에 대한 대안으로 우리는 당신이 착실한 문제해결 방식을 사용할 것을 강력히 권장한다. 이제 우리의 핵심 질문에 대한 메리의 반응으로 돌아가 보자.

핵심 질문 4에 대한 메리의 대답: 생을 마감하는 대신에 내 인생을 변화시키기 위해 내가 할 수 있는 것은 무엇인가?

우선 쉬운 것부터 하자면, 나는 새 헤어스타일리스트를 찾아볼 것이다. 나는 지난번에 머리를 자르고 너무 마음이 불편해져서 자살 생각을 하기 시작했다. 하지만 누군가 내가 원하는 대로 안 했다고 해서 내가 왜 자살을 해야 하는가? 둘째, 나는 외모 이외에 내 인생의 다른 것들에 대해서 자부심을 느낄 필요가 있다. 외모는 상당 부분 피상적인 것이다(내 미소만 빼고. 그건 진실하고 좋은 것일 수 있다). 실패할까 봐 두려워서 미루어 두었던 활동이나 프로젝트나 학습기회에 대해 스스로 자문해 보고 다시 시작할 것이다! 사람들이 나의 외모만 가지고 나를 판단할 것이라는 가정이나, 내가 나 자신에 대해 느끼는 것처럼 남들도 나를 판단할 것이라는 가정을 버려야 한다. 다른 사람들이 내게 이야기하는 긍정적인 말들에 귀를 기울이고 '그냥 하는 말'로 흘려듣지 않을 것이다.

핵심 질문 5: 왜 나는 때로 삶을 거부하지 않는가?

같은 삶인데, 안 좋을 때는 견딜 수 없을 것 같아 보이던 것이 좋을 때는 괜찮아 보인다는 것이 좀 이상하지 않은가? 같은 인생인데 어떻게 인생에 대한 당신의 평가가 그렇게 날에 따라 또는 순간순간 달라질 수 있는가?

당신이 경험하고 있는 것은 실제로 '상태-의존적 회상(state-dependent recall)'이라고 알려진 현상이다. 이 현상은 우리는 현재 감정과 일치하는 것을 기억하는 경향성이 있다는 것이다. 만일 우리의 기분이 좋으면 좋은 것을 기억할 가능성이 높고, 우리의 기분이 엉망이라면 안 좋은 일들을 기억할 가능성이 높다. 당신이 주의를 기울인다면 이러한 경향성에 저항할 수 있다. 그러나 자살하려는 사람이 이것을 어떻게 중화시키는지 잘 모른다면 매우 위험할 수 있는 것이다.

이 부정적 기억 편향은 반복적인 우울증의 과거력을 가진 사람들에게 흔하게 나타난다. 그러므로 우리는 치료자로서 우리의 내담자들이 자신의 삶에서 좀 더 희망이 있다고 느끼고 만족스러워 했던 시기를 생각하도록 돕는 것이 중요하다는 것을 잘 알고 있다. 인상과는 대조적으로, 이들은 전형적으로 상당한 정도의 행복감을 맛보았던 사람들이다. 그러나 그것은 금방 잊혀졌고 우울한 기분이 몰려오는 순간 사라져 버린 것이다.

예를 들면, 비전형적이고 짧게 반복되는 유형의 우울증으로 고통받는 환자가 있었다. 어느 주에는 자신의 삶에 대해 열광하였고 그 다음 주에는 이전의 낙관주의가 '순전히 망상' 이었다고 확신하곤 했다. 그리고는 곧 다시 희망에 차고 기운을 차렸다. 흥미롭게도 '상승' 기에 있을 때 그녀는 자신의 우울증이 현실이 아니라거나 '망상적' 이라고 언급하는 일이 드물었다. 그녀는 자신의 가라앉은 기분을 자신과 현실의 큰 부분으로 바라보았다. 대조적으로 그녀가 우울하고 자살하고 싶은 마음이 들 때에는, 좋게 느끼는 경향에 대해 비웃고, 치료자의 지지와 희망의 이야기에 대해 냉소적인 반응을 보였다. 분명히 그녀를 자살과 절망의 위험에 처하게 하는 것은 사고에서의 기본적인 편향이었다.

이것은 우리가 인생에 대해서 좋게 느끼는 순간들에 주목하고 그것을 이용해야 하며, 어떤 현실에 대해 긍정적인 기분을 느꼈는지에 대해 반문해 보아야 한다는 것을 가르쳐 준다. 이것을 하는 한 가지 방법은 핵심 질문 5에 상세히 대답하는 것이다. 메리가 어떻게 반응했는지 보자.

핵심 질문 5에 대한 메리의 대답: 왜 나는 때로 삶을 거부하지 않는가?

때로 내가 나 자신에 대해 싫어하는 부분에 머물러 있지 않을 때, 실망

거리와 후회에 집착하고 있지 않을 때, 살아 있는 것도 괜찮다고 느끼는 순간이 있다는 것을 발견한다. 내 평생의 가장 좋은 친구인 우리 언니와 대화를 할 때, 내가 사랑하는 조카들이 내 아이들처럼 느껴질 때 그런 것을 발견한다. 내가 좋아하는 음악을 들을 때나 재미있는 책을 읽을 때도 그런 것을 발견한다. 화창한 날에 산책을 하거나 텅 빈 도로를 운전할 때 살아 있는 것도 괜찮다고 느낀다. 미래에 내가 꼭 하고 싶은 일들에 대해서 생각할 때, 집에서 무료하게 보내는 대신에 해야 할 재미있는 일들에 대해 생각하느라 상상력을 발휘하고 있을 때 살아 있다는 데 대한 희망을 느낀다. 때로 누군가 내게 "고마워요."라거나 "도와줘서 정말 감사합니다." 또는 "정말 좋은 생각이네."라고 할 때 그 말을 그대로 듣고 믿는다. 지난 몇 년간 인생은 나한테 끔찍이도 너그럽지 못했지만 나도 나한테 너그럽지 못했다. 내가 나한테 좀 더 잘해 준다면 아마 새로운 풍조를 시작하는 것일 테고 그러면 정말 살아 있다는 게 그리 싫지는 않겠지.

핵심 질문 6: 앞으로 내 인생이 나아진다면 어떨까?

자살을 실행하기로 결심할 때, 상황이 전혀 나아지지 않을 것이라고 가정하는 게 안전할 것이다. 만일 어떤 사람이 다르게—최악의 상황은 곧 끝날지도 모른다고—믿는다면, 그는 아마 인생을 '정리하고 끝내 버리는' 것을 선택하지 않을 것이다. 자살하려는 사람은 거의 항상 세상에 기다릴 만한 가치가 있는 미래는 없다고 확신한다. 미래는 암울하고 모든 게 다 그저 그렇다고 본다.

예언이나 운명, 아니면 점성을 믿는 독자들에게 불쾌감을 느끼게 할 위험이 있긴 하지만, 미래에 대해 확실하다고 느끼는 것은 언제나 잘못된 사고를 반영해 준다. 사람들은 경험적인 가정이나 경험에서 우러난 추측을 할 수 있다. 하지만 우리 인생에 어떤 일이 펼

쳐질지에 대해 100% 정확할 수는 없다.

자살을 하려고 한다는 것은 당신이 아주 정확하게 미래를 예측할 수 있다는 신념을 가지고 있음을 반영한다. 이 신념은 다음과 같은 식으로 요약될 수 있다. "나는 미래를 내다볼 수 있다. 거기에는 비참함 이외에 아무것도 없다. 그러므로 목숨을 끊음으로써 이 세상에서 손을 떼야겠다." 역설적이게도, 미래에 아무 전망도 없을 것이라는 것을 보장해 주는 유일한 방법이 바로 자살인데, 그것은 행복과 의미를 찾을 수 있는 길을 단호하게 끝내 버린다. 이것이 '자기충족적 예언'의 고전적인 예다.

미래에 공허함과 고통이 있을 뿐이라고 확신한다면 이 점을 주의 깊게 생각해야 한다. 인생에 어떤 가능성이 있을까 상상해 본다 해도 손해볼 것이 아무것도 없다는 것이다. 꿈이 실현되기 위해서는 꿈을 가지고 있어야만 한다는 오래된 속담이 있다. 꿈을 가지도록 자신을 좀 내버려 두는 것이 무슨 해가 되겠는가? 상황이 결코 변하지 않을 것이라는 당신의 신념을 어떻게 상황이 달라질 수 있는지, 그리고 그것이 실현되기 위해 당신이 무엇을 할 수 있는지에 대해 생각하는 것으로 확장해 보자. 이것이 핵심 질문 6에 대답하는 단계다. 이제 메리가 뭐라고 말했는지 살펴보자.

핵심 질문 6에 대한 메리의 대답: 앞으로 내 인생이 나아진다면 어떨까?

어렵다. 나는 상황에 대해 보통 이런 식으로 생각하지 않는다. 나는 희망이 자라나는 것이 두렵다. 하지만 그래서 내가 잃는 것이 무엇인가? 이미 목숨을 잃는 것을 고려하고 있다. 그러므로 적어도 내가 할 수 있는 것은 무엇을 잃게 될 것인지를 고려해 보는 것이다. 내가 때로 혼자 쓸쓸히 죽게 될 것이라고 확신하긴 하지만, 실은 내 인생에 중요한 사람들도 있고 그들이 내게 관심을 가지고 있는 것 같기도 하다. 언젠가 내가 결혼을 하고 가장 친한 친구들만 불러서 파티를 할 수도 있다. 우리는 '수리가 필요한 싼 집'을 사서 함께 고쳐 나갈 수도 있다. 일이 힘들 수 있지만 동반자가 있다는 것은 꽤 좋은 느낌일 것이다. 나는 학교로 돌아가서 학위를 마칠 수도 있으며, 그것을 해낼 수 있다는 확신은 결코 없었지만 늘 원하던 일이었다.

나는 가장 친한 친구들에게 거리를 두고 죄책감과 외로움을 느꼈는데 그들과 연락을 계속하며 지낼 수 있을 것이며, 내 친구들이 너무 중요하기 때문에 내가 결혼을 하지 못한다고 하더라도 친구들과 가깝게 지낼 것이며, 생존하기 위해 남자에게 매달리지 않을 것이다. 만일 내가 친구들하고만 가깝게 지낸다면 그들은 나한테 괜찮은 사람을 소개시켜 주려고 할지도 모른다.

또한 나는 정말로 조카들이 성장하는 모습을 보고 싶다. 나는 그들을 너무나 사랑하며, 내 생각에 그들도 자기 부모 빼고는 나를 가장 좋아한다. 그들의 성장을 지켜보는 것을 놓치고 싶지 않으며, 그들이 나의 지지와 조언을 구한다면 언제나 그 자리에 있고 싶다. 지금부터 10년 동안 내가 말한 것들 중 일부를 하고, 나 자신에게 "10년 전에는 이걸 이룰 수 있을 거라고 믿지 못했어. 이것들 중 어떤 것도 하지 못했었고, 내 인생에 행복한 날이 있을 거라는 것을 결코 믿을 수 없었어. 하지만 지금은 내가 삶을 포기하고 실제로 자살을 해 버리는 것이 두려워. 내 마음이 변한 것이 너무나 감사하고 계속 노력하고 실천할 수 있는 희망과 용기를 가졌다는 것이 너무나 감사해."라고 말하는 내 모습을 그려 볼 수 있다.

이제 핵심 질문 6에 대한 대답을 스스로 연습해 볼 때다. 메리처럼 글을 잘 쓰지 못한다고 염려하지 마라. 자세하게 대답을 하는 연습을 하고 자신을 북돋우는 태도로 작업을 하자. 작업을 하다보면 점점 나아지는 것을 알게 될 것이다.

행동적 전략: 행동을 바꾸어서 자기파괴적인 신념을 변화시키기

앨버트 엘리스(Albert Ellis)로부터의 교훈

이 장의 앞부분에 있었던 사고-정서-행동의 삼각형 모델에서 배운 것처럼, 생각을 바꾸어서 기분이 더 나아지게 하는 방법만 있는 것은 아니다. 사실 행동을 변화시키는 것은 당신의 감정과 사고를 변화시키는 매우 강력한 방법이 될 수 있다. 이 부분에서 우리는 치료적인 방식으로 사고와 감정을 변화시키기 위해 행동하는 과정을 보여 줄 것이다.

이 과정을 이해하기 위해서 합리적-정서치료의 창시자인 앨버트 엘리스 박사에게로 돌아가 보자.

> 때로 고정된 생각을 변화시키는 가장 좋은-또는 유일한-방법은 억지로라도 행동하게 하는 것이다. 예를 들면, 실생활과 관련된 숙제를 하게 하는 것이다. 만일 당신이 당신의 감정과 생생한 경험에 대해 직접적으로 작업을 하고 그것을 표현한다면, 직접적으로 비합리적인 신념을 논박하는 것보다 좀 더 포괄적으로 당신의 비틀린 신념들을 변화시킬 수 있을 것이다. 사실, 당신이 비합리적인 신념에 대항해서 행동(그것도 여러 번 행동)해 보기 전에 비합리적인 신념이 과연 정말 변할 수 있는지는 의심스럽다(1988, p. 109).

엘리스는 젊었을 때, 여자에게 거절당한다는 것은 너무나 끔찍하기 때문에 무슨 수를 써서라도 그 위험성을 회피해야 한다는 강한 믿음을 가지고 있었다는 이야기를 하는 것을 좋아했다. 말할 필요도 없이 그는 데이트를 별로 하지 못했다. 그래서 그는 이 역기능적인 신념에 대항해서 행동을 해 보기로 결심했다. 한 달 동안 뉴욕 시의 공원에서 혼자 있는 모든—100명 이상이나 되는—여자들에게 접근했다. 결과는? 그는 어찌어찌 해서 한 번의 데이트를 할 수 있었는데, 그녀는 그를 바람 맞췄다. 그럼에도 불구하고 그의 연습은 완전한 성공이었다. 왜냐하면 이 성실한 노력을 통해서 그는 거부당했다고 죽지는 않는다는 것과 어떤 식으로든 거절당한 것이 한 사람으로서의 그를 쪼그라들게 하지 않는다는 것을 배웠기 때문이다. 사실 그는 여자에게 시간 좀 내달라고 말할 때 더 이상 두려워하지 않게 되었다. 왜? 왜냐하면 그의 행동을 통해서 거부가 확실히 불쾌한 일이기는 하지만 그가 전에 상상했던 것처럼 재앙 수준은 아니라는 것이 증명되었기 때문이다.

이것은 행동적인 도전이 어떻게 두려움의 신념을 제거하는 데 사용될 수 있는지를 보여 주는 수많은 예들 중의 하나다. 하지만 자살 충동이나 행동과 연합된 신념은 어떠한가? '그 무엇도 변하지 않을 것이다. 내 인생은 앞으로도 계속 비참할 것이다.' 라는 신념을 고려해 보자. 친숙하게 들리는가? 이 사고는 대부분의 자살 충동 뒤에 깔려 있는 것이다. 이것이 갖고 있는 문제점은 기분을 나빠지게 만드는 것뿐만 아니라 현상유지나 하는 상태에 머물러 있게 한다는 것이다. 즉, 시도를 해 봐야 소용이 없다고 확신하기 때문에 미래에 대해서 아무것도 해 보려 하지 않는 상태에 머물게 된다는 것이다.

그러므로 무서운 자기충족적 예언에 대해 이야기해 보자. 이것은 당신이 실패할 것이라고 예측하기 때문에, 당신 인생에 대한 통제권을 주장하려고 시도하지 않고 상황이 나아질 수도 있는 어떤 기회들을 감소시키거나 없애 버린다는 것이다. 그 결과, 인생은 무의미하고 절망적이며, 자살이 타당한 선택이라는 당신의 생각이 맞다는 결론을 내리게 된다.

어떻게 행동(이 예에서는 시도하지 않는 것)이 사고(이 예에서는 상황이 결코 나아지지 않을 것이라고 '확신하는 것')에 영향을 주는지에 주목하자. 이제 잠시 동안 행동의 다른 코스를 따라가는 것을 상상해 보자. 이 신념이 맞지 않다는 것을 증명하기 위해서 적극적으로 행동하는 것이다. 당신은 사소한 변화(말하자면, 집안 정리를 하는 것)를 택할 수도 있고 큰 변화(직장을 옮기는 것 같은)를 택할 수도 있다. 말하고자 하는 요지는 당신의 신념이 당신에게 말을 걸고 있는 동안 무기력하게 앉아 있어서는 안 된다는 것이다. 상처를 주는 신념에 대항하는 행동을 함으로써 그것에 행동적으로 맞설 수 있다.

자살 사고에서 자주 보이는 또 다른 신념은 '나는 더 이상 견딜 수가 없다'라는 것이다. 당신은 엘리스가 '나는 버틸 수가 없어' 유형이라고 불렀던 것 때문에 고통받는 많은 사람들 중 일부인가? 만일 이런 말들이 당신이 속으로 되뇌이는 말들 속에 늘 등장한다면, 당신이 상황을 '견딜' 수 있다는 것을 증명하기 위해서 의도적으로 무언가 함으로써 이 절망을 유발하는 신념을 공격할 수 있다. 식료품 매장에서 계산을 하려고 서 있는 줄 중에 사람들이 제일 길게 늘어선 쪽에 가서 기다려 본다거나, 길이 많이 막힐 때 운전을 하는 등의 가벼운 도전으로 시작해 볼 수 있다. 그리고 나서 당신의 삶에서 자연스럽게 발생하는 좀 더 중요한 도전을 할 수 있다. 만일 당신 아버지가 또 전쟁 이야기를 하는 것을 정말로 '못 참겠다' 고 생각한다면 아버지에게 전쟁 이야기를 해 달라고 부탁하라. 만일 다른 사람이 반박하는 것을 참을 수 없다고 생각한다면 아무 번호나 눌러서 전화를 하고 거기 재희(아무 이름이나) 있냐고 물어보라.

이 모든 좌절을 통해서 무엇을 얻으려는 것인가? 분명히 그 목적은 당신을 괴롭히려는 것이 아니라 당신이 상황을 견딜 수 없다는 잘못된 신념들을 제거하기 위한 것이다. 당신은 분명히 견딜 수 있다. 왜 이것이 중요한가? 왜냐하면 '나는 견딜 수 없다' 라는 생각은 자살 사고를 가진 사람에게 극도로 위험하기 때문이다. 자살 희생자들이 인생 경험을 하면서 진실—'나는 그게 싫어. 하지만 그걸 견딜 수 있다는 건 거의 확실하지.' —을 좀 더 자각했더라면 얼마나 많은 사람들이 오늘까지 살아 있을까 궁금해 해야 한다.

행동적으로 도전을 하는 연습을 할 역기능적 신념들을 여기에 조금 더 제시해 놓았다. 각각의 신념들에 대해서, 그 신념에 반박하기 위해 당신이 할 수 있는 일들이 얼마나 많은지 보라. 연습하는 과정에서 당신의 치료자나 믿을 만한 친구 또는 가족들을 개입시키는 것을 주저하지 말라.

- 나는 완벽해야 한다.
- 우울할 때는 아무것도 할 수 없다.
- 이런 느낌이 들 때는 술을 마셔야 한다.
- 자해를 하는 것이 기분이 나아지는 유일한 방법이다.
- 나는 나쁜 사람이다.

• 나는 외로움을 견딜 수 없다.

단주 모임에서 나온 오래된 경구가 있다. "당신이 지금 하고 있는 행동을 계속하면, 당신이 지금 받고 있는 것들을 계속 받을 것이다." 다른 말로 하면, 더 나은 삶을 사는 이득을 누리기 위해서는 다르게 행동하기 시작해야 한다는 것이다.

중요한 요점들

이 장의 결론을 내리기 전에, 우리가 앞서 기술한 많은 전략들 중 어떤 것을 선택하든 잘 해내는 데 도움을 줄 몇 가지 요점들을 고려해 보자.

매 순간을 자각하고 실행하기

자기변화 전략을 수행하는 데 가장 큰 도전거리는 용어나 기법을 배우는 것이 아니라, 당신 삶의 매시간마다, 매일마다, 매주마다 치료적 의제(agenda)를 기억하고 있는 것이다. 당신도 알다시피, 인생은 때때로 마음을 어지럽게 하는 일들을 던져놓곤 한다. 요구적인 직장 상사, 이성적인 것과는 거리가 먼 부모나 아이들, 자동차 타이어가 터지는 것, 치통 같은 것 말이다.

역설적이게도, 우리가 사고와 정서와 행동에 주의를 기울이기 가장 어려운 때가 바로 우리가 그것을 가장 필요로 할 때다. 스트레스를 받게 하는 사건들은 마음을 어지럽히는 역기능적인 사고를 촉발하는 데 탁월하기 때문에, 그러한 사건이 일어난 동안에 자조전략을 실행하는 방법에 대한 계획을 세우는 것이 매우 중요하다. 몇 가지 제안을 해 보자.

- 가능할 때마다 스트레스 사건을 예상하고, 해로운 방식보다는 도움이 되는 방식으로 자신에게 말하는 방법을 연습하라.
- 책이나 다른 소스에서 도움이 될 만한 구절을 찾아 색인 카드에 옮겨 적어라. 그리고 마음이 어지러울 때를 대비해서 그것을 가지고 다녀라.
- 거울이나 잘 보이는 다른 장소에 현재 작업하고 있는 주제에 대해 상기시켜 줄 수 있는 메모를 붙여 두어라.
- 변화시켜야 할 자신의 특성에 초점을 둔 자기치료 회기를 가지기 위해서 일정한 시간(적어도 일주일에 20분씩 3번)을 배정하라.
- 당신에게 중요한 영역에서 진전이 있었는지를 기록하는 일기를 써라. 그리고 당신이 나아지지 않는 것 같은 때에 참조하라.
- 필요하다면, 당신의 나머지 인생을 어떻게 보낼 것인지에 대한 계획을 세우라. 지금 당신의 이가 깨끗하다고 해서 이빨 닦는 것을 그만두어도 되는 것은 아니라는 점을 기억하라. 정서적인 안녕감도 다를 게 없다. 지속적인 관심과 주의가 필요하다.

만약 처음에 성공하지 못한다면…… 두 번째 'T'를 기억하라

이제 기억해 두어야 할 또 다른 중요한 것을 언급하기 위해 T.E.S.T 모델로 돌아가 보자. 두 번째 'T'를 잊지 말자. 다른 말로 하면, '시도(Try)'는 역기능적인 사고를 인지하고 변화시키는 과정에서 결정적인 요소다. 자기변화의 어려움을 과대평가함으로써 자신을 낙담시키지 않는 것도 중요한 일이지만 노력도 하지 않고 하루아침에 변화가 일어날 것이라고 잘못 생각하는 것도 자기 파괴적인 일이다.

우리는 처음 스키나 테니스를 배우는 사람에게 첫날부터 요령을 터득하지 못했다고 해서 포기하지 않도록 격려한다. 너무 낙담해 버리면 평생 즐겁게 즐길 수 있는 원천을 괜히 잃어버릴 수 있는 위험성이 있다. 물론, 이 책에서 얻는 이득은 단순히 어떤 운동에서 얻는 것보다 훨씬 크다. 왜냐하면 우리는 당신의 인생 그 자체에 대해 이야기하고 있기 때문이다. 이것은 또한 당신이 변하기 위한 노력을 지속해야 하는 중요한 이유가 된다. 어떤 전략들은 무척 간단해 보일지 모르지만 누구도 하루 아침에 능숙해지지는 못한다. 그러므로 자신이 잘 못할 것이라고 생각하지 말자. 가치가 있는 대부분의 일들이 그런 것처럼, 이득을 보기 위해서는 열심히 지속적으로 작업을 하는 것이 필요하다. 그리고 그 이득은 정말 노력할 가치가 있는 것이다.

요약

7장은 내용이 많아서, 가장 중요한 부분을 요약하여 제시하였다. 아직 명확하지 않은 부분이 있다면, 8장으로 넘어가기 전에 다시 읽어 볼 것을 권한다.

- T.E.S.T 모델은 역기능적인 사고를 확인하고 변화시켜서 기분이 나아지게 하는 단계적인 방법을 제공한다.
- 사고-감정-행동의 삼각형은 경험의 세 가지 측면들이 서로 영향을 주고받는다는 것을 보여 준다.

- 역기능적인 사고를 변화시키는 두 가지 통로가 있다: 인지 통로와 행동 통로가 그것이다.
- 인지적인 전략에는 세 가지 유형이 있다. 기능적 유형(어떤 점이 나아졌는가?) 논리적/경험주의적 유형(증거가 어디에 있는가?) 그리고 소크라테스식 질문(이것을 달리 볼 수 있는 방법이 있을까?)
- 사고와 정서는 또한 역기능적인 사고에 반대되는 행동을 함으로써 변화될 수 있다.
- 매순간 자기를 돕는 것이 중요하다는 것을 자각하고 있어야 하고 자기변화과정에 꾸준한 노력을 기울여야 한다.

chapter 8

4단계: 대처를 통해 기분 좋아지기 (때로는 타협도 괜찮다)

3장에서 우리는 정서적인 혼란의 A-B-C 모델을 제시하였다. 7장에서 살펴보았듯이, B(사건에 대한 신념과 스스로에게 말하는 것)를 바꾸는 것은 기분이 좋아지게 하는 강력한 수단이다. 그러나 신념을 바꾸는 것이 혼란감과 자살 충동을 극복할 수 있는 유일한 방법은 아니다. 사람의 정서와 행동을 이해하기 위한 세 가지 요소(선행사건, Activating events/신념, Beliefs/정서적 그리고 행동적 결과, emotional and behavioral Consequences)가 있듯이, 기분이 더 나아지게 하기 위해 변화시킬 수 있는 세 가지 영역이 있다. 이것은 〈표 8-1〉에 나열되어 있다.

예를 들어, 당신이 방금 어머니처럼 인생에서 중요한 사람과 어떤 불쾌한 대화를 하고 전화를 끊었다고 상상해 보자. 시간이 지나면서 어머니께 '충분히 잘' 대해 드리지 못했다는 점 때문에 마음이 점점 복잡해진다. 그러면서 자신이 계속 살아야 할 '충분히 좋은' 이유가 있는지에 대해 의문을 품기 시작한다. 당신은 기분이 나아지게 하기 위해서 다음 세 가지 범주 중에서 어떤 것을 선택할 것인가?

- **A(선행사건, Activating events)를 변화시킨다:** 어머니에게 비난을 좀 줄여 달라고 부탁함으로써 당신의 삶을 힘들게 만드는 상황을 변화시키려고 시도할 수 있다. 여기서 실패하면, 어머니와 전화로 대화하는 빈도를 줄이거나 아예 안 할 수도 있다.
- **B(신념, Beliefs)를 변화시킨다:** '어머니 스트레스'를 없애 버리려고 노력하는 대신에, 내가 괜찮은 사람이라는 데 어머니의 승인이 필요한 것은 아니며, 어머니의 비판적인 태도는 내 문제가 아니라 어머니의 문제라고 생각함으로써, 어머니의 행동을 해석하는 방식을 바꾸는 작업을 할 수 있다.
- **C(정서적 그리고 행동적 결과, emotional and behavioral Consequences)를 변화시킨다:** 마지막으로 상황이나 신념은 그냥 두고, 적절한 스트레스 관리 훈련이나 감정조절 연습을 하는 것이다. 마음을 불편하게 만든 이 일에서 벗어나기 위해, 당신을 받아주는 누군가에게 전화를 할 수 있다. 또는 욕조에 몸을 담그고 조용한 음악을 듣거나 집에서 나와 평소에 좋아하던 일을 할 수도 있다.

이 장은 'C를 변화시키는 것'에 관한 것인데, 이것을 때로 타협(accommodation)이라고 부른다. 타협을 하면, 당신 자신이나 상황에 커다란, 지속적인 변화를 주지 않고도 기분이 나아지게 할 수 있다. 우리는 일반적으로 C를 변화시키는 것보다는 A나 B를 변화시키는 것을 권고하는데, 그 이유는 음악을 듣거나 베개를 내려치는 등의 완화요법은 일시적인 '땜질'에 머무는 경향이 있기 때

표 8-1 변화의 A-B-C

	A (상황)	B (그 상황에 대해 무슨 생각을 하는가)	C (어떻게 반응하는가)
변화전략	상황을 변화시키기	상황에 대한 해석을 변화시키기	자신의 반응을 잘 처리하기(타협)
변화전략의 예	다른 사람에게 그들의 행동을 바꾸라고 요청하기	좀 더 효과적인 자기대화법 배우기	마음이 복잡할 때 특별히 자신을 잘 보살피기
	직업 바꾸기	사고의 오류를 탐색하고 바꾸기	효과적인 스트레스 조절기술 배우기
	새 친구 만나기	비합리적인 신념을 탐색하고 바꾸기	당신과 감정을 나눌 수 있는 지지적인 사람 만나기
	좀 더 좋은 문제 해결 기술 배우기		스스로 마음을 푸는 연습하기

문이다. 어떤 상황(당신이 신체적으로나 정서적으로 학대를 당한 경우 같은)에서는 타협이 좋은 선택이 아닐 수 있다. 그러나 지혜롭게만 사용한다면 타협은 대처 레퍼토리에서 가치 있는 것이 될 수 있다.

여기서 지지를 구하기, 다른 곳에 신경 쓰기, 이완 그리고 여가 활동 등 네 가지 유형의 적응에 대해 논의할 것이다.

지지를 구하기

'당신 편' 이 되어 주는 사람으로부터 지지를 받는 것보다 더 기분을 좋아지게 만드는 것은 없다. 하지만 당신이 몹시 괴로울 때,

이것은 당신이 생각할 수 있는 목록의 제일 아랫부분에 자리 잡고 있을 수 있다. 치료는 일반적으로 A나 B에서 변화를 주는 것을 추구하는 데 반해, 주로 지지는 사람들이 갈등상황에서 혼자가 아니라고 느끼도록 돕는 것을 목표로 한다. 급성 환자를 주로 다루는 정신과 병동에서 입원환자들과 작업을 한 경험을 통해 알게 된 것은 "어떤 점이 도움이 되었습니까?"라고 환자들에게 물었을 때 지금까지 가장 일반적인 대답이 "내가 혼자가 아니라는 것과 나만 이런 식으로 느끼는 게 아니라는 것을 알게 된 것이었습니다."라는 것이었다.

경험을 공유한다는 느낌에 덧붙여, 지지는 브레인스토밍을 가능하게 해 준다. 이런 식의 문제 해결은 당신이 혼자서 속으로만 고민하고 있을 때에는 불가능하다. 브레인스토밍의 한 가지 유형은 둘이나 그 이상의 사람들이 모여서 자기 머릿속에 떠오르는 문제 해결책을, 그것이 얼마나 현실적이고 얼마나 실현 가능한지를 떠나서 그대로 이야기하는 것이다. 이후에 각각의 아이디어에 대해서 장, 단점을 검토해 본다. 이 과정은 보통 혼자서는 결코 생각해 내지 못할 아이디어들을 떠올리게 한다. 왜냐하면 한 사람에게서 나온 아이디어가 다른 사람들이 그 이상의 아이디어를 내도록 자극하기 때문이다. 옛말에 "백지장도 맞들면 낫다."라는 말이 있다.

당신은 여러 방식으로, 그리고 여러 다른 곳으로부터 지지를 얻을 수 있다. 그러나 당신이 찾으려고도 하지 않았는데 저절로 오는 것은 아니다. 당신은 든든한 친구—언제나 당신 곁에 서 있는 사람—에게 전화를 할 수 있다. 한동안 연락 없이 지내던 사람에게 연락을 하는 것도 좋다. 또한 어떤 지지의 근원은 별로 눈에 띄지 않을 수도 있다는 것을 기억하라. 목사나 신부, 의사, 나이가 지긋한 이웃이나 미용사 등이 여기에 해당된다. 게다가 응급전화 같은 것도 있다. 이것은 언제나 24시간 이용 가능한 자원이므로 자살의 문턱에서만 이것을 이용할 필요는 없다.

당신이 지지를 구하려고 할 때, 당신에게 떠오르는 생각들을 민감하게 주시하는 것이 중요하다. 다음의 생각들을 살펴보자.

> 다른 사람에게 부담이 되고 싶지 않다.
> 그는 너무 바빠서 나와 이야기할 시간이 없을 것이다.
> 내가 지지를 바란다고 하면, 나를 약한 사람이라고 볼 것이다.
> 어쩌면 별로 도움이 되지 않을지도 모른다.

당신이 이러한 생각을 가지고 있다면 그 생각을 강하게 물리쳐야 한다. 당신이 관심을 가지고 있는 어떤 사람이 당신과 이야기하고 싶지만, 당신이 너무 바쁠 거라고 생각한다거나 도움을 청하면 자기를 한심하게 볼 거라고 믿고 있다고 가정해 보자. 당신은 어떤 말이나 생각을 할 것 같은가? 당신은 아마도 그가 왜 그런 이상한 생각을 하게 되었는지 의아해 할 것이고, 그에게 '친구 좋다는 게 뭔가' 라며 안심시키려 할 것이다. 어려울 때 지지를 해주지 못한다면 우정이 좋다는 게 뭐란 말인가.

사람들이 남들을 도울 때 자기 자신들에게도 역시 도움이 된다는 것을 고려해 보면, 다른 사람들에게 '부담' 을 주는 것에 대한 당신의 걱정을 좀 줄여도 될 것이다. 모든 자조운동은 이 원리에 상당 부분 기반을 두고 있다. 단주 모임에서 자살응급전화까지 다른 사람들을 돕기 위해 애쓰는 사람들은 그들의 노력이 누군가에게 도움이 되었다는 것을 알게 되면 굉장한 충족감을 느낀다고 한다. 더 나아가, 당신이 다른 사람들에게 당신의 어려움을 이야기했을 때, 그들도 당신과 비슷한 경험을 했거나 비슷한 느낌에 빠진 적이 있었다는 이야기를 해서 당신을 놀라게 할지도 모른다. 따라서 모두에게 도움이 되는 것이다. 다른 사람들로부터 지지를 구하는 것은 분명히, 단지 흐느껴 울 수 있는 어깨를 찾는 것 이상이다.

감정의 발산

인간의 정서는 종종 주전자에 비유할 수 있다. 주전자가 가열되면 압력이 생기기 시작하는데, 증기를 빼 주면 폭발이 일어나는 것을 막을 수 있다. 감정의 발산(치료 장면에서는 정화(catharsis)라고 한다)이 도움이 될 수 있다. 하지만 사람이라는 존재가 주전자보다는 훨씬 복잡하다는 것을 이해하는 것이 중요하다.

첫째, 감정을 발산(발산이라는 말은 일반적으로 분노와 관련되어 사용되는데 이것은 슬픔이나 불안에도 마찬가지로 적용될 수 있다)하는데, 도움이 되는 방식과 그렇지 못한 방식이 있다. 배우자나 상사에게 고함을 치는 것은 도움이 되는 경우가 거의 없다. 왜냐하면 상대방이 거의 항상 방어를 하는 데다, 보복할 필요가 있다고 생각하기 때문이다. 이것은 도움이 되기보다는 해로운 결과를 낳는다. 그러나 좀 비논리적이긴 해도 마음으로부터 나오는 통렬한 비난의 말을 빨간 펜으로 종이에 쓰고 그것을 갈기갈기 찢어버리는 것은 어떤 특별한 해도 끼치지 않고 마음을 풀어 버릴 수 있게 해준다. 이것은 또한 마음을 가라앉히고 상황에 접근하는 가장 지혜로운 방법이 무엇인지 생각할 시간을 줄 수 있다.

둘째, 어떤 경우에 발산은 당신의 기분을 더 나빠지게 할 수도 있다. 일반적인 오해에 대해 이야기하자면, 분노를 다루는 가장 좋은 방법이 차에서 소리를 지르거나 베갯속이 터지도록 내려치는 등의 방법으로, '털어 놓는 것' 이라는 것이다. 그러나 캐럴 태브리스(Carol Tavris)의 주요 저서인 『분노: 그 감정에 관한 오해(Anger: The Misunderstood Emotions)』에서 지적한 대로 표출은 자신의 발등을 내리찍는 방법일 뿐이다. 과학적인 연구에 따르면, 상식적으로 알고 있는 것과는 반대로, 발산은 분노감정을 줄이는 데 별로 기여 하지 못한다고 한다. 사실 종종 정반대의 영향을 미치기도 하는데, 분노한 사람이 더 심한 자기 정당화를 하게 하고 희생자라는 느낌을 받게 만들기도 한다.

발산이 언제나 나쁜 것이라고 말하려는 것은 아니다. 대부분의 사람들은 잘 울고 나면 기분이 좋아지는 경험을 한 적이 있을 것이다. 마찬가지로, 베개에다 대고 소리를 지르는 것이 긴장을 감소시키는 데 중대한 기여를 할 수 있다. 중요한 것은 어떤 것이 당신에게 효과가 있는지에 주의를 기울이는 것이다. 만일 울고 나서도 기분이 더 나아지지 않는다면 이것은 당신의 표준 대처 레퍼토리의 일부로 넣지 말아야 한다. 종이에 적는 것으로 감정을 퍼붓는 것이 당신에게 도움이 된다면, 종이를 잔뜩 사다 놓는 것이 가치 있는 투자일 수 있을 것이다. 확실히 해야 할 것은 발산이, 화가 나면 나오는 자동적인 반응이기보다는 선택해서 하는 것이어야 한다는 점이다. 이 방법이 당신에게 효과적인 것 같지 않다면 다른 대처방법들을 살펴보고 싶을지 모른다. 다음에 몇 가지를 설명해 놓았다.

당신에게 유리한 것으로 주의를 분산시키기

문제: 텔레비전 프로그램, 컴퓨터 게임, '바쁘게 지내기', 쇼핑, 축구경기의 공통점은 무엇일까? 정답: 이것들은 모두 수만 명의 사람들이 일상생활의 스트레스나 문제들을 피해 주의를 분산시키는 데 사용하는 매우 효과적인 방법이라는 것이다.

사람들이 얼마나 많은 시간과 돈과 에너지를 겉보기에 의미 없는 일에 쏟아붓고 있는지를 고려해 보면, 이것들이 바보 같은 시간낭비라고 결론을 내리기 쉬울 것이다. 그러나 보통 사람들이 그에게 주어진 하루하루를 어떻게 대처하며 살아야 하는지 보자. 테러리즘의 위험이 증가하고 있다는 뉴스, 환경적인 재앙이 일어날 것이라는 기사, 핵폐기물이 오존층에 구멍을 만들었다는 이야기, 에이즈, 구멍 난 타이어, 시끄럽게 울어대는 아이, 지하실에서 새는 물, 회사의 감원, 생활비의 급증……. 이러한 목록은 끝도 없이 이어진다. 건강한 사람(건강하게 살고 싶은 사람)이 생활이 요구하는 압력으로부터 일시적으로 피하고자 하는 마음이 드는 것은 당연한 것이다. 물론 조만간 문제를 해결할 필요가 있다는 것을 인식하면서, 폭풍으로부터 일시적인 피난처를 찾는 것은 충분히 있을 수 있는 일이다.

정말로, 이것은 우리의 삶에서 평균의 법칙(두 개의 양 극단 사이에 있는 바람직한 중간 지점 어딘가를 선택하는 것)이 더욱 의미를 가지는 곳 중 하나다. 우리는 모래 속에 머리만 숨기고 있는 타조의 비유가 무슨 뜻인지 알고 있다. 주의를 분산시키는 것을 습관적인 문제해결 스타일로 이용하는 것(예를 들어, 정말로 상사와 의논해야 할 문제가 있을 때, 컴퓨터 게임을 하는 것)은 더 큰 문제를 야기할 수 있다. 마찬가지로, 스트레스를 받는 동안, 잠깐 한숨 돌리기 위해 주의분산을 하지 못하는 것도 당신을 어떤 문제도 해결할 수 없을 지경에 이르기까지 지치게 만들 수 있다.

과거에 당신이 경험했던, 자살 위기 같은 정서적인 흥분에 대해 잠시 생각해 보자. 상황을 좀 진정시키는 방법으로서 약간의 건강한 주의분산을 사용하면 도움이 될 것 같은가? 어떤 활동이 도움이 될까? 환자들이 이야기했던 몇 가지 주의분산 방법들을 제시해 놓았다.

집안일을 하면서 바쁘게 보내기
비디오를 빌려 팝콘을 먹으며 보기
음악을 크게 틀어 놓고 듣기
쇼핑하러 가기
게임방에 게임하러 가기
과자나 빵 굽기
교회 가기
자신이나 친구를 위해 저녁식사 준비하기
동네 음식점에서 서빙하기
정원에서 일하기
재미있는 소설책 보기
낮잠 자기
볼링 치러 가기
교외로 드라이브 가기
미루어 두었던 일 하기

물론, 목록은 이외에도 끝없이 만들어 낼 수 있으며 당신이 좋아하는 것이 무엇인지와 상황이 어떤지에 달려 있다. 그러나 단순히 어떤 활동이 효과적인 주의분산에 기여하는 것은 아니라는 점을 자각해야 한다. 여기에서 초점은 심각한 잠재적인 자살 위기의 한복판에서 당신이 자신을 위해 무엇을 할 수 있는가이다. 효과적인 주의분산 방법이 되기 위해서는, 활동이 다음 특성을 갖추어야 한다.

1. 즐길 만한 것이어야 한다.
2. 혼란스런 마음과 반대되는 감정을 유발해야 한다(예를 들면, 만약 당신이 화가 났을 때에는 헤비메탈 음악을 듣거나 〈내추럴 본 킬러(Natural Born Killer)〉와 같은 영화를 보지 마라).
3. 깊이 있게 관련되어야 한다(양말 서랍을 정리하는 것은 심각한 삶의 혼란에서 당신의 주의를 분산시키지 못할 것이다).
4. 대부분의 경우 다른 사람과 관련되어야 한다.
5. 장기적으로 보았을 때 부정적 결과가 있어서는 안 된다.

목록 중에서 마지막 사항이 특히 중요하다. 단기적으로 기분전환에 아무리 효과적인 것이어도 장기적으로 그 대가를 치러야 하는 것이라면 적절하지 않다. 그런 주의분산의 예로, 술을 마시는 것, 약물을 과다하게 복용하는 것, 지불할 수 있는 능력 이상으로 쇼핑을 하는 것, 안전하지 못한 성관계를 하는 것, 충동에 휩싸이는 것, 과도한 위험을 무릅쓰는 것(위험하게 운전하는 것 같은) 등이 있다. 부정적인 부작용이 없는 대안들을 이용할 수 있을 때 그런 높은 위험을 감수하며, 일시적인 위안을 구하는 것은 현명하지 못하다.

우리는 당신이 지금 당장 주의분산의 목록을 만들어 볼 것을 제안한다. 당신이 현재 사용하는 것과 당신에게 가능한 것을 모두 만들어 보라. 그리고 위에 제시된 각각의 기준에 비추어 주의분산의 항목들을 평정해 보라(평정척도를 1점에서 5점까지로 잡고 1점은 기준에 비추어 적합하지 않은 것으로, 5점은 아주 적합한 것으로 점수를 줄 수 있다). 이렇게 하면 부작용이 더 큰 활동들을 솎아 낼 수 있는 기회를 가질 수 있으며, 인생에 긍정적인 효과를 줄 수 있는 새로운 항목을 추가할 수 있다.

이완: 실제로 하는 것은 말처럼 쉽지 않다

1950년대에, 선구적인 행동주의 연구자인 조지프 월페(Joseph Wolpe)는 명백한 사실을 관찰하고 그것을 행동치료의 핵심 중 하나가 되도록 하였다. 그가 관찰한 것은 불안한 동시에 이완되는 것은 불가능하다는 것이었다. 따라서 이완훈련은 대부분의 치료자들의 치료 레퍼토리에서 주요한 부분을 차지하게 되었다.

처음에 많은 사람들이 이완훈련을 보고 숨쉬기에 훈련이 필요하지 않은 것처럼, 이완도 훈련이 필요하지 않은 것으로 간주했다. 이완이 되길 원한다면 그냥 앉아서 발을 편안히 뻗고 쉬면 되는 거 아닌가? 아니다. 우리 모두는 이완할 수 있는 능력을 가지고 태어났다고 주장할 수도 있겠지만, 많은 성인들이 어느 시점에서인가 이 기술을 잃어버린 것이 분명하다. 많은 우리 환자들(그리고 많은 비환자들도!)이 이완해 보려고 애를 써 보아도 이완하기가 불가능했다고 말했다. 비록 이완이 복잡한 기술이긴 해도, 좋은 소식은 이것이 학습 가능하다는 것과 연습을 통해 향상될 수 있는 기술이라는 점이다.

이완을 하는 많은 방법들이 있으며, 연구에 따르면 어떤 한 방법이 다른 것보다 더 우수하다고 말할 수 없다고 한다. 신체적인 운동을 하는 방법(체조, 테니스, 조깅 등)이 많이 있는 것처럼 여러 가지 중에서 당신에게 가장 효과적인 이완방법을 선택할 수 있다. 우리는 당신에게 세 가지 기본적인 유형의 이완방법을 제시할 것이다. 점진적인 근육이완, 심상, 지각 명상이 그것이다. 대부분의 사람들이 이 기법을 효과적으로 사용하기 위해서는 한번 훑어보는 것 이상의 노력이 필요하다는 점을 인지하기 바란다. 그러므로 각 부분의 끝에 좀 더 공부할 만한 책들을 추천할 것이다.

점진적인 근육이완

어느 날 당신의 신체가 당신이 알아차리지 못한 어떤 것을 하고 있다는 것에 주목해 본 적이 있는가? 아마도 강의를 들으며 자리에 앉아 있을 때 다리를 부들부들 떨고 있는 것을 발견한 적이 있을지도 모른다. 또는 텔레비전 뉴스를 보면서 이를 악물고 주먹을 쥐고 있었다거나, 길이 많이 막히는 도로 한복판에서 운전대를 꽉 쥐고 있을 때 위장에 긴장을 느꼈을 수도 있다. 또는 스트레스를 많이 받은 날, 머리와 목과 어깨가 갑자기 아파 오는 것을 경험했을 수도 있다.

이런 모든 경험들은 공통점을 가지고 있는데, 우리가 자각하지 못하는 사이에 근육이 조여지는 것이라는 점이다. 당신의 신체는 통제가 불가능한가? 아니다. 왜냐하면 이것들은 모두 수의근(隨意筋)이기 때문이다. 그러나 당신이 때로 어떤 생각, 감정, 행동을 자각하지 못하는 것과 마찬가지로 당신의 근육이 하는 일을 모를 수도 있다. 당신은 근육과 의식적인 마음 사이의 의사소통 통로를 재개통할 필요가 있으며, 이것이 점진적인 근육이완(PMR: Progressive

Muscle Relaxation)의 목적이다.

다음은 PMR에 관한 짧은 예다. 운동을 하는 동안에 이것을 읽으려고 하는 것은 적합하지 않으므로 다음의 내용을 천천히 읽은 것을 녹음하여 운동하는 동안 재생하여 듣는 방법을 사용할 수 있다. 운동을 시작하기 전에, 전화가 울리지 않게 해 놓고 다른 사람들이 방해하지 않도록 부탁을 하는 것이 필요하다.

의자나 침대에 편안하게 앉아서 시작하라. 너무 꽉 조이는 옷은 느슨하게 하라. 눈을 감고 지금은 당신 자신을 돌보는 특별한 시간이며, 성급하게 하지 않을 것이라는 것을 기억한다. 깊이 숨을 들이마시고 잠시 머물러 보자. 당신의 가슴과 배에서 느껴지는 긴장에 주의해 보자. 이제 천천히 숨을 내쉬고 호흡이 정상으로 돌아가도록 한다. 긴장상태와 이완상태 사이의 차이점에 주목하라. 목표는 당신의 전신을 긴장의 상태에서 이완의 상태로 옮겨 가도록 하는 것이다. 또다시 깊이 숨을 들이쉬고, 잠시 머물고, 내쉬어 보자. 이제 당신의 호흡을 변화시키려고 하지 말고 잠시 거기에 주목해 보라.

다음으로, 근육긴장을 알아보기 위해 몸 전체를 살펴보자. 한번에 한 무리의 근육씩, 머리끝에서 발끝까지 내려간다. 각각의 근육에 대해서 그 위치에 대한 자각을 증가시키기 위해서 근육을 구부려 보거나 힘을 주어 볼 수 있다. 두피와 이마의 근육부터 시작하라. 눈썹을 치켜 올렸다가 내리고 다시 긴장과 이완상태 사이의 차이에 주목하라. 다음으로, 스트레스와 긴장을 받을 때 보통 집중되는 턱 근육으로 주의를 옮겨 보라. 이 크고 강력한 근육을 느슨하게 하기 위해 입을 벌렸다가 닫아도 된다. 다음으로 목 근육으로 초점을 옮기고 긴장을 풀기 위해 머리를 한쪽에서 다른 쪽으로 돌려보라. 이제 어깨 근육을 자각해 보라. 어깨를 움츠리고 이완하는 것을 돕기 위해 앞쪽으로 그리고 뒤쪽으로 어깨를 웅크려 볼 수 있다. 좀 더 이완이 되도록 잠시 어깨를 축 늘어뜨려 보라. 다음으로, 팔을 거쳐 손으로 주의를 옮겨 보라. 근육을 자각하기 위해 손과 팔에 긴장을 유발해 보라. 그러고 나서 손과 팔을 침대나 무릎에 내려 놓아라. 그리고 시간이 경과됨에 따라 점차 이완이 되는지 주목하라.

이제 초점을 위장의 근육에 두어 보자. 위장이 부드럽고 편안하게 느끼도록 하고, 숨을 쉼에 따라 올라가고 내려가는 것에 주목해 보라. 원하는 만큼 시간을 가지고 호흡에 주목하라. 다음으로 천천히 다리와 발에 주의를 기울여 보자. 이들 근육에 어떤 긴장을 느끼고 있다면 풀어지게 하라. 다리가 점점 이완됨에 따라 당신의 다리가 기분 좋게 무거워지는 것을 상상해 보라.

이 증가된 이완의 수준을 경험하기 위해 적어도 5분 이상 더 머물러 보라. 문제가 되는 지점의 근육을 간헐적으로 다시 살펴보고 거기에 긴장이 느껴진다면 긴장이 사라지도록 하라. 다시 주의를 호흡으로 돌려라. 만일 원하는 만큼 이완이 되지 않아서 좌절을 느낀다면, 당신은 이제 시작한 지 얼마 되지 않았고 당신의 근육을 어떻게 이완시키는지를 알 수 있는 시간과 연습이 필요하다는 것을 상기시켜 보라. 이 연습을 마칠 준비가 되었다면 그날의 나

* 더 공부하기를 원한다면 다음 서적을 참조할 것: *The Relaxation Response,* by Herbert Benson(Avon Press); *The Relaxation and Stress Reduction Workbook*, by Martha Davis, Elizabeth Eshelman, and Matthew McKay(New Harbinger Publication).

머지 동안 이 이완된 느낌을 담아둘 수 있다는 것을 상기하고 천천히 눈을 뜨라.

심상

상상력이 풍부하다면 심상을 통해 대처하는 데 도움을 받을 수 있을 것이다. 심상기법은 단독으로 혹은 점진적 근육이완과 함께, 현재의 생활 스트레스로부터 주의를 분산시키기 위해 그리고 신체적인 이완을 유발하기 위해 사용할 수 있다. 점진적 근육이완과 마찬가지로 일정한 시간을 정해 방해받지 않도록 준비하라. 그러고 나서 시간을 좀 들여서 이완과 고요한 장면에 관한 정신적인 심상을 선택하라. 휴가 동안이나 추운 겨울밤 침대 속에서 느끼는 아늑함처럼 이것은 당신이 특별히 안전하고 평화롭다고 느꼈던 과거의 어떤 시점일 수 있다. 또는 원한다면 당신이 영화감독이 되어 특정한 장면을 만들어 낼 수도 있다.

어떤 장면을 떠올렸다면, 가능한 한 정교하게 만들어 보라. 거기에 누가(누군가 있다면) 있는가? 얼마나 많은 대상들을 분명하게 그려 낼 수 있는가? 날씨는 어떠한가? 시각에 덧붙여서 얼마나 많은 감각들을 사용할 수 있는지 보자. 만일 당신이 바닷가에 있다면 따스한 햇볕을 피부로 느낄 수 있는가? 바다의 짠 내음을 맡을 수 있는가? 파도치는 소리를 들을 수 있는가? 상상력을 어떻게 이용하는가는 당신의 창의력에 의해 제한을 받을 뿐이다. 예를 들어, 고요한 호수 위의 공기 침대에 누워 있는 것을 상상함으로써 심상을 시작할 수 있다. 그러다 공기 침대가 구름으로 변해 당신은 편안하게 떠다니며 공기보다 더 가벼운 느낌을 받는다. 미래의 어떤 시점에 있는 자신을 시각화하는 연습을 할 수도 있다. 점진적 근육이완과 마찬가지로 연습을 통해 상상하는 기술을 증가시킬 수 있다.

* 더 공부하기를 원한다면 다음 서적을 참조할 것: *In The Mind's Eye: The Power of Imagery for Personal Enrichment*, by Arnold Lazarus(Guilford Press).

지각 명상[1)]

많은 사람들이 명상이라고 하면 저 먼 곳에서 하는 신비스러운 의식이라는 이미지나 이상하고 독특한 사람들이 뭔가를 읊조리는 것을 떠올리지만, 실제 명상은 꽤 단순한 훈련이며 임상가들과 연구자들이 그 진가를 인정하고 있다. 지각 명상(Mindfulness Meditation)은 수천 년 전으로 거슬러 올라가며, 매사추세츠 대학병원의 존 캐밧-진(Jon Kabat-Zinn) 박사가 많은 사람들에게 이를 소개하였다. 그는 상당히 동양적인 이 기법이 만성 통증, 스트레스 장애, 공황장애와 만성질환에 효과적임을 보여 주기 위해 서양의 방식으로 이것을 사용하였다. 그는 또한 이 기법을 교도소 재소자들과 프로 운동선수들에게도 사용하였다.

그 이름이 암시하는 것처럼, 지각 명상의 핵심은 '주의를 기울이는 것' 이다. 다른 방법들과 마찬가지로, 이것은 규칙적으로 연습을 하기 위해 시간을 따로 내는 것이 필요하다. 다른 방법들과는 달리, 이 방법의 목표는 당신의 신체와 마음이 무엇을 하고 있는지에

1) 역자 주: 특수한 단어나 소리에 정신을 집중하고 다른 잡념을 무시하는 기존의 초월 명상(transcendental meditation)과는 달리, 지각 명상은 명상 도중에 딴 생각이나 감정이 생기더라도 그걸 배척하기보다는 오히려 정신을 집중함(이인석의 『제2의 창세기』 참조)

좀 더 주의를 기울이는 것인 만큼 이완에 비중을 두지 않는다. 그런데 결과는 종종 (늘 그런 것은 아니지만) 깊은 이완을 유발한다.

지각(mindfulness)을 연습하는 방법은 많이 있는데 명상을 하는 동안에 할 수도 있고 하루를 지내면서 할 수도 있다. 예를 들어, 당신이 아침 식사하는 동안에 책을 읽거나 텔레비전을 보거나 그날 뭘 할까 생각하고 있으면, 음식의 맛을 거의 느끼지 못한다는 것에 주목해 본 적이 있는가? 주의 깊게 아침식사를 한다는 의미는 그 순간에 당신이 하고 있는 것에 주의를 기울이는 것이며, 국의 맛을 느끼고 반찬을 씹는 소리를 들으며 냄새를 맡는 것 등에 주목하는 것을 말한다. 이 같은 원리가 다른 사람과의 대화에 주의 깊게 참여하는 데도 적용된다.

지각 명상은 주의 깊음을 연습하는 것이다. 연습하는 방법은 많이 있지만 시작하기 좋은 곳이 숨쉬기 명상이다. 의자나 바닥에 편안하게 앉아서 눈을 감고 편안하게 숨을 따라가 보기 시작하라. 아무것도 바꿀 필요 없다. 단지 당신의 호흡에 어떤 일이 벌어지고 있는지에 주목하라. 이것을 하는 동안 몇 가지 일들을 발견하기 시작할 것이다. 그 한 가지는 당신이 단지 호흡에만 주목하는 활동에서 벗어난 생각들을 발견하기 시작한다는 것이다. 이런 생각들은 문제나, 저녁식사 또는 명상을 하는 동안 당신이 얼마나 잘하고 있는가 같은 것일 수 있다. 또는 당신의 신체에 관한 어떤 것, 예를 들면, 위장에 긴장을 느낀다거나 발가락이 따끔거리는 것 같이 신체에 느껴지는 어떤 것에 주목할 수 있다. 당신은 또한 평안함에서 조바심에 이르기까지 다양한 감정에 주목할 수 있는데 이들 중 어떤 것은 다른 생각('이건 너무 한심해. 나는 바쁘게 뭔가 할 필요가 있어.' 같은 생각)을 촉발하는 것일 수 있다. 다시, 이것이 단지 생각(사실이 아니라)이라는 것을 인식하고 부드럽게 호흡으로 주의를 돌리면 된다. 몇 분간 연습하는 것으로 시작해서 점차적으로 시간을 반 시간이나 그 이상으로 확장하도록 하라. 언제나처럼 연습과 꾸준함이 핵심이다.

* 더 공부하기를 원한다면 다음 서적을 참조할 것: *Whenever You Go, There You are*, by Jon Kabat-Zinn(Delacorte Press)

요약하면, 이완방법에는 여러 가지 공통점이 있다.

1. 중요한 공통점은 주의에 초점을 맞추는 동안 신체적(그리고 정서적) 각성을 낮추는 것이다.
2. 처음에는 모든 것이 낯설게 느껴질 수 있다. 당신이 선택한 방법을 고수하는 것이 중요하며, 한동안 자신이 초보자라는 것을 참을 수 있을 때만 이것을 할 수 있는 것이다.
3. 이 모든 기법들이 스트레스 상황에서 사용될 수 있는 것이지만, 매일 연습을 할 때 가장 효과를 볼 수 있다(화재대피훈련을 연습하기 위해 불이 날 때까지 기다린다는 것은 말이 되지 않는다). 연습한 것을 꾸준히 기록해 두면 성공할 가능성이 상당히 높아질 것이다.
4. 얼핏 간단해 보이지만, 이 기법들은 말처럼 쉽지 않다. 대부분의 사람들이 피아노를 배울 때 레슨이 필요한 것처럼, 혼자 하는 것보다 지도해 주는 사람이 있을 때 훨씬 더 많이 배운다.

즐거움과 여가생활: 당신은 이제 권한이 있다

좋은 정신건강의 비밀은 '사랑과 일'이라는 지그문트 프로이트(Sigmund Freud)의 말은 심리학의 역사에서 가장 유명한 말 중의 하나다. 그러나 이 위대한 학자가 정신건강 영역의 중요한 요소를 한 가지 빠뜨렸다는 주장이 점차 대두되고 있다. 그것이 바로 놀이(play)다. 누군가 "일만 하고 놀 줄 모르는 사람은 바보다."라고 했는데 그는 이미 이것을 알고 있는 것이다. 그러니 연구자들은 이제야 사람이 바보가 되는 게 걱정이 아니라, 재미있게 즐길 수 있는 시간을 가지지 못하면 병이 든다는 결과들을 보여 주기 시작했다.

유명한 심리학자인 로버트 오른슈타인(Robert Ornstein)과 의사인 데이비드 소벨(David Sobel)은 그들의 최근 저작인 『건강한 즐거움 Healthy Pleasure』에서 근대 산업사회가 '생산적'인 것 또는 결과물을 생산해 내기 위해 사용한 시간만이 타당하다는 확신을 강요하는 직업윤리를 양산했다고 주장했다. 정원의 잔디를 깎거나 옷장을 정리하고 나서 얼마나 기분이 좋았는지, 또 늘어져 쉬려고 하면 얼마나 죄책감을 느끼는지에 주목해 본 적이 있는가? 빈둥거리면서 몇 분 동안 또는 몇 시간 동안 있으려고 하면, 그것을 망쳐 버리는 생각들을 만나게 된다. 그 생각들이란 '내가 시간을 낭비하고 있네. 뭔가 생산적인 일을 해야 해. 할 일이 얼마나 많은데, 여기 앉아서 잡담이나 하고(또는 TV나 보고) 있다니' 같은 것이다.

오른슈타인과 소벨은 즐거움을 추구하느라 시간을 사용하는 것은 시간낭비라는 생각을 없애기 위해 과학적인 근거를 제시하였다. 그 증거는 즐거운 경험이 건강하게 사는 데 핵심적인 부분이라는 것을 보여 주었다. 예를 들어, 조지 베일런(George Vaillant)은 그의 저서 『생활에의 적응(Adaptation to Life)』에서 사람들이 기대하는 것과는 반대로, 최고의 자리에 오른 경영자들은 대부분 휴가를 즐겼다고 하였다. 오른슈타인과 소벨은 좋은 음식, 아름다운 풍경, 상쾌한 향기, 마사지 같이 느낌을 탐닉하는 것이 몸과 마음(그리고 면역체계)에 긍정적인 영향을 주는 것 같다고 하였다. 다른 말로 하면 즐거움을 추구하는 것이 건강에 좋은 음식을 먹고 적절한 운동을 하는 것과 마찬가지로 건강에 중요한 요소라는 것이다.

그런데 이제 당신에게 즐거운 경험을 추구할 '권한'이 있다는 것이 타협과 무슨 관련이 있을까? 그 대답은 당신이 혼란스러움과 자살 사고를 다루기 위한 자원의 하나로 주의 분산과 이완에 덧붙여, 즐거움도 고려할 수 있다는 것이다.

스스로에게 '친한 친구가 너무나 속이 상해서 인생이 살 만한 가치가 있는가 의심스럽다고 할 때, 내가 그를 위해 무엇을 할 수 있을까?' 라고 질문한다고 해 보자. 아마 당신은 그 친구에게 잘해 주는 것이라고 대답할 것이다. 당신은 그에게 저녁식사를 대접하거나 위로의 말을 해 주거나 선물을 주거나 마음을 풀 수 있도록 영화를 보러 가자고 할 수 있다. 이제 자신에게 물어보자. '내 기분이 정말 엉망일 때, 나 자신을 위해 무엇을 할 수 있을까?' 아마 '자신에게 친절하게 대하는 것' 이 마음에 떠오르는 첫 번째 대답은 아닐 것이다. 왜 그럴까? 한 가지 이유는 이 사회가 우리 자신의 '욕망을 충족시키는 것' 을 격려할 준비가 되어 있지 않기 때문이다. 사실 우리는 종종 '자기 욕구를 소중히 여기는' 어떤 행동들을 이기적이라고 부른다. 이제 이 생각을 숙고해 보고 이것을 말하자면 역기능적인 신념이라고 정확하게 볼 적절한 때가 되었다. 기분을 나아지게 만들 수 있는 건강한 행동을 못하게 막는 어떤 신념들이 있다면, 그것이 어떤 것이든 역기능적이라고 볼 수 있다.

즐거움을 추구하는 것이 당신 인생의 일부분으로 통합되기 위해서, 어떤 것이 당신에게 즐거움을 주는지 알아보는 것부터 시작할 수 있다. 종이 한 장을 꺼내 놓고 오감을 각각 고려해 보자. 당신이 가장 보고 싶은 것, 당신이 가장 좋아하는 냄새, 당신에게 가장 좋은 느낌을 주는 촉감 등이 있다. 당신의 후각을 만족시키기 위해 비싼 향수를 살 필요는 없다는 것을 기억하라(비록 돈을 좀 쓰는 것이 자기 자신의 친구가 되어 주는 아주 좋은 방법이긴 하지만 말이다). 예를 들어, 향초는 비싸지 않으면서 당신의 하루를 즐겁게 해줄 수 있는 방법이다. 라디오에서 클래식 음악을 듣기 위해 시간을 내거나 해가 지는 것을 바라보는 것도 당신의 감각을 즐겁게 해 줄 수 있는 경제적인 방법이다.

각각의 오감을 즐겁게 해 주는 목록을 만들고 나서, 목록에 몇 가지 감각이 함께 관련된 좋아하는 활동을 추가할 수도 있다. 친구들을 만나는 충분한 기회나 이겨야 한다는 압박감 없이 스포츠에 참여하는 것, 놀이공원이나 박물관에 가는 것, 당신이 좋아하는 취미활동을 하는 것 등을 포함시켰는가? 이런 마음의 준비가 완전하게 되기 위해, 당신이 두 부분으로 나뉘어 대화를 한다고 상상해 보자. 한쪽은 어린아이 같은 부분이고 다른 한쪽은 좋은 부모 같은 부분이다. 부모가 아이에게 묻는다. "오늘 뭐하고 싶니? 우리 뭐하면서 즐겁게 놀까?"

두 가지 일러둘 것이 있다. 첫째, 당신이 이것들을 실제로 종이에 적고 마음이 어지러울 때 찾을 수 있는 장소에 이 목록을 놓아두는 것이 중요하다. 스카이다이버는 자유낙하를 하면서 낙하산을 꿰매지는 않는다는 말이 있지 않은가. 둘째, 자신을 위한 일들을 하면서 비생산적인 생각에 주의하라. 우리 사회에 얼마나 많은 사람들이 자신을 위해 뭔가 하는 것을 이기적인 것이라고 믿고 있는지, 자신을 위해 선물을 산다는 것은 자신에게 뭔가 문제가 있어서 선물을 사 줄 만한 사람이 없다는 증거라는 식으로 받아들이는지 알면 놀랄 것이다.

마찬가지로, 많은 우울한 사람들이 실패자의 행동만이 자신의 최고의 친구라고 믿고 있다. 당신이 자존감이 낮은 경향이 있다면 '내가 이렇게 거부당하지 않았더라면, 나를 위해 향수를 사야 할 필요는 없었을 텐데' 라고 생각하는 것을 볼 수 있을 것이다. 이것은 진실과 거리가 멀다. 사실 지적인 자기관심은 당신을 절대로 실패자로 만들지 않는다. 이것은 이거냐 저거냐 하는 상황이 아니다. 당신은 자신을 잘 돌보아야 하며, 좋은 친구가 필요하다. 당신의 인생에서 관계들이 주는 보상이 부족하다면, 자신에게 잘해 주는 것이 더욱 중요한 것이다. 자신을 위해 즐거움을 추구함으로써, 더 나은 인생을 만들 수 있는 힘을 빼앗아 버리는 부정적인 생각을 하는 것을 막을 수 있다.

chapter 9

5단계: 죽지 말고 문제를 해결하라

내 문제는 통제권을 벗어났다. 문제를 해결하는 유일한 방법은 자살하는 것이다.

나는 내 모든 문제들을 처리할 수가 없다. 죽는 게 더 낫다.

문제는 나다. 내가 죽으면, 모두에게 좋을 것이다.

모든 것이 다 나를 압도하는 느낌이다. 유일한 탈출구는 자살을 하는 것이다.

내가 죽으면, 내 인생의 혼잡스러움을 더 이상 처리하려고 애쓰지 않아도 된다.

이것은 인생의 문제들을 다루어 나가길 포기해 버린 사람들이 갖는 전형적인 사고와 견해다. 이들은 가장 좋은 대안—아마도 유일한 대안—이 자살을 하는 것이며, 그리하여 세상의 고민들을 다 없애 버리는 것이라고 확신한다. 이 모든 생각들이 가진 공통점은 죽음이 문제에 대한 실용적인 해결책이라는 잘못된 믿음이다. 이 말들은, 인생은 엉망진창 쓰레기더미고 죽음은 그것은 확쓸어버리는 것이라는 생각을 함축한다.

때로 자살이 '모든 문제를 끝장내 버리는 해결책' 이라고 이야기하는 사람이 있다. 그러나 실제로는, 자살이 모든 해결책을 끝장내 버리는 문제다. 자살을 인생문제의 해결책으로 보는 것은, 지붕이 새고 난방이 좀 안 된다고 해서 집을 완전히 부숴 버리는 것이 해결책이라고 생각하는 것과 다를 바 없다. 이것은 또 세계의 기아에 대한 해결책이 배고픈 사람들을 모두 굶어 죽게 해서 그 상황을 끝내 버리는 것을 해결책이라고 말하는 것과 비교할 수 있다. 전부-아니면-아무것도 아닌 것이라는 생각은 아주 위험한 발상이다. 이것은 문제가 자살 같은 파괴적이고 폭력적인 수단을 통해서만 해결될 수 있다고 믿도록 당신을 속이는 생각이다. 이것은 한 개인에게도, 그리고 넓게 보았을 때도 평화적인 해결책—이 세상에 너무나 절실하게 필요한 해결책—을 보지 못하게 만드는 그런 생각이다.

죽음이 유일한 해결책이라고 믿을 때, 그것은 어느 정도나 인생의 문제에 대처할 수 있을지를 볼 수 없게 하기 때문이다. 그들은 절망에 빠져 자신이 어떻게 해 볼 수 있는 것은 없다고 생각한다. 그들은 문제에 대한 해답을 찾기 위해 숙고해 볼 수 있는 능력이 없다고 주장하면서 자기를 낮추어 본다.

이 장에서, 우리는 죽음이 문제를 해결한다는 생각을 논박할 것이다. 당신의 문제해결 기술은 언제나 향상될 수 있는 것이기 때문에, 살아남는 것이 문제를 해결할 수 있는 최선의 방법이라고 믿는다. 이런 식으로, 절망은 손상을 통제하는 것으로, 무력감은 권한을 가지는 것으로, 죽고자 하는 충동은 미래에 더 잘 살기 위해서 어려운 시기를 극복하고자 하는 욕구로 전환될 수 있다.

이전 장에서는 어떻게 세 가지 중에 어떤 것을 바꿈으로써, 인생을 좀 더 살아갈 가치가 있는 것으로 만들 수 있는지를 설명했다. A(상황), B(상황에 대해 어떻게 생각하는가), C(감정과 행동을 결국 어떻게 하는가)가 그것이다. 이제까지 신념을 바꾸어서 B를 바꾸고, 어려움에 대처함으로써 C를 바꾸는 법을 살펴보았다(7장, 8장 각각에서). A를 바꾸는 것을 보자. 이 장은 '당신은 세상을 바꿀 수 있다'는 부제를 달 수 있다.

문제를 해결할 수 있는 당신의 능력을 평가절하하고 있는가?

나는 무슨 일을 해야 할지 완전히 갈피를 잃었다.

나는 더 이상은 견딜 수 없다.

나는 더 이상 아무것도 처리할 수 없다.

내가 무슨 일을 하든 상관없으므로, 내가 느끼는 대로 해 버리는 편이 나을 것이다.

이미 다 망가졌으니, 전부 망가지게 놔 두는 편이 나을 것이다.

문제가 자신들의 통제권 밖에 있다고 믿을 때, 사람들은 이런 유형의 이야기를 한다. 이러한 말은 해가 되는데, 왜냐하면 사람들을 낙심하게 하고 스스로 노력해 보려는 마음을 꺾기 때문이다. 사실 이런 말들은 상황을 더 나빠지게 만들기도 한다.

이러한 자기진술이 공통적으로 가지는 또 하나의 측면은 자신의 대처하는 능력, 분명하게 생각하는 능력, 압력을 느끼는 중에도 위엄 있게 행동하는 능력에 대한 존중감이 결여되어 있다는 것이다. 물론 당신이 우울하고 스트레스를 받을 때, 논리적이고 건설적으로 생각하기는 매우 어려울 수 있다. 그러나 믿건 믿지 않건, 당신은 이미 당신 문제의 일부 또는 대부분을 처리하고 해결하는 데 필요한 능력을 가지고 있다. 당신은 단지 자신을 과소평가하고 있으며, 그렇기 때문에 그처럼 빨리 많은 것을 포기하는 것이다.

당신이 다른 사람의 문제를 해결하도록 도와준 적이 있는가?

당신의 문제해결 능력을 검토할 수 있는 한 가지 방법은 다른 사람에게 충고를 했던 때를 생각하는 것이다. 때로 우리는 자신의 문제를 다룰 때보다는 다른 사람의 문제를 해결할 때, 더 훌륭한 능력을 드러내곤 한다. 치료자들은 자신의 경험을 통해 이것을 알고 있다. 이것이 정신건강 전문가들이 때때로 다른 정신건강 전문가들의 자문을 구하는 이유다.

누군가 당신에게 상담을 청하러 찾아온다면, 당신은 객관적이고 분별력 있게 그를 대했을 것이다. 그렇다면 이것은 당신이 문제를 해결할 수 있는 잠재력을 가지고 있다는 것을 암시하는 것이다.

당신은 스스로에게 '내가 다른 누군가를 도울 수는 있지만 나 자신을 도울 수 있는 것 같지는 않은데, 어떻게 된 건가?' 하고 자문할지도 모른다. 여기에 몇 가지 이유들이 있다.

- 자기 자신의 문제에 대해서는 객관적이기 어렵다. 대부분의 이성적이고 지적인 사람들이 적어도 다른 사람을 도울 때는 어느 정도 객관적일 수 있다. 이것은 바람직한 것인데, 객관성이란 성공적인 문제해결의 핵심이기 때문이다. 종종 다른 사람의 시각을 통해서 당신의 문제를 살펴보고(예를 들어, 조언, 자문, 치료를 받는 것), 문제로부터 시간과 거리를 조금 두

고 바라보는 것이 필요하다(예를 들어, 속도를 늦추고, 시간을 가지며, 휴식을 취하고, 내일은 상황이 어떻게 보일지 좀 더 생각해 보는 것 등).

- 당신에게 문제가 있을 때, 당신의 우울한 사고는 희망을 최소화하면서 가장 부정적인 측면은 극대화하는 경향이 있다. 당신은 공황상태에 빠지거나 절망하거나 안절부절 못하게 되고, 문제는 지속되거나 더 악화된다. 다른 사람에게 문제가 있을 때, 당신은 우울한 왜곡으로부터 상대적으로 벗어나서 적응적인 사고를 하는 능력을 사용할 수 있다. 그러므로 '미친 듯이 날뛰는 당신' 이 아니라 '진짜 당신' 을 불러오라.
- 짐작할 수 있는가? 당신은 실제로 다른 사람의 문제보다 자신의 문제를 다루는 데 부족함이 없다는 것을 말이다. 당신은 자신의 많은 다른 측면들을 과소평가하는 것과 마찬가지로 단지 자신의 문제해결 기술을 과소평가하고 있는 것이다. 당신은 자신이 할 수 있는 것은 아무것도 없으며, '절망적인' 상황에 대한 해결책을 생각해 내는 능력이 없다고 확신하고 있는지 모른다. 그럼에도 불구하고, 당신이 자신을 믿기만 한다면, 잘 처리할 수 있는 해결책을 찾을 수 있을 것이다. 즐거운 마음으로 이 주제를 이야기할 수 있는 데 걸리는 시간만큼의 시간이 걸리겠지만 말이다.
- 때로 당신이 다른 사람의 어려움에 대해 이야기할 때, '좋은' 이란 말은 '이 정도면 어느 정도 좋은' 이라는 의미이므로 좋은 해결책을 찾아내려고 하고, 또 찾아낼 수도 있다. 그러나 자신의 문제에 대해서는 극단적으로 높은 기준을 가지고 있다. '좋은' 이란 말은 더 이상 '이 정도면 어느 정도 좋은' 이

라는 의미가 아니다. 당신은 모든 문제에 종지부를 찍을 해결책을 찾길 원한다. 이런 완벽주의는 당신이 현실적으로 해낼 수 있는 부분에 한계를 긋고, 당신은 환멸을 느끼게 된다. 그러면 자살을 고려하게 될 수 있다. 역설적으로 완벽주의적인 기준을 가졌다는 것은 당신이 자신의 능력과 가치에 대해 대단한 믿음을 가지고 있다는 것을 의미한다. 그러나 당신은 자신이 상정한 그 높은 기대 수준에 비추어 자신을 죽이려고 하고 있는 것이다. 그건 가장 타당하지 못한 행위다.

연습 7: 당신이 다른 사람에게 도움을 주었던 때를 생각해 보기

이 연습은 당신의 인생에서 다른 사람들에게 도움을 주었던 시기와 상황에 대해 되돌아보고자 하는 것이다. 문제를 해결하기 위해 도덕적 지지와 도움을 청하러 왔던 사람들을 생각해 보자. 기억을 잘 더듬어 보면, 당신이 얼마나 많은 경우에 다른 사람들을 위한 조언자나 상담자 역할을 했는지 깨닫고 놀라게 될 것이다.

연습 7: 다른 사람들이 그들의 문제를 해결하도록 도와주었던 때	
A: 인생의 등장인물 당신이 문제를 해결하도록 도와준 사람의 이름과 도와준 문제의 유형을 나열하라.	
1. 부모나 나이든 친척	
이름:	문제:
이름:	문제:
2. 형제나 사촌	
이름:	문제:
이름:	문제:

〈계속〉

3. 배우자나 중요한 타인	
이름:	문제:
이름:	문제:
4. 아이나 나이 어린 친척	
이름:	문제:
이름:	문제:
5. 시댁 또는 친정 식구들과 친척	
이름:	문제:
이름:	문제:
6. 친구	
이름:	문제:
이름:	문제:
7. 이웃이나 아는 사람	
이름:	문제:
이름:	문제:
8. 동료/동창	
이름:	문제:
이름:	문제:
9. 다른 사람들(학생, 고용인, 내담자)	
이름:	문제:
이름:	문제:
위에 나열된 사람들의 수를 세어서 여기에 적어라: ________ 이것은 당신이 문제를 해결하도록 조언이나 도움을 준 사람 수를 신중하게 추정한 것이다.	
B: 당신은 사람들이 문제를 해결하도록 어떻게 도왔는가? A에서 적어도 셋 이상의 사람을 선택하고 다음과 같이 요약하라:	
이름:	
문제:	
문제해결을 돕기 위해 당신이 무슨 이야기나 행동을 했는가?	

〈계속〉

이름:
문제:
문제해결을 돕기 위해 당신이 무슨 이야기나 행동을 했는가?
이름:
문제:
문제해결을 돕기 위해 당신이 무슨 이야기나 행동을 했는가?

과거에 자신의 문제를 해결했던 적이 있는가?

이제까지 당신이 다른 사람의 문제를 다루었던 방법에서 배울 수 있는 것에 대해 살펴보았다. 한 걸음 더 나아가서 당신이 과거에 자신의 문제에 어떻게 대처해 왔는가를 연구해 보자. 당신의 인생은 쉽지 않았을 것이다. 어려움이 없었다면 자살하고 싶은 마음이 들지 않았을 것이다. 당신의 삶은 지금에 이르기까지 많은 어려움들과 씨름을 해야 했을 것이다. 그러나 당신은 여기에 있다. 지금까지 당신은 어떻게 살아남을 수가 있었는가? 과거에 당신의 문제를 해결하기 위해 어떻게 했었는가?

여기에서 우리의 목적은 '실수로부터 배우기' 위해서 안 좋은 기억들에 초점을 맞추어 보자는 것이 아니다. 그 대신 당신이 벼랑 끝에 서 있다고 믿었던 순간, 하지만 어느 정도 그것을 극복할 수 있는 지혜와 용기, 그리고 행운을 찾았을 때를 회상해 보자는 것이다. 자신에게 물어보라. "내가 그것을 어떻게 해냈지?" 이에 대한 대답을 현재 당신의 인생에 활용할 수 있을 것이다.

연습 8: 당신 스스로를 도왔던 때를 인식하기

이 연습은 당신이 겪었던 생존위기와 문제해결에서 성공했던 경험을 조사해 보는 구조화된 방법을 제공해 준다. 첫째, 학교나 직장에 관련된 일이든 다른 사람들과 관계나 그 외의 다른 문제든 심각한 문제를 경험했던 몇몇 상황들을 회상해 보라. 다음으로 당신의 초기 반응을 기억해 보라. 괜찮을 것이라고 생각했는가? 혹은 적절한 해결책이 없다고 생각했는가? 그러고 나서 당신이 살아남기 위해, 그리고 문제를 잘 해결하기 위해 무엇을 했는지 적어 보라(문제는 보통 스스로 해결되는 것이 아니기 때문에—사람이 문제를 해결한다— '상황이 좋아졌다' 라고 적지 말라). 마지막으로, 결국 상황이 어떻게 되었는지 그리고 당신이 기대했던 끔찍한 결과와 비교해서 실제 문제해결이 어떻게 되었는지를 검토해 보라.

우선 당신은 아마 문제에 잘 대처하고 해결했던 때를 기억하는 것이 어렵다는 것을 발견할 것이다. 이것은 우울증의 일부라고 할 수 있는 기억 편향(memory bias) 때문에 일어날 수 있다. 기억 편향으로 인하여, 인생이 하나의 큰 문제라고 보는 관점과 일치하는 사건들에만 선택적으로 주의를 기울이고, 희망과 자부심을 느낄만한 이유를 제공해 주는 상황은 무시하는 경향이 생긴다. 기억을 더듬어 보거나 수첩을 뒤적여 찾아보거나 당신을 아는 다른 사람들과 이야기를 해 보는 방법으로 이런 기억 편향을 극복하도록 노력해 보자. 노력해서 찾다 보면, 당신이 잊어버리고 있었거나 간과했던, 문제해결에 성공했던 경험이 과거에 얼마나 많았는지 깨닫고 놀라게 될 것이다.

연습 8을 다 한 다음에, 당신의 문제해결 능력을 지지하는 측면을 발견할 수 있는지 보라. 만약 그렇지 못하다면 당신은 아마 자

연습 8: 당신은 과거에 자신의 문제를 어떻게 해결했는가?			
상황 (날짜, 장소, 사건 등)	사고와 감정 (긍정적 그리고 부정적)	행동 (대처)	결과 (당신의 반응)
1.			
2.			
3.			

신의 긍정적인 기억을 당연한 것으로 여기고 '그건 별거 아니야. 누구라도 나와 같은 상황이었으면 그렇게 했을 거야' 라고 생각했을지 모른다. 다른 선택의 여지가 없었기 때문에 잘 대처했다고 자신에게 말할지도 모른다. 이것을 '긍정적인 측면의 자격박탈' 이라고 부른다. 왜냐하면 당신이 보상을 받을 만하다는 평가를 자신에게 내리지 않기 때문이다—평가라는 것은 의견이 아니라 사실에 기초한 것이다. 사실은 당신이 선택을 했다는 것이다. 당신은 포기하거나 상황을 더 악화시키거나 말 그대로 가만히 누워 죽기만 기다릴 수도 있었다. 하지만 당신은 그렇게 하지 않았다. 당신은 싸웠고 거기 매달렸으며 어려움을 겪어 냈다. 이것이 매우 중요하다. 이것은 당신이 문제를 건설적으로 다룰 능력이 있다는 것을 보여 주며 당신이 마음을 바로 잡을 수 있다는 것을 보여 준다.

당신은 자신의 생존이 다른 사람들이나 상황 덕분이었다고 말하는 경향이 있을지도 모른다. 당신은 '동생을 위한 것이 아니었다면, 나는 그걸 해내지 못했을 거야' 라거나 '높으신 분이 나를 절망에서 건져 주고 나를 돌봐 주었다' 라거나 '내가 그럭저럭 헤쳐 나갈 수 있었던 것은 순전히 운이 좋았기 때문이다' 라는 식으로 생각할지도 모른다. 이런 말은 부분적으로는 옳을 수 있으나 이야기 전체를 말해 주지는 않는다. 만일 당신이 과정 중의 일부가 되어 노력하지 않는다면 아무도 당신을 도울 수 없다. 다른 사람과 자신을 신뢰하고자 하는 마음은 누군가 당신을 위해 거기에 있도록 하는 데 필수적이다. 당신이 잡을 준비가 되어 있지 않다면 행운도 아무 소용이 없는 것이다. 긍정적인 경험은 당신이 거기에 주목하고, 거기에 반응하고, 자신이 그것을 받을 만하다고 느끼지 않는다면 그냥 버려지고 말 것이다.

요약하면, 당신이 위기에서 회복되었다는 것은 당신이 그것에 대해 뭔가 했다는 것을 보장해 준다. 당신이 행동하고 생각하고 느낀 것이 무엇이었는지 정확하게 이해하려고 노력하는 것이 정말로 중요하다. 그것이 당신이 스스로를 돕게 만든 것이며, 다른 사람들의 도움을 받아들이려는 자세를 만든 것이다. 그 지식은 지금 당신의 인생에 실용적으로 적용될 것이다.

좋은 문제해결의 구성요소와 방법

좀 더 효과적으로 문제를 해결하는 사람이 되기 위한 첫 단계는 당신이 어떤 문제들을 가지고 있고, 해결은커녕 자살하고 싶은 마음이 든다는 것—이것이 가장 큰 문제다—을 인정하는 것이다.

가장 큰 문제(자살하려는 것)를 다루는 동시에, 당신을 벼랑 끝으로 몰아대는 다른 문제들을 함께 다루는 것이 가능하다.

5장에서 자살 위기에서 어떻게 살아남는가에 대해서 이야기했다. 살아서 또 다른 하루와 싸우기 위해 당신이 해야 하는 것들에 대해 검토했다. 그러나 그것은 단지 첫 단계일 뿐이다. 아무도 절망적인 기분과 상황에서 매일 매일 단지 살아남기만을 바라지는 않는다. 목적은 삶의 질을 향상시키는 것이며, 당신이 살기로 선택했다는 것에 대해 감사하게 되는 것이다. 이런 결말을 얻기 위해서는 당신의 우울증과 자살성 뒤에 있는 문제들을 다루는 데 있어 매우 현실적이 될 필요가 있을 것이다. 다음에서는 효과적인 문제해결 방법의 다섯 가지 핵심적인 구성요소에 대해 논의할 것이다.

문제해결의 자세 가지기

비효과적인 문제해결을 하는 것이 항상 문제해결 기술이 빈약하기 때문이 아니라는 것을 배우게 되면 놀랄지도 모른다. 때로 문제해결을 방해하는 것은 처음으로 문제가 생겼을 때, 문제를 가지고 있다는 사실에 대한 비생산적인 태도일 수 있다. '나한테 이런 일이 일어나다니 도저히 믿을 수가 없어!' '내 인생이 이렇게 힘들어야 된다는 건 너무나 끔찍해!'와 같은 이야기를 자신에게 되뇌이는 경우가 얼마나 많은가. 이런 생각들이 자주 자라날수록 효과적인 문제 해결을 할 가능성은 줄어든다. 왜냐하면 이러한 말들은 문제가 존재하지 않아야 한다는 주장이나, 심지어는 문제가 있다는 것을 아예 부인하려는 시도를 반영하기 때문이다.

효과적인 문제해결은 수용이라는 태도의 맥락에서 발생한다. 수용이라는 말은 아무것도 할 수 없다는 절망적인 체념을 의미하는 것이 아니라 문제가 우리 인생에 나타났다는 것, 그것이 '일어나지 말아야만' 하는 이유는 없다는 것, 그리고 그것이 우리의 몫이며 누구도 우리를 대신해서 뭔가 해 줄 수 없다는 의미다.

다음의 관점들을 검증해 보자. 당신이 어려움을 만났을 때, 얼마나 자주 이런 태도들을 보이는가? 그리고 어느 정도나 이것을 믿는가?

1. 나는 어려운 문제들을 가지고 있다. 하지만 이런 일은 나만 겪는 것은 아니다. 이것은 인생의 한 부분이고 사람 사는 모습의 일부다.
2. 때로 내 문제에 압도당한다는 느낌을 받지만 내 문제를 주의 깊게 살펴보고, 정확하게 무엇이 문제인가를 정의함으로써 그것을 좀 더 해결 가능한 것으로 만들 수 있다.
3. 내 문제에 대해 완벽한 해결책은 없겠지만 '이 정도면 괜찮은' 해답은 있는 것 같다. 나는 그것을 찾기 위해 상황을 자세히 살펴볼 필요가 있다.
4. 내 문제를 오늘이나 내일 해결하지는 못할 수 있겠지만 차분하고 건설적으로 접근하면 내 삶을 긍정적으로 볼 수 있다. 이것이 미래에 내 상황이 나아지도록 도울 것이다.
5. 어려움을 혼자서 조용히 참아 내야만 하는 것은 아니다. 나는 존경하는 사람들의 자문을 구할 수 있다. 내가 이런 방식으로 사람들의 도움을 이용한다고 해도 이것이 내가 약하다는 증거는 아니다.
6. 내 문제를 수치스러워할 필요는 없다. 사실 다른 사람들이 나

에게서 힌트를 얻을 것이다. 내가 자신에 대해 자신감과 자기 수용의 태도를 가지고 설명하면, 다른 사람들도 보다 쉽게 나에 대한 믿음을 가질 것이다.

7. 나는 내 문제를 해결하기 위해 건설적으로 한 걸음씩 나아갈 수 있다. 나는 가능하다면 긍정적인 결과를 보고 싶다. 그러나 그렇지 않더라도 나는 인내심을 보일 것이다.
8. 만일 공황상태가 시작된다고 해도, 나는 문제해결 모드로 되돌아가는 것을 기억해 낼 수 있다.
9. 절망적인 행동을 하는 것은 결코 해답이 될 수 없다. 사실, 그것은 상황을 더 악화되게 만든다. 그 대신 나는 상황에 대해 주의 깊게 생각할 것이며, 극단적인 일은 아무것도 하지 않을 것이다.
10. 내가 다루었던 모든 문제들은 학습경험이어서 나는 그것으로부터 이득을 얻을 수 있다. 그것은 나를 단지 나이가 먹는 것이 아니라 더 지혜롭게 만들어 줄 수 있다.

이러한 관점이 좋은 문제해결 자세의 핵심이다. 각 문항을 읽을 때 당신의 자동적 반응은 무엇이었는가? 각각의 문항이 얼마나 그럴듯하게 느껴졌는가? 이것이 당신에게 적용될 수 있는지에 대해 회의적이었는가?

이것을 이용하기 위해 이 모든 자기진술을 완전히 믿어야만 하는 것은 아니다. 다만 이것을 읽거나 노트에 기록하거나 소리 내어 말함으로써 당신은 건강한 문제해결의 자세에 대한 준비를 할 수 있다. 사실 우리는 당신이 자신만의 진술을 추가해 넣었으면 하는데, 그것은 반드시 건설적이고 지지적이며 어려움을 극복하는 정신을 포함하는 것이어야 한다는 점을 기억하라.

문제를 정의하기

당신을 고통스럽게 하는 문제를 효과적으로 다루기 위해서는 문제가 정확히 무엇인지를 아는 것이 중요하다. 이것은 당연한 것으로 들릴 수 있으나, 사람들이 자신의 문제에 압도당해 있을 때, 아마도 자살하려는 시점에서는 정확하게 무엇이 잘못되었는지 구체적으로 파악하지 못하는 경우가 종종 있다. 이들은 광범위하지만 불명확한 진술, 즉 "모든 게 다 끝장났어요." "내 삶이 온통 엉망진창이에요." 또는 "제대로 되는 게 아무것도 없어요." 등의 이야기를 한다. 이런 유형의 생각이나 말은 사람의 기분을 더 나빠지게 하고 어떤 점이 특정하게 잘못되었는지 명확하게 하는 데 아무 도움도 되지 못한다. 확실히, 그것은 사람을 변화하도록 돕지 못한다.

올바른 방향에서 시작하기 위해서, 당신은 가능한 한 명확하고 구체적으로 문제를 정의해야 할 것이다. 이를 위해 조직화된 사고가 필요하며, 자리에 앉아서 기록하는 것이 가장 좋은 방법이다.

'내 문제에 초점을 기울이는 것이 나를 오히려 더 우울해지게 하고 자살하고 싶게 만드는 것은 아닐까?' 라고 생각할지도 모른다. 만일 당신이 과잉일반화의 사고를 하고 있다면('모든 게 잘못되고 있어요.'), 자신에 대해 판단하는 태도로 생각하고 있다면('나는 치명적인 결함투성이이며 죽어서 마땅해.'), 또는 희망이 없는 어조로 이야기한다면('결코 상황이 나아지는 일은 없을 거야.') 그 대답은 아마 '그렇다' 일 것이다. 이것이 바로 당신이 이미 해 오고 있는 것이며 심각한 문제 그 자체일 수 있다.

그러나 만일 당신의 사고가 특정적이고 구체적이며 비판단적이고 미래에 대해 억측을 하지 않는다면, 당신이 다루어야 할 문제들의 목록을 대략 정리하는 것이 도움이 될 것이다. 다음에 나오는 것은 문제를 정의하는 데 도움이 되는 방식과 도움이 되지 않는 방식의 예를 제시한 것이다. 우리는 문제를 좀 더 효과적으로 정의할 때 '해야 할 것이 아닌 것'을 먼저 제시하고 그 다음으로 '해야 할 것'을 보여 줄 것이다. 두 가지 방식을 비교하고 대조해 보라.

문제를 정의하는 방식이 아닌 것

1. 아무도 나를 사랑하지 않는다.
2. 나는 중독되어 있고 항상 중독자일 것이다.
3. 내가 하는 일은 제대로 되는 법이 없다.
4. 나는 절망적이다.
5. 나에게는 늘 나쁜 일이 생긴다.
6. 사람들을 항상 나를 이용하고 상처를 입힌다.
7. 나는 삶의 고통에 잘 대처할 수 없다.
8. 아무것도 나를 행복하게 하지 못한다. 나는 그 무엇에도 감사할 수 없다.

같은 문제를 건설적으로 방식으로 정의하기

1. 나는 사람들과의 관계가 불만족스럽다. 인간관계를 개선하기 위해서 내가 할 수 있는 일이 무엇인지 알고 싶다. 나는 사람들의 관심을 받아들일 수 있기를 바라고 그것을 되돌려 줄 수 있기를 바란다. 또한 나에게 거의 관심을 보이지 않는 사람들에게만 집착하지 않길 바란다.
2. 나는 중독되어 있고, 그것은 나 혼자의 힘으로 극복하기 어렵

다는 것을 뜻한다. 나는 약물에 의존하지 않고 어떻게 살아갈 수 있는지, 그리고 어떻게 만족을 느낄 수 있는지 알고 싶다.

3. 나는 내가 원했던 것만큼 성공하지 못했다. 나의 계획이 왜 그렇게 자주 내가 생각했던 것에서 벗어나는지 이해할 수 없어 난감해 하곤 한다. 나는 계획을 좀 더 잘 세우기를 원하고 나의 태도와 습관을 변화시켜 내 인생에서 내 욕구가 좀 더 충족되기를 바란다.
4. 나의 기분이 나아지고 인생에 대한 조망이 변화될 수 있다는 것을 알기까지 어려운 시간을 보냈다. 나는 냉소적인 경향이 있고 의심이 너무 많다. 나는 무슨 일이 일어날 수 있는지 실제로 보기도 전에 포기해 버리곤 한다. 나는 인생의 변화에 대해 열린 마음을 유지할 수 있길 바라며, 미래에는 좀 다른 시도를 할 수 있는 용기와 비법을 알기 바란다.
5. 나는 극도로 어려운 시기를—남들보다 더 많이—겪었으며, 그것에 대해 씁쓸함을 느낀다. 나는 너무나 괴로워서 포기하거나 남을 비난하는 경향이 있었다. 그러나 이것은 나를 불행한 삶에 가둬둘 뿐이었다. 가만히 앉아 다음에 닥쳐올 재난을 기다리기보다는, 내 스스로 인생을 나아지게 만들기를 원한다. 스스로를 곤란하게 만드는 일들을 하지 않길 바란다.
6. 나는 종종 다른 사람들에게 희생당했다는 느낌을 받는다. 이것은 부분적으로는 내 주장을 잘하지 못했기 때문이고, 부분적으로는 나에게 압력을 행사하는 강한 사람들에게 끌리는 경향이 있기 때문이다. 나는 나 자신을 위해 목소리를 높이는 것을 배울 필요가 있으며, 좀 덜 요구적인 사람들과 좀 더 많은 시간을 보낼 필요가 있다.

7. 때로 나는 너무나 우울해지는데 이로 인해 신체적인 면에서 실제적인 건강의 손상을 입는다. 이것은 인생의 변화가 꼭 필요하다는 것을 보여 준다. 나는 의미 있는 일을 찾아볼 필요가 있으며, 나와 시간을 함께 보낼 지지적인 사람들을 찾을 필요가 있다. 아마도 나는 치료자와 상담을 해야 할 것이며, 약을 먹어야 될 수도 있다.
8. 나는 너무나 둔화되고 단절된 느낌을 받는다. 예전에는 어떤 것들을 즐길 수 있었는데 지금은 그렇지 못한 것 같다. 다시 발을 들여놓아 보아야 한다. 하루를 버티기 위한 버팀목으로 술을 마시는 것을 멈추어야 한다. 왜냐하면 그것은 나를 더 멍하게 느끼게 만들 뿐이기 때문이다. 나는 사람들과 함께 있어야 하며, 아마도 상담을 받아야 할 것이다. 어쩌면 지지집단이 효과적일 것이다.

건설적인 문제정의라는 것은 우울하고 자살을 생각하는 사람들이 문제를 정의하는 전형적인 방법보다 더 구체적이고, 더 희망적이고, 더 명료하고, 덜 판단적이라는 것을 알았을 것이다. 각각의 정의에 대해 적어도 한 개 이상의 목적과 가능한 해결책의 목록을 만들 수 있다. 그렇다. 이것은 노력을 들여 생각을 해야 하는 것이다. 하지만 이것은 해결책을 찾는 바른 길로 당신을 인도할 것이다. 이것을 하기 위해서는 자리에 앉아서 적는 것이 필수적이다. 시간을 내라. 압력을 느끼거나 쫓기듯이 하지 마라. 상황에 대해 꼼꼼하고 차분하게 생각하라. 이렇게 하면 문제해결의 다음 단계—대안을 만들고 계획을 세우는 것—로 나아갈 수 있다.

대안을 만들고 계획 세우기

우리가 인생에서 어려운 상황에 처해 있다는 것을 발견하게 되면, 종종 두 손을 들고 NRQ(부정적이며 과장적인 질문)를 스스로에게 한다. '이제 난 어쩌지?' 이러한 질문은 우리가 할 수 있는 것은 아무것도 없으며 상황이 절망적이라는 것을 암시한다. 대조적으로, 우리가 같은 질문을 PLQ(긍정적이며 사실에 충실한 질문)로 바꾸어 보면 해결책을 찾는 과정을 시작할 수 있다.

8장에서 소개했던 브레인스토밍 기법을 사용해 보자. 문제를 다루는 가능한 한 많은 방법을 생각해 내기 위해서 당신의 상상력에 날개를 달아 보자. 처음에는 그것이 얼마나 그럴듯해 보이는지에 신경 쓰지 말라. 다른 말로 하면, 당신의 생각들을 성급하게 검열하지 말라는 것이다. '이 해결책을 시도해 보면 되겠다…… 아, 그건 효과가 없을지도 몰라.' 라든가 '할 수 있을까…… 못할 거야.' '내가 누군가에게 말을 한다면…… 아, 소용없을 거야…… 아, 잊어버려. 신경 쓰지 말자.' 라고 말하지 말라. 그 대신 머릿속에 떠오르는 모든 해결책을 적어라. 행동으로 옮기기 다소 어려운 것들은 나중에 빼버릴 수 있다. 지금은 아이디어가 떠오르도록 두라.

예를 들어, 이전 부분에 나왔던 첫 번째 문제를 검토해 보자. 처음에 문제를 '아무도 나를 사랑하지 않는다' 와 같이 정의하였는데, 잘한 것이라고 보기 어렵다. 이후에 문제를, 다른 사람들의 관심을 받아들이지 못하는 것과 관심을 보이지 않는 사람들과 관계를 맺으려 하는 것으로 정의하였는데, 이것이 보다 잘된 것이다. 당신이 할 일은 이 문제에 대한 몇 가지 반응들을 떠오르는 대로 말해 보는 것이다. 다음에 몇 가지 예(우리가 검열이 아니라 브레인스토밍을 하는 것이기 때문에, 이들 목록에서 어떤 것은 다른 것들보다 좋지 않다는 점을 기억하라)를 제시하였다.

- 나를 칭찬하는 사람의 이야기를 부인하려고 애쓰지 않을 수 있다. 그 대신 나도 그 사람을 칭찬해 준다.
- 누군가 나를 좋아하는 것 같으면, 그 사람은 뭔가 잘못됐다고 자동적으로 가정해 버리는 것을 그만둘 수 있다.
- 배우자에게 "당신이 언젠가 나를 버리고 떠날 거라는 걸 알아요."와 같은 말을 하지 않는다. 대신, 그날 같이 할 수 있는 즐거운 일을 제안할 수 있다.
- 아침에 일어났을 때 그리고 거울을 볼 때마다 최소한 5번씩 "나는 사랑받을 만하다."라고 스스로에게 말할 수 있다.
- 나는 단주 모임에 갈 수 있고, 사람들이 특별히 지지적인 집단을 찾을 때까지 모임에 계속 나가볼 수 있다.
- 나는 이전의 연인(이전 배우자 등)에게 전화하는 것을 그만둘 수 있다. 왜냐하면 그것은 거절당하려고 작정하는 것이기 때문이다. 대신에 나는 친구에게 전화를 하거나 편지를 쓰고, 내 자의식이 나를 방해하지 못하게 하겠다.
- 나는 교회나 다른 종교단체에서 친교를 나눌 수 있다.
- 내 인생에서 나에게 관심을 가지고 있는 사람들의 사진을 가능한 한 많이 모아서 콜라주[1])를 만들 수 있다.
- 나는 사랑받을 만한 사람처럼 행동하려고 노력할 수 있다. 즉, 다른 사람에게 소리 지르지 않고, 불경스런 언행을 줄이고, 직장에서 늘 마음의 문을 닫아 두려고 하지 않을 것이다.

---

1) 역자 주: 사진이나 그림들을 연결해서 만든 작품

나는 다른 사람을 돕는 자원봉사를 하고 친절하게 말하려고 할 것이다. 나는 이것을 몇 달 동안 지속할 것이다. 왜냐하면 사람들이 내가 달라졌다는 것을 알아차리는 데 시간이 좀 필요하기 때문이다.

- 특정한 한 사람이 나를 사랑하지 않는다고 해서 나를 사랑하는 사람은 아무도 없다고 느끼지 않을 수 있다. 나를 사랑해 주기를 바라는 사람이 나를 사랑하지 않는 것 같더라도 절망하지 않을 수 있다. 그 대신에 우울증으로 가라앉지 않기 위해 나에게 관심을 가지는 많은 사람들을 내 마음의 눈으로 그려 볼 수 있다.

이 목록은 계속될 수 있다. 그리고 더 많은 아이디어를 가지고 있을수록, 당신의 문제에 대한 해결책을 찾을 가능성은 많아진다. 그러나 이 모든 아이디어를 행동으로 옮길 의무는 없다. 당신은 무엇을 할지, 한다면 어떤 순서로 할지를 결정해야 한다. 이제 다음 단계—각각의 선택들을 평가하고 결정하기—로 넘어가 보자.

행동과정을 평가하고 결정하기

어떤 아이디어를 선택해야 하는지 어떻게 알 수 있을까? 첫째, 브레인스토밍한 모든 아이디어들을 한 항목씩 검토하라. 이때 가장 그럴듯해 보이는 것을 두세 가지 선택한다. 나머지는 다음을 위해 그대로 둔다.

둘째, 각 아이디어를 찬성하는 이유와 반대하는 이유에 대해서 고려해 보고 기록하라. 장점과 단점을 고려하면서 당신의 장기적인 목적에 대해서도 확실히 생각을 하라. 지금 당장은 당신의 기분을 좋아지게 하지만, 나중에 문제를 일으킬 수 있는 것은 하지 말라. 마찬가지로, 지금 어려워 보인다는 이유 때문에 후에 도움이 될 수 있는 행동을 피하지 말라. 당신 인생의 '커다란 그림'을 그려 보라. 지속적이고 긍정적인 영향력을 미치는 행동을 취하라. 또한 당신이 선택하는 각각의 행동이 당신 인생에서 당신의 가장 가까운 사람들에게 어떤 영향을 줄 것인지를 고려하라. 결국, 당신의 행동도 그들에게 밀접한 영향을 미치는 것이다.

셋째, 찬성하는 이유와 반대하는 이유를 정리하면서, 첫 번째로 시도할 행동과정을 선택하라. 당신이 하기로 정한 것을 어떻게 해야 될지 생각해 보라. 마음속으로 그것을 해 보고 여러 번 반복하라. 이 기법을 인지적 시연(cognitive rehearsal)이라고 하는데 당신이 행동을 실행하는 데 좀 더 준비할 수 있고, 조직화할 수 있도록 도와준다.

동일한 예제를 계속 살펴보자. 처음에는 '아무도 나를 사랑하지 않는다.'라고 문제를 잘못 정의하였으나, 이후에 관심을 받아들이는 데 있어서의 어려움과 부정적인 영향을 주는 사람들과 어울리는 경향을 포함하는 인간관계의 문제로 보다 잘 정의되었다는 점을 기억하자. 그 다음에 많은 대안들에 대해서 브레인스토밍을 하였다. 그 다음으로, 우리는 (하나도 빼버리지 않고) 모든 대안들을 검토하고 지금 실행하기 가장 적당해 보이는 가능한 행동과정을 세 가지 선택하였다. 목록에 있는 항목 일부에 대해 찬성하는 이유와 반대하는 이유를 아래에 제시하였다.

대안 1: 나를 칭찬하는 사람의 이야기를 부인하려고 애쓰지 않는다. 그 대신 나도 그 사람을 칭찬해 준다.

찬성하는 이유:

1. 좀 더 자신감이 있어 보이고, 수줍어 보이지 않을 것이다.
2. 다른 사람들이 고마움을 느끼도록 할 수 있을 것이다.
3. 사람들에게 내가 가까워질 만한 사람이라는 것을 알릴 수 있을 것이다.
4. 얼마 후에는 칭찬을 실제로 믿기 시작할 수도 있다.

반대하는 이유:

1. 우쭐대는 것처럼 보일지도 모른다.
2. 남들은 내가 단지 상투적으로 칭찬을 하는 것으로 생각할 것이다.
3. 무슨 말을 해야 하는지 모를 수 있으며, 우스워 보일 것이다.

대안 2: 내 인생에서 나에게 관심을 가지고 있는 사람들의 사진을 가능한 한 많이 모아서 콜라주를 만들 수 있다.

찬성하는 이유:

1. 다른 사람들과 함께 보낸 좋았던 시간들을 떠올릴 수 있을 것이다.
2. 내가 긴 전화통화를 할 수 있는 동기를 제공해 줄 것이다.
3. 아무도 나에게 관심이 없다는 믿음을 버릴 수 있을 것이다.

반대하는 이유:

1. 그 사람들의 사진을 보다 보면, 더 우울해질지도 모른다.
2. 내가 잃어버린 모든 사람들을 생각나게 할 것이다.
3. 내가 이런 것들을 뒤지는 동안 고통스러운 기억들이 떠오를지도 모른다.
4. 시간이 너무 많이 걸릴지도 모르는데, 나는 시간이 없다.

대안 3: 나는 교회나 다른 종교단체에서 친교를 나눌 수 있다.

찬성하는 이유:

1. 상냥한 사람들을 만날 수 있는 장소가 될 수 있다.
2. 나의 영성과 신념을 증가시켜 줄 것이다.

반대하는 이유:

1. 처음에는 아는 사람이 아무도 없을 것이고, 나는 고립된 느낌이 들 것이다.
2. 나는 종교적이지 않기 때문에, 내가 위선자 같은 느낌이 들 것이다.
3. 나는 나쁜 일을 저질렀기 때문에, 죄책감을 느끼게 될 것이다.
4. 억지로 사람들과 어울려야만 하고 개인적인 질문에 대답을 해야 한다.

찬성하는 이유와 반대하는 이유를 평가해 보면, 이 가설적인 인물에게는 첫 번째 아이디어가 가장 낫다는 것이 분명해진다. 칭찬을 받아들이고 자기도 남에게 칭찬을 해 준다는 것은 단점보다는 장점이 더 많으며, 다른 대안들보다 즉시 할 수 있는 것처럼 보인다.

다른 선택들도 여전히 아주 좋은 것일 수 있다. 당신은 각각의 반대하는 이유들이 사실일 수도 있고 아닐 수도 있는 많은 부정적인 가정들을 포함하고 있다는 사실을 발견했을지도 모른다. 그러므로 찬성과 반대의 비율을 가장 적절히 이룬 행동과정을 선택해서 실연하는 데 더해, 반대하는 이유가 정말로 실제 일어날 가능성이 있는지에 대해서도 평가해야 한다. 우울한 사고가 실행 가능한 문제해결책에 끼어드는 것은 충분히 있을 수 있는 일이다.

계획은 실행하는 것이 매우 중요하다. 처음 보기에, 칭찬을 주고받는 것이 사랑받는 느낌을 받는 것처럼 보이지는 않을 것이다. 여기서 핵심은 변화가 필수적이라는 것과 그것이 변화가 시작될 수 있는 적절한 출발점이라는 것을 인식하는 것이다. 가장 좋은 일은 자그마한 좋은 일들 위에서 만들어지는 것이다. 칭찬을 주고받는 것은 비록 작은 습관이지만 당신과 다른 사람들 사이에 긍정적인 피드백 순환을 시작하게 할 수 있다. 이것은 궁극적으로 당신이 다른 사람들과 관계를 맺는 방식에 의미 있는 변화를 가져올 수 있다.

행동을 실천하고 결과를 평가하기

이제 당신은 행동 실험(behavioral experimentation)이라고 알려진 문제해결의 일부분에 대한 준비가 다 되었다. 이것을 꾸미는 식으로 이야기하자면 다음과 같다. '시도해 보라. 무슨 일이 생기는지 보라. 그리고 어떤 일이 생길 것이라고 원래 기대했던 것과 비교해 보라.'

무슨 일을 해야 하는지 그리고 어떻게 해야 하는지를 알고 있지만, 당신이 그것을 하지 않는 경우가 있다는 것을 알고 있을 것이다. 왜 그럴까? 당신이 그걸 해 봐야 별로 좋을 게 없을 것이라고 기대하기 때문일 것이다. 사실, 당신은 심지어 그렇게 하면 상황이 더 악화될 것이라고 생각하는지도 모른다. 분명한 것은 이런 식으로 상황을 보는 것이 문제해결에 걸림돌이라는 것이다. 이것은 단지 '당신이 늘 하던 일을 하면, 당신이 늘 얻던 것을 얻을 것이다.'라는 것을 유지시키는 것이다. 변하는 것은 아무것도 없다. 막다른 곳이다.

변화에 대한 주저함을 극복하기 위해, 당신은 상황에 대한 어떤 통제권을 가진 것처럼 느껴야 한다. 그렇게 하기 위한 유용한 방법 중 하나는 '행동실험'을 하는 것이다. 당신이 칭찬을 주고받는 것 같은 어떤 새로운 것을 시도한다고 했을 때, 어떤 일이 생길 것인지 예측해 보자. 당신의 예측은 '바보 같은 느낌이 들 것이다. 나는 말이 막혀 헤매게 될 것이고, 다른 사람들은 나를 조롱할 것이다. 그러면 나는 숨고 싶을 것이고 아니면 더 안 좋게는, 죽고 싶을 것이다.' 라고 치자. 이 예측을 종이에 적고 봉투에 넣어 봉한 후에, 겉에 '숙제를 끝낼 때까지 개봉하지 않음'이라고 쓴다.

무슨 일이 생기든 당신은 상황에 대한 어떤 통제권을 가지게 되는데, 당신이 작은 실험을 해 보는 것이기 때문이다. 당신은 행동 과정을 알고 있고 예측을 했으며 이제 숙제를 함으로써 그 예측을 검증하는 일만 남았다.

이 시점에서, 당신은 특정 기간 동안—보통 일주일이 적당하다—칭찬을 주고받는 일을 실천해 볼 것이다. 그러고 나서 다음에 제시된 것을 포함하여 많은 결과들을 관찰할 것이다.

1. 그것을 할 때 당신의 기분이 어떤가?
2. 그것을 할 때 당신은 무슨 생각을 하는가?
3. 다른 사람들이 당신에게 어떻게 반응하는가?
4. 일주일이 지나감에 따라 당신은 어떻게 느끼는가?

일주일 후, 당신은 중요한 행동적 변화를 주었고 당신은 자신의 예측을 지지하거나 반박하는 증거들을 수집하였을 것이다. 이제 가서 봉해 놓았던 봉투를 뜯어 보자. 실제 있었던 일과 비교해서 당신의 예측은 어떠한가?

실제 있었던 일이 당신이 예측했던 것보다 좋았다면(예를 들어, 다른 사람들이 당신에게 좀 더 말을 거는 경향이 있었고 기분이 나아졌다) 변화가 당신에게 이득이 되는 것이며 당신이 생각했던 것보다 덜 위험했다는 것을 보여 주는 것이다. 만일 실제 있었던 일이 당신이 예측했던 것과 가까웠다면(예를 들어, 당신이 어색하게 느꼈고 아무도 당신을 다르게 대해 주지 않았다) 몇 단계 뒤로 돌아가야 할 때다. 무엇이 잘못되었는지를 검토해 볼 때다. 계획을 잘 구성했는가? 마음속으로 적절하게 연습을 해 보았는가? 어떤 식으로든 자신을 깎아내렸는가? 그렇게 하는 것이 어색하다는 것에만 주목하고 도움이 된 부분에 대해서는 보지 못했는가?

행동실험의 결과들을 검토해 본 이후에는, 다시 돌아가서 다른 방식으로 시도를 해 보거나, 다음 행동실험으로 넘어가는 것을 선택할 수 있다.

덜 완벽한 결과를 수용하기

문제해결은 효과가 있다. 당신이 바라는 대로 늘 효과가 있는 것은 아니지만 포기해 버리는 것보다는 확실히 나은 것이다. 아마 가장 중요한 것은, 만일 당신이 다음의 두 가지 극단적인 관점에서 벗어나게 되었다면 문제해결이 도움이 될 것이라는 점이다.

- 별로 달라지는 것도 없을 텐데, 번거롭게 뭘 해?
- 내가 문제를 해결하려는 시도를 할 때마다 완벽한 결과가 나오지 않는다면 그것은 시간낭비이고 완전한 실패다.

문제해결은 인생의 다른 좋은 일들과 비슷하다—어떤 때는 효과가 있고, 어떤 때는 효과가 없다. 어떤 때는 조금 도움이 되고, 어떤 때는 이후에 더 좋은 일이 생기기 위한 밑바탕이 된다—그러나 매번 효과가 있으리라는 보장은 없다. 그럼에도 불구하고 이것은 우리가 얻는 소중한 인생경험의 일부이며, 심지어 고통스러운 사건을 통해서도 얻는 것이 있다.

문제해결 모드에 있다는 것은 당신이 결단력을 가지고 장애물을 극복할 준비가 되어 있다는 것을 의미한다. 이것은 한 번에 상황이 좋아지지 않더라도 적응을 하며, 계속 노력할 것이라는 의미다. 당신은 단순히 똑같은 일을 계속해서 반복하지 않을 것이다. 이것은 자신의 회의적인 사고의 희생자가 되기를 거부함을 뜻한다. 이것은 주변의 다른 사람들은 몰라도 당신은 빈틈을 보이지 않을 것이라는 의미이며, 이것은 당신이 인생에 대한 어떤 긍정적인 통제권을 행사하기 때문에 당신은 살며 성장하며 더 행복해질 수 있는 기회를 가지고 있다는 것을 의미한다. 이것은 당신이 운명의 신에 대항할 힘이 없고 고통받을 팔자라는 생각과 싸운다는 것을 의미한다. 문제해결은 당신이 운전자의 자리에 앉는다는 말이다. 당신이 긍정적인 정신을 배양하고 잘 구조화된 계획을 세웠을 때, 당신이 무엇을 성취할 수 있는지 알게 되면 분명 놀라게 될 것이다.

chapter 10

삶을 풍부하게 하는 다른 기술들

이 책을 통해 우리는 인생은 살 만한 가치가 있으며, 죽음에 대한 소망은 극복할 수 있다는 것을 보여 주려고 노력하였다. 우리는 삶에 재투자하는 과정이 단지 살고자 하는 '의지'의 문제가 아니라는 것을 보여 주려고 애썼다. 대신에 그것은, 당신의 관점, 행동, 관계, 계획 그리고 선택하는 방식을 변화시키는 것과 관련된다. 너무 부담스럽게 느껴질 수 있겠지만 그것이 주는 보상은 매우 크다. 인생이 단지 견디는 것이 되어서는 안 된다. 그것은 때로 고통스럽지만 소중하고 가치 있는 것이어야 한다. 여기에는 새로운 접근법이 필요하다.

앞에서 우리는 당신이 좀 더 효과적으로 정서적인 고통에 대처할 수 있는 방법과 덜 우울하도록 사고양식을 변화시키는 전략, 그리고 문제해결 방법에 대해 논의하였다. 이제 당신의 인생이 좀 더 나아지도록 변화시키는 다른 방법들에 대해 논의할 것이다. 우리는 이 기술들을 자기주장 기술, 인간관계 개선 기술 그리고 인생에 있어서 '중대한 개입' 의 세 가지 주요 범주로 나눌 것이다.

이 주제들에 관해서 많은 책들이 출간되었다. 우리는 이 책의 주요 요점을 요약하고 당신이 좀 더 배우기를 원한다면 읽을 수 있는 책들을 제안할 것이다.

자기주장성

다른 사람들이 당신의 이야기를 잘 들어주지 않는다는 느낌을 자주 받는가? 어쩌면 당신은 빌려주었던 책을 돌려받거나 꾸어준 돈을 달라고 하고 싶은데, 이것을 직접적으로 말하기가 어려울지도 모른다. 어쩌면 당신은 누군가가 당신에게 좀 더 애정을 표현해 주기를 바라거나, 상처 주는 말이나 행동을 하지 않기를 원할지도 모른다. 또는 당신이 너무나 정서적인 고통이 크고 허전하며 버려진 것처럼 느끼지만, 그것을 어떻게 표현해야 하는지 모를 수도 있다. 이 모든 경우에 자기주장 훈련이 꼭 필요하다.

당신이 필요로 하는 것을 표현하지 않으면 그것을 얻는 것은 거의 불가능하다. 이것은 이론적으로는 단순하게 들린다. 그러나 실제로 당신의 감정, 생각, 소망을 알리는 행위는 어려울 수 있다. 당신은 거절당하거나, 비웃음을 사거나, 생색내는 소리를 들어야 하거나, 무시당할 것이라는 걱정을 할 수 있다. 자신을 표현함으로써 주제넘게 구는 것처럼 보이거나 다른 사람들의 미움을 받을까 봐 걱정할 수 있다. 당신이 너무 취약한 상태가 되거나 당신이 어떻게 느끼는지를 다른 사람들이 알게 되면 당신을 고의적으로 이용할 것이라고 예상할 수도 있다. 이러한 두려움들 때문에 자기주장을 하는 행동이 매우 어려워 보이고 자기주장하는 것을 피할 수 있다.

이런 어려움에도 불구하고, 당신이 원하는 것을 다른 사람에게 표현하는 기술을 개발하는 데 시간과 에너지를 쏟는 것은 가치 있는 일이다. 그렇게 함으로써 당신은 좀 더 자신감 있고, 좀 더 통제권을 가지고 있다는 느낌을 받으며, 좀 더 다른 사람들이 당신을 배려하도록 영향을 주기가 쉬워진다. 그러한 변화가 일어나기 시작할 때, 인생은 조금 더 쉬워지고 조금 더 편하게 느껴질 것이다.

'신디'의 경우를 고려해 보자. 그녀는 42세이며, 이혼을 했고, 청소년기에 접어든 세 아들의 엄마이면서 법률회사의 비서로 일하고 있다. 대부분의 사람들의 눈에 신디는 별다른 점이 없어 보였다. 그녀는 가정과 직장에서의 일을 책임감 있게 하고 다른 사람들과 적당히 잘 지내는 것처럼 보였다. 그러나 그녀는 죽고 싶다는 생각으로 고통을 받았다. 삶이 그녀를 너무 지치게 하지만 그 대가로 돌아오는 기쁨이나 희망은 거의 없었기 때문이었다.

어떻게 그럴 수가 있을까? 어떻게 신디 같이 '전형적인' 사람이 죽으려고 할 수 있을까? 이 질문에 대한 완벽한 대답은 여기서 이 사례를 논의하는 목적에 비해 너무 깊이 개입하는 것이고, 부분적으로는 그녀가 자기주장을 잘못하는 것의 부정적인 결과와 관련되어 있다.

신디는 그녀가 '해야' 한다고 생각한 모든 일들을, 그것이 아무리 부담스럽고 그녀가 느끼기에 공정하지 않은 것이어도, 불평하지 않고 조용히 하는 사람이었다. 이런 패턴의 명백한 결과 중 하나는 그녀 인생에서 남자들—직장 상사, 아들들 그리고 전남편—에게 부당한 대우를 받고 지배당한다는 느낌을 받게 되는 것이었다(신디의 관점에서, 그녀의 아버지도 또한 '강하고 비판적인' 사람이었다). 부분적으로는 죄책감을 느끼지 않기 위해서, 그리고 '해야만' 하는 것을 안 함으로써 '나쁜' 사람이 되지 않기 위해서, 신디는 자신에게 요구되는 모든 요구에 복종하는 것 이외에 다른 대안이 없다고 믿었다.

그러나 평가절하의 위협을 느끼면서, 그녀가 다른 사람들을 기쁘게 하려고 자신의 모든 시간과 에너지를 쓰느라 그녀는 자신의 욕구를 충족시킬 시간을 남겨두지 못했다. 그녀는 외롭고 두려웠으며, 지치고 너무나 우울했다(비록 그녀가 차분함의 가면 뒤로 이런 상태를 숨겼지만 말이다). 결국 신디는 많은 진통제를 복용하는 방법으로 심각한 자살 시도를 했다. 주변의 모든 사람들은 충격을 받았다.

신디의 경우는 자신에 관한 생각과 감정을 습관적으로 억누르는 것의 위험한 영향력을 보여 준다. 신디는 불평하는 사람으로 보일까 봐 두려웠고 분노반응을 일으킬까 봐 두려워서 가까운 사람들과 자신의 감정을 나눌 수 없었다. 그녀는 휴식이 필요하다고, 공감과 협조가 좀 필요하다고 상사나 아들들에게 말할 수 없었기 때문에 자신에게 부과된 무거운 요구를 줄일 수가 없었다.

스트레스와 피곤함과 외로움이 커지면서 신디의 우울증은 점점 깊어 갔다. 이 시점에서 신디의 자기주장성 부족이 가장 극단적인 위험을 초래한 것이다. 그녀는 도와달라고 직접적으로 요청할 수가 없었다. 비록 신디가 정신과 의사를 만날 필요가 있는 것 같다는 농담을 한 적은 있으나, 자신의 절망의 깊이를 드러내지는 않았다. 신디는 자신을 위해서 전문적인 도움을 청하지 않았고, 다른 사람들이 그녀를 위해 개입할 수 있을 정도의 충분한 고통을 표현하지 않았다. 결국 신디는 자살 시도를 하였고, 이것은 자기주장을 잘하지 못하는 사람들이 자신의 요구를 다른 사람들에게 알리는 가장 비극적인 방법이었다.

이 예가 보여 주는 것처럼, 침묵 속의 고통은 문제를 해결할 수 있는 기회를 막아버린다. 그리고 도와달라는 외침으로 자살을 선택하는 것은 매우 위험한 일이며 장기적으로 보았을 때 효과적이지 못하다. 조용히 고통을 받고 있는 것과 자살을 시도하는 것은 당신의 욕구를 다루는 두 가지 극단적이고 부적응적인 방법이다. 건강하다는 것은 그 중간 어딘가에 위치하며, 당신의 욕구와 감정을 다른 사람들에게 알리는 것을 의미한다. 이것은 당신이 고통을 받고 있을 때, 그것을 인식하는 것과 당신의 소망과 욕구를 다른 사람에게 전달하는 것을 포함한다.

자기주장성에 관한 주제를 마치기 전에, 전문가라도 자기주장 행동에 늘 성공하는 것은 아니라는 점을 기억하는 것이 중요하다. 당신이 필요한 것이 무엇인지 사람들에게 말하려고 시도할 때, 어떤 이유에서든 상대방이 반응을 보이지 않는 경우가 있을 것이다. 이때 자신에게 상처를 입히는 것같이, 정신을 차리게 하기 위해 뭔가 강렬한 것을 하려는 그 어떤 충동에도 확고하게 저항해야 한다. 그 대신에 자신을 돌보는 다른 방법을 추구하고 유연함을 유지할 필요가 있다. 이것은 치료를 받거나 지지집단에 합류하는 것을 의미할 수도 있다. 어떤 경우에는, 스케줄을 줄이거나 다른 친구에게 전화를 하거나 어떤 사람의 부당한 요구에 대해 싫다고 말하는 것같이 간단한 것일 수 있다. 그리고 좀 더 심각한 경우에는 살아남기 위해 직장을 그만두거나 관계를 정리하는 것을 의미할 수도 있다. 어쨌든, 직장을 그만두거나 관계를 정리하는 것이 인생을 정리하는 것보다는 항상 나은 선택이라는 점을 기억하라.

이 중요한 영역에 관해서 좀 더 읽을 것으로 로버트 알베르티(Robert Alberti)와 마이클 에먼(Michael Emmon)이 쓴 『당신의 완벽한 권리(Your Perfect Right, 1990)』를 추천한다.

인간관계 개선 기술

다른 사람과 친밀한 연대감을 느끼는 사람이 자살을 한 경우는 실제로 들어보지 못했다. 자살을 하는 사람들은 자신이 혼자라고 확신하는 경우가 많다. 우리는 자살하려는 환자들이 '아무도 나에게 관심이 없다.' 라거나 '나는 돌아갈 곳이 없다.' 또는 '나는 너무나 외롭다.' 라고 이야기하는 것을 들어 왔다. 우울한 사람들은 보통 사회적 활동을 멀리하기 때문에 이런 말들에 진실의 핵심이 들어 있다. 그러나 자살하려는 사람들은 인간관계가 무의미하다거나 이미 돌이킬 수 없는 것이라는 신념을 가지고 있는데, 이것은 거의 대개 부정적으로 왜곡된 것이다.

다른 사람들과의 정서적인 연대감은 인생의 묘미다. 우리가 관심을 가지고 좋아하고 존경하는 사람들과 인간관계를 맺고, 중요하게 생각하며 그것을 길러 나갈 때, 많은 행복을 수확할 수 있는 것이다. 우리가 인간 세상에 우리 자신을 투자하기로 결심할 때, 삶을 향한—자살로부터는 멀어지는—커다란 도약을 하는 것이다.

가장 깊은 절망의 시기에, 어쩌면 당신은 다른 사람에게 관심이 없다거나, 다른 사람들이 당신에게 관심이 없다거나 또는 둘 다라고 확신할지 모른다. 그러나 당신은 스스로에게 '언제나 이런 식이었을까?' 라고 질문해 볼 필요가 있다. 삶이 좀 더 견딜 만해 보였을 때를 되짚어 보면, 당신이 다른 사람들과 잘 지냈었다는 것을 기억할 수 있을 것이다. 그것이 우연일까? 우리는 그렇게 생각하지 않는다. 생각보다 더 많이 당신은 즐거운 방식으로 다른 사람과 상호작용을 했으며, 자신과 다른 사람들에 대한 태도도 보다 긍정적이었을 것이다.

다른 사람들과 잘 지내는 것은 인생을 좀 더 완성해 주고, 좀 더 풍부하게 만들어 주지만, 이를 위해 어떤 노력과 노하우가 필요하다. 심각하게 우울한 사람들은 에너지의 수준과 집중력이 현저하게 저하되는 경향이 있기 때문에, 종종 이들의 사회적 기술이 떨어지는 것은 놀라울 것이 없다. 중요한 관계의 상실은 이 상황을 더 악화시킬 수 있는데, 우울한 사람들은 외롭다는 느낌을 받을수록 더 많이 고립되어 지내는 쪽을 선택한다.

이 상황에서 당신이 그렇게 하고 싶지 않더라도 사람들과 어울리도록 스스로에게 압력을 가하는 것이 중요하다. 다른 사람들과 좋은 순간을 공유할 수 있는 사람이 되기 위해 노력하는 것은 자신을 위한 훌륭한 투자다. 당신은 아마 더 좋은 대우를 받는 것으로, 그리고 좀 더 자신에 대해 긍정적인 느낌을 받게 되는 것으로 보상을 받을 것이다.

인간관계를 형성하고 유지하는 것의 복잡성을 생각했을 때, 우리는 당신에게 다른 사람들과 관계를 맺어 나가는 것에 관한 몇 가지 간단한 제안을 하고 싶다.

첫째, 당신은 자신의 존재를 다른 사람들에게 알릴 필요가 있다. 한때 유명한 코미디언이 "사람들 앞에 서기만 해도 80%는 성공한 것이다."라고 말했던 것처럼 말이다. 예를 들어, 당신이 습관적으로 사무실에서 혼자 점심을 먹는다면, 반드시 점심을 먹으러 나가는 사람들 사이에 끼도록 노력하라. 사람들이 당신을 주제넘게 볼

까 봐 걱정하지 말자. 당신이 해야 할 일은 "같이 가도 될까요?" 라고 물어보는 것이 전부다. 그들이 할 수 있는 최악의 행동은 "아니요."라고 말하는 것이다. 만일 그렇다면 당신이 다음날 당신과 점심을 같이 먹을 사람을 초대하려고 해 보라. 만일 당신이 집에 혼자 있다면, 전화기 옆에 그냥 앉아 있거나 빈 우편함을 바라보고 있지 말라. 적극적으로 행동해 보아야 한다. 당신이 전화를 하거나 편지를 쓰는 사람이 되면 된다. 사람들에게 당신이 그들에 대해 생각하고 있다는 것을 알게 하라. 그들이 당신의 이야기가 재미없고 우울하다는 것을 알아차릴 것이라는 점이 걱정된다면, 그들의 이야기에 초점을 맞추라. 물론 당신이 자살을 고려하는 시점이라면 당신은 다른 사람에게 당신이 얼마나 우울한지, 그리고 당신이 그들의 지지를 필요로 하고 있다는 것을 전달해야 한다. 진정한 친구라면 당신이 어떤 상태인지에 대해 아무 말도 안 했을 때 당황스러워할 것이다.

둘째, 친절한 말과 초대에 반응을 보여라. 만일 누군가 당신에게 어떤 칭찬의 말을 한다면 그 사람에게 그 말에 대해 얼마나 고마워하는지를 표현하라. 별거 아니라는 식으로 어깨를 한 번 들썩이고 말거나 반박하거나 본심이 무엇인지 의심하지 말라. 누군가 당신에게 모임에 참가해 달라고 초대하면 응하도록 하라. 자동적으로 "안 됩니다."라고 말하지 말라. 또한 끝까지 아무 말도 안 하고 있다는 것은 가지 않으려 한다는 것으로 받아들여진다는 것을 알아야 한다. 왜냐하면 이것은 관심 없는 것처럼 보이게 하기 때문이다. 그 결과, 의도한 것은 아니었지만 당신은 다른 사람들이 계획을 잡을 때 당신을 고려하지 말라고 가르치는 것이다.

당신은 '문제는 내가 친절한 말이나 초대를 무시하는 것이 아니라, 내가 그런 것들을 받아 본 적이 결코 없다는 것' 이라고 말할지도 모른다. 이것은 명백히 부정확한 것이다. 다른 사람들이 당신에게 잘해 주려고 한다는 사실을 간과하기 때문에, 다른 사람들로부터 친절한 말을 들어 본 적이 있지만 인식을 못할 수 있다. 웃지 말자. 우리는 이런 경우를 많이 보았다. 이때 당신은 그동안 인식하지 못했지만 다른 사람들이 당신에게 가까이 오려고 하는 모습을 주의 깊게 살펴보는 노력을 매일 해야 한다.

예를 들어, 우리 환자 중 한 사람이 멀리 떨어져 있는 연인으로부터 '끔찍한 편지' 를 받은 후에 자살을 하려는 상태에서 전화를 했다. 치료자는 환자에게 전화로 그 편지를 소리 내어 읽어 달라고 부탁했다. 편지는 많은 사과의 말과 '당신을 사랑해요' 라는 내용을 담고 있었다. 또한 '우리의 관계가 힘들긴 하지만 나에겐 매우 소중한 것입니다' 라고도 적혀 있었다. 치료자가 그 편지의 기본적인 내용을 요약해 보라고 하자, 환자는 눈물을 흘리며 "그녀가 나를 떠나버리려고 해요."라고 말했다. 환자는 애정을 나타낸 편지의 95%를 무시하고 관계에 의문을 표한 5%의 내용을 극대화하고 왜곡한 것이다.

심각하게 우울한 사람들은 그들의 많은 대인관계 속에서 이런 동일한 실수를 하는 경향을 보였다. 그들은 관심과 애정, 지지와 존경의 행동과 말에 대해 듣지도 보지도 못했다. 이와는 반대로, 대인관계 속에 존재하는 어색함이나 불편감에 대해서는 너무나 잘 자각했다. 그래서 그들은 자신이 완전히 혼자이며 아무도 자신에게 관심을 기울이지 않는다고 생각해 버린다.

이런 외로움의 상태와 싸우기 위해, 다른 사람들이 당신과 시간을 함께 보내자고 했을 때, 그냥 '알았다' 고 말하는 것이 중요하다. 이것은 사회화, 소집단 활동에 협조하는 것, 전화나 방문을 받아들이는 것 등을 수반할 것이다. 다른 사람들이 어떤 식으로 당신과 관련을 맺고자 했을 때, 당신이 습관적으로 사람들을 멀리하는 경향이 있다면, 그들은 당신이 그들을 좋아하지 않는다거나 당신의 혼자 있고자 하는 욕구를 다른 사람들이 존중해 주기를 바란다고 믿을 수 있다. 결국 당신은 우울함을 극복하는 데 전혀 도움이 안 되는 상황에 혼자 남게 될 것이다. 다른 사람들에 대한 관심을 잃어버렸다고 성급하게 결론을 내리기 전에 그들과 시간을 좀 보내 보고, 어떤 느낌이 드는지를 평가해 보라. 미리 가정하지 말라.

당신이 사람들의 행동을 간과한 것이 아니라면, 다른 가능성은 실제로 당신이 다른 사람들로부터 친절한 말이나 초대를 받지 못했다는 것이 될 것이다. 이런 경우에 당신이 진심으로 칭찬을 하는 것을 먼저 행동으로 옮겨 보고 초대를 먼저 해 보는 방법이 있다. 그러한 행동은 대개 재빨리 되돌아온다.

당신의 대인관계를 풍부하게 하는 세 번째 방법은 다른 사람들을 존경과 배려하는 마음으로 대하려고 노력하는 것이다. 이것을, 마음속으로 의도한 바를 성취하기 위해 다른 사람에게 입에 발린 칭찬을 하는 것과 혼동해서는 안 된다. 우리는 단지 당신이 다른 사람들로부터 받고 싶은 공감과 관심을 다른 사람에게 주려고 노력하라고 제안하는 것이다. 많은 인간관계가 상호적인 것이기 때문에, 당신이 선량하고 좋은 마음으로 다른 사람들을 대하면 상대방도 그러한 마음으로 당신을 대하기 마련이라는 것이다. 이것도 당신의 인간관계뿐만 아니라 당신의 인생을 풍성하게 하는 데 핵심적인 요인이다.

우리의 마지막 제안은 좀 이상하게 들릴지도 모르지만 참고 들어 주기 바란다. 만일 당신의 가장 가까운 친구 중 하나가 개나 고양이, 또는 다른 동물이라면 그 관계를 매우 중요하고 성공적이게 하는 요소가 무엇인지 고려해 보자. 많은 경우에, 사람이 세상에서 상처를 입으면 관심과 믿음을 애완동물에게 쏟는 것을 선택하기도 한다. 그것은 좋다. 또 하나의 생명체와 정서적 유대를 맺는 일이며 그 존재는 당신에게 충성심과 무조건적인 애정을 보낸다. 더 나아가, 개나 고양이 또는 다른 동물과 애착관계를 형성한다는 것은 당신이 애정을 주고받을 수 있는 능력을 가지고 있다는 것을 증명해 준다. 그러면 문제는, 당신이 다른 사람과의 관계에서 비슷한 수준의 우정을 나눌 수 있는 희망을 품을 수 있는가 하는 것이다. 당신이 냉소적이거나 절망적으로 느낀다면, 당신은 아마 부정적인 대답을 할 것이다. 그러나 이것은 불필요하게 비관적인 것일 수 있다. 특히 동물과의 관계에서 배운 긍정적인 교훈을 고려했을 때 말이다.

교훈이 무엇인가? 처음 시도해 보려는 사람에게 동물과의 관계는 돌아오는 것이 많기는 하지만 인간관계와 마찬가지로 완벽하지 못하다. 화가 나게 되거나 걱정거리가 생기거나 또 다른 욕구를 만족시키는 데 있어서 불편함을 경험할 수 있다. 그러나 어떤 식으로든 멋진 보상을 해 주기 때문에 우정을 맺는다는 맥락에서 당신은 이것을 참을 수 있는 대가로 받아들일 수 있다.

또 하나의 교훈은 동물과의 유대가 완벽하지는 못하지만 안정감과 안전감을 강화시킨다는 것이다. 이것들은 당신이 자신에게 중요한 사람들과 상호작용을 하기 위해 노력할 수 있는 조건이다.

그리고 또 다른 교훈은 그 관계가 영원히 지속되는 것은 아니라고 해도 살아 있는 생명체와 친해지는 것은 소중한 가치를 지니고 있다는 것이다. 사람들이 한 동물에게 헌신할 때, "내 개는 아마도 10년이나 그 정도 안에 내 앞에서 죽을 텐데 너무 애착이 되어서 뭐하겠어?"라고 말하지 않는다(이것은 NRQ, 즉 부정적이며 과장적인 질문이라는 점에 주목하라). 그 대신에, 그들은 전형적으로, 사랑하는 동물이 결국 자신을 떠날 수 있다는 가능성이 있음에도 불구하고 동물과 우정을 나누는 동안에 경험하는 즐거움을 환영한다. 이것을 받아들임으로써 그들은 더 큰 이익을 얻는다. 우정을 즐기고 우정이 깊어지도록 한다. 이것은 인간관계에도 적용될 수 있는 것 같다.

마지막으로, 동물이 사람보다 우월한 특징을 가졌고 그렇기 때문에 사람과의 관계는 사람이 동물과 나누는 신뢰와 애정의 수준에 결코 이를 수 없다고 말하는 사람들에게 우리는 좀 과장된 질문을 하나 해 보고 싶다. 만약 정말 그렇다면 왜 동물들이 사람에게 그렇게 애착을 보이는 것일까? 동물을 사랑하는 사람들은 적어도 동물을 사랑하는 다른 사람들과는 유대관계를 형성할 수 있어야 한다. 당신이 사람에 대해 뭐라고 생각하든 사람과 그의 애완동물 사이의 연대는 여전히 인간적인 요소를 지니고 있다. 아마도 그것은 사람들 속에서 가장 잘 드러날 것이다. 우리는 확실하게 알지는 못한다. 당신이 그런 특성들을 친구, 친척, 아는 사람, 동료, 이웃, 배우자, 그리고 그 외에 다른 사람들과의 상호작용을 향상시키기 위해 사용할 수 있겠는가? 우리는 당신이 할 수 있다고 생각한다. 그리고 그것은 시도해 볼 만한 가치가 있다.

'중대한 개입'

앞서 언급했던 앨버트 엘리스(Albert Ellis)는 사람을 약하게 만드는 생각과 감정을 극복하는 많은 방법을 제시하였다. 여기서 정서적인 건강은 단순히 정서적인 혼란이 없는 것 이상이라는 것에 주목할 필요가 있다. 그리고 엘리스는 여기에 추가해서 할 말이 있었다. 그는 로버트 하퍼(Robert Harper)가 쓴 책인 『합리적인 삶을 위한 새로운 지침(A New Guide Rational Living, 1975)』에서 많은 불행한 사람들이 지나칠 정도로 자기몰입을 한다는 사실을 지적했다. 우울한 사람들은 특히 다른 사람들이나 사회적 활동으로부터 철수되어 있으며, 대신에 자신의 문제나 불완전함에 집착한다. 당신도 알겠지만, 만일 당신이 그렇게 한다면 결코 행복한 상태가 될 수 없을 것이다. 자신에게 몰두하는 대부분의 사람들에게 있어 이것은 단지 부적절감을 극대화시키고 다른 사람들과 좀 더 어울리지 못하는 데 대한 수치심만을 유발할 뿐이다.

엘리스는 그 치료법으로 '중대한 개입(Vital Involvement)'을 제안했다. 자기몰두와 정반대로, 중대한 개입이라는 것은 사람이 자기 자신에게 적게 개입하고 인생에 좀 더 많이 개입한다는 의미다. 엘리스가 지적한 대로 '어느 정도는, 사람의 만족이라는 것이 외부의 사건이나 사람들에 대한 몰두와 거의 동의어인 것 같다……' (1975, p. 186).

당신의 중대한 개입을 증가시키기 위한 아이디어를 이야기하기 전에, 이 생각에 대해 당신이 과잉반응하지 않도록 조심시키고 싶다. 일부 잘못된 교사(부모나 목사 등)가 당신에게 스스로에게 관심을 조금이라도 기울이는 것은 이기적인 것이라고 말했을지 모른다. 그러나 우리는 당신이 앞서 나온 자기주장성을 이해했기를 바라며, 정서적인 건강을 위해서는 당신이 자신의 욕구와 관심을 돌볼 수 있어야 한다고 굳게 믿고 있다. 그러므로 당신 자신으로부터 벗어나서 다른 사람들이나 지역사회의 일들을 도우라는 우리의 제안은 당신의 욕구에 관심을 기울이는 것이 나쁘다는 말이 결코 아니다. 결국 자기관심과 외부로 향하는 에너지의 균형을 유지하는 것이 가장 중요한 것 같다.

좀 더 적극적으로 개입을 하는 시작점과 관련해서 두 가지 일반적인 사항을 기억하는 것이 도움이 될 것이다. 첫째는 이미 언급한 것이다. 즉, 중대한 개입이라는 것은 전형적으로, 다른 사람과 같이 하는 일을 하거나(공원을 치우는 것을 돕거나 어떤 단체에 가서 자원봉사를 하는 것 등) 다른 사람들을 돕기 위해 어떤 일을 하는 것 같이 타인에게 개입하는 것을 의미한다. 8장에서 언급한 것처럼, 후자는 특히 도움이 되는 것 같은데 그것은 도움을 받는 사람뿐만 아니라 돕는 사람에게도 득이 된다. 자조운동(self-help movement)에서는 이러한 현상을 잘 인식하고 있다. 여러 해 동안, 자조집단에 관여하는 사람들이 단주 모임에 처음 참가하는 사람들을 도우면서 자신이 다른 사람들을 도울 때 자신의 기분도 좋아진다는 것을 발견했다. 이것은 고맙다는 소리를 자주 듣게 되어서뿐만 아니라 돕는 과정이, 자신이 단지 문제덩어리가 아니라 그 이상이라는 것을 보여 주기 때문이다. 우리 모두는 장점을 가지고 있는데, 곧잘 간과하곤 한다.

두 번째, 일반적인 요점은 중대한 개입은 거의 언제나 뭔가 하는 것을 의미한다는 것이다. 독서를 하거나 텔레비전을 보는 것 같은 수동적인 행동은 마음을 평온하게 하는 데는 좋지만, 사람이라는 존재는 다른 사람들이 행동하는 것을 단지 보기만 하면서 삶의 주변부에 서 있는 구경꾼 같은 느낌을 받을 때 별로 행복하지 않은 것 같다. 그러므로 당신이 중대한 개입을 늘리고자 할 때 당신이 무엇이 될 수 있는가 또는 당신이 무엇을 알 수 있는가가 아니라 당신이 무엇을 할 수 있는가를 생각하라.

이제, 어디에서 시작을 해야 할까? 당신은 어쩌면 좀 더 적극적으로 개입을 하는 것이 좋겠다고 확신을 하고 좋은 의도로 가득 차 있지만, 특별히 어떻게 해야 하는가에 대해서는 오리무중일지도 모른다. 몇 가지 일반적인 지침을 살펴본 후, 몇 가지 특정한 지침을 고려해 보자.

만일 당신의 우울증과 자살성이 언제 시작되었는지 안다면, 그보다 몇 달 그리고 몇 년 전으로 돌아가 보자. 다른 사람들과 적극적으로 관계를 맺고자 하는 욕구를 어떻게 충족시켰었는가? 일상에서 벗어나기 때문에 당신에게 즐거움을 주는 일에는 무엇이 있었는가? 교회일이나 모임에 적극적으로 참여했는가? 학부모 모임이나 반상회 등에 열심히 갔는가? 과거의 행동이 미래의 행동을 예측한다는 것은 잘 정립되어 있는 심리학적 원리다. 그러므로 과거에 유대감과 성취감을 느끼게 해 주었던 활동이 미래에도 마찬가지로 그러한 느낌을 느끼게 해 줄 가능성이 높다.

좋은 아이디어를 찾는 또 다른 일반적인 방법은 긍정적인 역할 모델을 찾아보는 것이다. 친구나 친척 중에 인생을 꽉 채워서 24시간을 이틀처럼 사는 사람이 있는가? 만일 있다면 그들이 자신의 시간과 에너지를 어떻게 투자하는지 잘 살펴보라. 동네 꼬마 야구팀이나 동호회에서 헌신하는 시동생이나, 매주 월요일 아침에 자신이 벼룩시장에서 무엇을 찾아냈는지에 대해 이야기를 하는 동료에게 말을 걸어 보라. 만일 압도당하는 느낌이 들고 '그 사람들은 나랑 달라. 나는 결코 그런 일을 할 에너지가 없어.' 라는 생각을 하고 있다면 에너지는 에너지를 생성한다는 것을 기억하자. 대부분의 사람들은 더 적극적이 될수록 기분이 더 상승되고 에너지 수준이 증가되었다고 이야기한다. 덧붙여, 그런 활동에서 나온 만족감은 강화자(reinforcer)로 기능하기 때문에 이후에 더 많은 활동을 할 가능성을 높여 준다.

표 10-1 중대한 활동과 에너지 수준의 평정

요 일	전형적인 일주일 (변화가 있기 전)		더 적극적으로 관여한 후	
	활동성 (0~100%)	에너지 (0~100%)	활동성 (0~100%)	에너지 (0~100%)
일요일				
월요일				
화요일				
수요일				
목요일				
금요일				
토요일				

어떻게 중대한 개입을 할 것인가에 대한 특정한 아이디어를 얻기 위해 〈표 10-1〉을 보자. 여기에서 이미 논의된 몇몇 활동들과 고려할 만한 다른 것들을 발견할 것이다. 당신의 지역에서 여기 있는 아무런 활동도 할 수 없다면 스스로 다른 아이디어를 좀 더 만들어 보라. 전형적으로 신문은 지역사회의 취미집단에 대한 정보들을 제공해 준다. 전화번호부에서도 여러 모임의 목록을 찾아볼 수 있다. 마지막으로, 브레인스토밍의 힘을 과소평가하지 말라. 다른 사람들이 지역사회에 기여하기 위해 어떻게 하는지에 대해 사람들에게 물어보라. 부정적인 예측은 당신을 고립되고 부족하게 할 뿐이다. 중대한 개입의 새로운 형태를 실험해 보는 것은 당신에게 놀라운 즐거움을 가져다줄 것이다.

표 10-2 좀 더 적극적으로 관여하기 위한 아이디어

지역병원에서 자원봉사하기
집단급식소에서 음식 나누어 주기
동네 아이들을 위해 축구나 야구 같은 체육활동 지도하기
정치적인 캠페인에 참여하기
하이킹 클럽에 참가하기
형이나 언니 역할해 주기
자선단체에 전화해서 봉사하고 싶다고 이야기하기
지역단체의 위원이 되기
동네 자치방범대에 참여하기
동네 노인들의 집 앞 치우기
목사에게 전화해서 교회에서 뭔가 도울 것이 있는지 알아보기
봉사단체에 가입하기
취미활동을 할 수 있는 클럽에 가입하기
지역단체에서 읽기기술을 가르치는 자원봉사하기

제3부

에필로그: 철학도 중요하다

chapter 11

멋지게 사는 것이 좋다

결과지향적인 현대사회에서 철학이라고 하면 미심쩍은 눈으로 바라보는 것이 일반적이며, 일상적인 '현실'과는 관계없는 것, 그리고 대학생 또는 철학자들이나 탐닉하는 사치스러운 것으로 본다. 우리 자신도 그러한 태도의 포로가 되어 이 책에서 방법을 먼저 제시하고 관련된 철학을 뒷부분에 제시한 것인지도 모르겠다. 어쨌든 이 책을 통해 철학이라는 것이 일상적인 삶의 질과 무관한 것이 절대 아니라는 점이 명백해지기를 바란다.

그 연관성은 물론 우리가 철학을 어떻게 정의하느냐에 달려 있다. 철학책이나 학술 저널에 나오는 것 같은, 학문적 철학의 매우 기술적인 논술의 상당 부분은 일상생활과 제한적인 정도의 관련성만을 가지고 있을 것이다. 적어도 글로 쓰인 형태에서는 말이다. 그러나 생각해 보면, 살 것인지 죽을 것인지보다 기본적으로 더 철학적인 것은 없다. 햄릿의 유명한 독백을 고려해 보자. "죽느냐 사느냐 그것이 문제로다……." 그리고 만일 자살이 철학적 문제라면 자살에 내재한 태도와 신념도 철학적 문제다. 이유가 무엇이든, 당신이 살 만한 가치가 없다는 결정은 인간 자체에 대한 (몹시 가혹한) 철학에 기초한 것이다. 마찬가지로, 고통 때문에 자살을 한다는 것은 종종 인간조건의 어떤 현실을 받아들이는 것에 대한 철학적 거부에 기초한 것이다.

우리는 철학이 자살과 밀접한 관련이 있으며, 따라서 이 장에서 이러한 논의를 하는 것이 적합하다고 믿는다. 그러나 우리가 철학적 주제를 탐색하는 동안 어떤 철학적 관점이 '진실' 인 것처럼 잘못 가정하지 말자. 우리는 우리가 믿고자 하는 대로 믿고 느끼는 방식대로 느낄 권리를 가지고 있지만, 철학적 체계가 때로 잘못된 추론에 기초하고 있다는 점을 고려하면, 거의 확실히 '틀린' 것은 있을 수 있다. 그러므로 인생의 의미와 가치에 대해 의문을 품는 사람에게 철학이 무엇을 제공해 줄 것인지를 알아보기 위해 철학적 태도를 탐색해 보자.

인생에 대한 사회문화적인 관점들

어두운 측면

인생에 대한 '어두운' 관점은 자동차 범퍼에 '인생은 거지 같고 결국은 다 죽게 되어 있다.' 라고 쓰인 스티커를 붙이고 다니는 것에서 잘 드러난다. 우리는 그런 모토를 생각해 낼 정도로 인생에 대해 삐딱한 관점을 가지고 있는 사람이 어떤 사람인지, 어떻게 해서 그런 관점을 가지게 되었는지 궁금하다. 그러나 좀 더 숙고하게 되는 부분은 많은 사람들이 그런 관점을 가지고 있으며, 그것을 공공연하게 표현한다는 것이다. 이런 범퍼 스티커들은 미국 어디에서나 쉽게 찾아볼 수 있는데 얼마나 더 많은 사람들이 광고하지는 않아도 그와 유사한 생각들을 가지고 있는지 의문이다.

어떻게 그렇게 많은 사람들이 인생에 대해 부정적인 조망을 가지게 되었는지에 대해 의아해 하는 사람이 있다면, 그냥 저녁 뉴스를 틀어 보면 된다. 살인, 아동학대, 자연재해, 정치적 부정부패 같은 소식들이 화면을 가득 메운다. 채널을 바꿔 보면, 〈허랄도 쇼〉나 〈셀리 제시 라파엘 쇼〉[1]에서 누가 누구를 배신했나에 관한 최신 스캔들과 이에 대한 열띤 논쟁을 볼 수 있다. 다시 채널을 바꾸어 보면, 낙태권리나 예산삭감에 대한 논의로 교착상태에 빠진 의회를 보게 된다. 텔레비전을 끄고 밖으로 나가도 대기오염, 교통마비, 그리고 노숙자들과 직면하게 될 뿐이다. 갑자기 그 범퍼 스티커가 점점 더 말이 되는 것처럼 느껴지기 시작한다.

보다 밝은 측면

세상에 대한 그렇게 어두운 관점을 어떻게 다룰 수 있을까? 첫째, 대중매체가 부정적인 여과(negative filtering)의 심각한 사례라는 것을 아는 것이 매우 중요하다. 이 말은 부정적인 것에 주목하고 긍정적인 것은 간과한다는 것을 의미한다. "좋은 소식만 있으면 신문이 안 팔린다."라는 말이 있다. 이것은 텔레비전 뉴스에 더 잘 맞는 말인 것 같다. 이 책의 앞부분에서 지적한 것처럼, 우울증에 걸리게 되면 당신도 부정적 여과를 하게 된다는 것을 기억하라. 이 말은 당신이 자신과 타인과 세상에 대한 안 좋은 점에만 주목할 것이며, 미디어가 이 세상에서 무엇이 문제인가에만 늘 초점을

1) 역자 주: 미국의 TV 토크쇼들

두기 때문에 당신의 편향이 더 심해지게 할 것이라는 말이다. 리포터들이 그 이야기가 얼마나 긍정적으로 보일 수 있는지와 무관하게, 얼마나 부정적인 방식으로 뉴스를 제시하는지에 주목한 적이 있는가? ("주식 시장이 상승세를 기록하고 있습니다. 하지만 곧 하락세가 임박할 것인지는 시간만이 알 수 있을 것입니다.")

대중매체(그리고 아마도 당신의 두뇌)가 종종 그림의 부정적인 면에만 초점을 기울인다는 사실을 단순히 인식하는 것만으로도 당신이 인생에서 무엇이 옳은가에 대해 좀 더 많은 주의를 기울일 수 있도록 해 준다. 이것을 인식하고 나서, 다음 단계는 세상에 대한 어두운 관점이 균형을 잡을 수 있도록 정보를 수집하기 시작하는 것이다(우리가 나쁜 뉴스를 무시해 버리라고 말하는 것이 아님에 주목하라. 부정적인 것을 차단하고 긍정적인 것에만 주의를 기울이려고 하는 것은 당신을 현실 접촉에서 벗어나게 할 것이고 어쨌든 잘 받아들여지지 않는다는 느낌을 받게 할 것이다). 〈타임〉이나 〈뉴스위크〉 같은 잡지의 최신호에서 특별히 인생의 긍정적인 부분을 다룬 기사를 찾아 기록을 하는 것부터 시작해 볼 수 있다. 예를 들어, 냉전이 끝났다는 것과 1950년대 이후 처음으로 전 세계에 재앙을 초래했던 끔찍한 무기들이 폐기되고 있다는 등의 기사에 주목할 수 있을 것이다. 또한 남아프리카에서 인종차별정책이 종식되었고, 세계 여러 곳에서 민주주의가 뿌리를 내리고 있다는 것을 볼 수도 있다. 좀 덜 두드러지기는 하지만, 우리가 숨쉬는 공기 중에 납 성분이 거의 사라졌다는 것이나, 멸종위기에 처했던 동물들이 발견되고 있다는 등의 긍정적인 기사들도 있다. 더 나아가 부분적으로는 사람들이 건강에 좀 더 신경을 쓰는 것 때문에, 또 다른 한편으로는 놀라운 의료기술의 발전으로 인하여 사람들이 예전보다 더 장수하게 되었다는 기사도 있다.

세상에 대해 긍정적인 관점을 가지기 위한 적극적인 탐색의 한 방법으로, 서점에 가서 바바라 앤 키퍼(Barbara Ann Kipfer)의 『당신이 행복해 할 만한 14,000가지 일들(14,000 Things to Be Happy About)』 혹은 칼 세이건(Carl Sagan)이 우주의 경이로움에 대해 쓴 책과 같이 당신의 시야를 넓혀 줄 책을 찾아볼 수 있다. 여기서 바라는 것은 당신을 온 세상이 다 아름답다고 순진하게 믿는, 극단적인 낙천가로 바꾸겠다는 것이 아니라는 점을 기억하라. 여기서의 목적은 세상의 좋은 면과 안 좋은 면에 대한 정보를 가지고, 세상에 대한 균형 잡힌 조망을 발달시키라고 하는 것이다.

〈표 11-1〉은 오늘의 삶에서 몇 가지 좋은 점들을 목록으로 만든 것이다. 이것을 읽으면서 마음속에 무슨 독백이 떠오르는지에 주의를 기울여 보라. 특별히 다음과 같은 패턴이 나오는지 보라. '좋아, 아마 소아마비는 정복이 됐겠지. 하지만 얼마나 많은 사람들이 AIDS로 죽어 가는지 보라구!' 이런 생각은 '긍정적인 측면을 평가절하하기'의 제목 아래 있는 것이며 세상에 대한 부정적인 관점에 머물게 하는 자기패배적인 방식이다. 당신이 이렇게 하고 있다는 것을 발견했다면 다음과 같은 관점으로 바꿔 보자. '당연히 AIDS는 무섭지. 하지만 우리가 소아마비나 천연두 같은 무서운 병도 물리쳤으니, 확실히 희망은 있는 거야.' 이런 식으로, 당신은 의도적으로 역기능적인 '이거 아니면 저거'라는 식의 사고방식(만일 세상 모든 일이 다 만사형통이 아니라면, 내 인생은 아무 쓸모도 없는 것이다)에서 벗어나서 좀 더 현실적인 '이것과 저것 모두'라는 관점으로 옮겨가는 것이다.

표 11-1 세상의 좋은 것들

- 베트남과의 화해
- 모차르트와 베토벤
- 아이스크림
- 허블 천체망원경
- 어린아이의 웃음소리
- 에어컨
- 재활용
- 가을의 색깔들
- 냉전의 종식
- 대리부모 역할을 하는 가족들
- 미켈란젤로, 르누아르와 마티스
- 추수감사절
- 사람들의 수명 연장
- 개인용 컴퓨터 가격의 하락
- 범죄자의 수보다 정직한 사람의 수가 많은 것
- 국제연합(UN)의 구성
- 핵무기의 해체
- 겨울은 언제나 끝난다는 것
- 물을 마셔도 괜찮다는 것
- 인생의 기적

삶을 선택하기: 그러면 안 될 이유가 있나?

우리가 이 소제목 아래에 수사적인 질문을 하는 것을 허락해 준다면, 계속 살기로 적극적인 결정을 하는 것의 이점을 살펴보자. 몹시 우울한 사람들이 "내가 용기가 있었더라면 자살을 했을 거예요."라고 종종 말하기는 하지만, 우리는 살기로 결정하는 것이 더 나은, 더 강력한, 더 확실한 용기의 표현이라고 믿는다. 삶과 삶의 모든 요구를 다루어 나가려면 상당한 용기가 필요하다는 것을 알고 있다. 특히, 스트레스가 심하고, 지지해 주는 사람들이 별로 없으며, 오랫동안 인생이 험난할 것 같아 보일 때 용기가 필요하다. 문제를 해결할 힘과 어려운 시기를 견디어 낼 수 있는 성격이 필요하다. 자살하고 싶다는 느낌을 받은 적이 있지만 무거운 발걸음을 옮겨 삶을 이끌어 왔다면, 당신은 그런 자질을 가지고 있는 것이다.

우리는 인생이라는 것이 단지 견디어야만 하는 것이라고 제안하는 것이 아니다. 그보다는 어려운 시기를 견디고 살아남을 수 있다면, 인생은 당신에게 놀라움과 흥분, 심지어 충만감을 줄 수 있다는 것을 이야기하는 것이다. 우리 중 누구도 언제 인생이 잘 풀릴 것인지, 언제 인생이 우리를 절망의 골짜기에 몰아넣을지 확실하게 예측할 수 없다. 그러나 당신이 자신과 당신의 개인적 세계에 대해 건설적인 조망을 유지하고 있으면, 기회가 생겼을 때, 인생이 당신에게 제공하는 좋은 것들을 누릴 준비가 되어 있을 가능성이 증가할 것이다. 남들은 그렇지 못하더라도 당신은 자신에게 잘해 주려고 결심할 수 있다. 당신은 때로 다른 사람들의 삶에 행복과 약간의 도움을 줄 수 있도록 당신 자신을 내어줄 수 있다. 당신의 긍정적인 행동은 당신에게 되돌아올 것이다. 안 돌아오는 경우보다 돌아오는 경우가 더 많을 것이다. 당신은 이 지구에 당신이 할 수 있는 한 오래 머무르기로 결심할 수 있다. 그래서 조급하게 죽어 버리기로 결심한다면 잃어버리고 말았을, 예상하지 못했던 미래의 의미 있는 경험을 도둑맞지 않을 수 있다.

삶을 선택한 실제 사람들

거의 예외 없이, 인생의 의미—그리고 삶을 사는 것의 중요성—

에 대한 가장 강력한 논쟁은 죽음의 문턱까지 갔다 돌아온 사람들로부터 나온다. 우리는 그러한 사람들의 여정을 목격할 수 있었고, 그들의 이야기로부터 배울 수 있었다. 우리는 그들의 경험으로부터 영감을 얻었으며, 더 나아가 다른 많은 조망들을 통해 인생을 보게 되었다. 그 각각은 우리에게 소중한 것들을 가르쳐 주었다. 삶을 선택하는 데 있어서의 '교훈들'을 다음 부분에 예시해 놓았다.

영화 매니아의 은유

'조엘'은 한때 우울하고 늘 시무룩하며 외로운 사람이었으며, 삶에서 유일하게 즐겁다고 느끼는 때는 옛날 영화를 보며 파묻혀 있는 시간이었다. 오늘날 그는 여전히 영화광이지만 이전보다 더 행복하다고 한다.

조엘은 가장 외롭고 가장 비관적인 시기에 살아남기 위해 그가 사용했던 정신적 기법에 대해 이야기하였다. 그는 인기 있는 할리우드 영화에서 영웅은 결코 죽지 않는다는 (그리고 죽는다 하더라도 그 사람을 어떻게든 다시 살려낸다) 핵심적인 원리에 대해 설명했다. 그는 또한 가장 효과적인 영화가 사회에서 실패한 사람의 투쟁을 그린 영화였다고 하였다. 그 주인공은 영화 속에서는 거의 지지를 받지 못했으나, 영화를 보는 사람들의 막강한 지지를 받았다.

조엘은 자신의 우울증에 이런 영화의 전술을 채택해 보기로 결심했다. 그는 자신을 '영웅'(또는 적어도 '주인공')으로 칭하고 영웅은 죽지 않는다는 것(적어도 자살을 하지는 않는다는 것)을 자신에게 상기시켰다. 하지만 좀 더 중요한 것은 조엘이 가장 외로움을 느꼈을 때 자신은 보이지 않는 수많은 사람들의 지지를 받고 있다고 상상했다는 점이다. 그 사람들은 은막 뒤에 존재하는 관객들이었다. 조엘은 자기 주변의 사람들은 자신에게 관심이 없다고 굳게 믿을 때마다 이 은유가 도움이 되었다고 보고했다.

조엘의 전술은 인생을 지지하는 개인적 철학의 일부가 되어 갔고 이것은 그에게 어느 정도의 희망과 편안함을 주었다. 인지치료를 통해 그는 이 철학을 그의 실제 인생(공상세계가 아니라)에 어떻게 적용하는지를 배웠다. 그의 임무는 그의 '관객'을 찾아내서 그들과 접촉하는 일이었다. 부분적으로 이것은 사회적 우정을 형성하는 데 적극적인 역할을 한다는 것을 의미했다. 역설적이게도, 이것은 혼자 고립되어 영화를 보는 시간을 줄여야 하는 것을 의미했다. 점진적으로 조엘은 다른 사람들과 상호작용하는 것과 관련된 최대의 어려움을 극복했고, 그의 기분은 시간이 지남에 따라 눈에 띄게 좋아졌다. 자살과는 거리가 멀어졌으며 삶이 좀 더 쉬워 보이고 심지어 잘 될 것 같은 느낌을 받았다.

현명한 소비자의 전략

'조설린'은 언제나 알뜰한 소비자였다. 그녀는 거의 모든 물건을 할인된 가격에 샀다. 뭔가 새 것을 살 때마다 그녀는 보증기간이 적절한지를 확인했고, 환불제도가 잘 되어 있는 상점을 찾아갔다.

조설린은 자살을 하려고 해서 치료를 받게 되었다. 그녀는 인생을 끊임없는 일거리로 보았으며, 행복을 누릴 희망은 거의 또는 전혀 없는 것으로 보았다. 그러나 치료과정에서 그녀와 치료자가 '삶과 죽음에 관한 소비자 입장'에 대해 이야기한 것이 긍정적인 전환점이 되었다.

간단히 말하면, 죽음은 보장된 '상품'이다. 한편, 인생은 그렇지 않다. 조설린은 그녀가 어떻게 하던, 어느 시점에서는 죽음을 거저 '받게 될 것' 이라는 점을 깨달았다. 그것을 받기 위해 노력할 필요가 없었다. 그것을 받기 위해 특별한 수고를 할 필요가 없었으며, 그것을 '유지하기 위해 손볼' (오랫동안 최대한 잘 기능하게 하기 위해 집이나 자동차를 손본다는 의미에서) 필요가 없었다.

조설린은 또한 조급하게 서두를 필요가 없다는 것을 깨달았다. 죽음이 훨씬 좋아 보이는 것이더라도 그 물건이 재고가 없을까 봐, 다 팔려버렸을까 봐, 유행이 지나버릴까 봐 걱정할 필요가 없었다. 그녀는 기다릴 수가 있었고, 그것은 언제나 거기서 그녀를 기다리고 있을 것이었다.

그러나 인생은 취급할 때 주의를 기울일 필요가 있었다. 어떻게 보면, 조설린이 태어나 살게 된 것은 수십 만분의 일의 확률로 일어난 일이었다. 인생은 절대 보장된 것이 아니었으며, 처음부터 결코 생겨나지 않을 수도 있었다. 게다가 조설린의 인생은 다른 사람들의 인생과는 달랐고, 그렇기 때문에 독특하고 구하기 어려운 것이었다. 이것은 조설린의 인생이 시장에서 높은 가치를 지니고 있다는 것을 의미한다. 또한 조설린의 인생은 보장도 되지 않는다(이런 의미에서 '생명보험' 이라는 이름은 잘못된 것이다. 이것은 '조기사망보험' 이라고 불러야 한다). 만일 그것이 끝나 버리면 그녀는 자신의 '돈' 을 돌려받을 수도 없고 또 다른 생명으로 바꿀 수도 없다. '취급할 때 주의하시오' 라는 문구가 인생보다 더 필요한 상품은 없다.

조설린의 자살성은 소비자의 입장에서 보았을 때, 현명한 소비자라는 자기상에 맞지 않는 아주 이상한 것이었다. 그럼에도 불구하고, 전혀 보장도 되지 않는 상황에서 인생을 망가지게 하려고 하고, 던져 버리려고 하는 것은 정말 터무니없는 일이었다.

마찬가지로, 조설린이 어쨌건 받도록 보장되어 있는 물건인 죽음을 집으려고 서두르는 것은 참을성이나 예측력의 부족으로밖에 설명할 수 없는 것이다. 조설린은 언제나 물건이 할인될 때까지 기다릴 수 있는 참을성과 예측하는 능력을 가지고 있었다. 죽음에 대한 조급함은 나쁜 구매라고 할 수 있다. 분명히 조설린은 죽음이 가격인하 표지를 붙일 때까지 기다릴 필요가 있었다. 38세의 나이에 지금 죽기로 결심하는 것은 정말 너무 큰 돈을 지불하는 것이다.

조설린은 자살을 해 버리고자 하는 자신의 욕구는 더 이상은 참을 수 없는 인생의 고통으로부터 벗어나고자 하는 마음 때문이었다고 주장했다. 그러나 지난날의 삶을 돌아보는 과정에서 그녀는 자신이 인생이 나아지지 않는 고통으로 가득 찬 것만은 아니라는 점을 발견했다.

그녀가 좋은 시절을 보낸 적도 있었다. 참으로 이것은 인생에서 보장되지 않는 부분이다. 그러나 조설린이 인생의 최악의 시기라고 생각한 중에서도 좋은 시간을 보낸 적이 있었다면 지금 자살해서 그녀가 미래에 잃게 되는 것은 무엇일까? 이 질문이 조설린을 사로잡기 시작했다. 그녀는 시험적으로 신비스럽고 예측할 수 없고 보장되지 않는 것(인생)에 매달려 보고, 확실한 것(죽음)은 자기 코스대로 가도록 내버려 두기로 동의했다.

리사의 인생은 ER[2]과 닮았다

심한 스트레스를 받는 사람들에게 텔레비전은 때로 현실에서 탈

2) 역자 주: 응급실에서 일어나는 일을 다룬 미국 텔레비전 드라마

출구가 되어 준다. 분명히 이 전략은 (과도한 경우에) 고립과 무기력감을 지속시키는 등의 많은 결점을 가지고 있지만 다른 한편으로 가끔 희망의 메시지를 전달해 줄 수도 있다. '리사'의 경우가 그런 것이었는데, 그녀는 시카고 병원의 응급실 종사자들에 관한 드라마인 〈ER〉의 열렬한 팬이었다.

주인공 중 하나인 '캐럴'은 간호사인데, 드라마 앞부분에서 자살을 시도했다. 그녀는 살아남았고 드라마의 중심인물이 되어 갔다. 당신은 어쩌면 "그게 뭐 어떻다고요? 그건 드라마잖아요."라고 말할지도 모른다. 사실이다. 그러나 캐럴은 리사와 비슷한 부분이 많았다.

첫째, 리사의 인생의 문제 중 하나는 간호사 캐럴의 경우처럼, 잘 맞지 않고 불운한 인간관계였다. 둘째, 리사는 캐럴이 죽게 되어 있는 원 줄거리를 읽었었는데, 미리 내용을 알게 된 시청자들의 반응이 너무 부정적이어서 작가가 줄거리를 바꾸었고, 그래서 캐럴이 살아남았다. 살아남았을 뿐만 아니라 그녀는 자살 시도에서 살아남은 많은 사람들과는 달리, 자신의 삶을 끝내 버리려는 욕구에 더 이상 매달리지 않는 것 같이 보였다.

그 줄거리가 역전된 이유는 시청자들이 간호사 캐럴을 좋아했기 때문이었다. 리사는 이 사실에 충격을 받았는데, 누군가 우울하다는 것이 드러나면 다른 사람들이 그를 비난하고 거부할 것이라고 확신했었기 때문이었다. 간호사 캐럴이 자살 시도를 했음에도 불구하고 수많은 사람들이 그녀를 좋아했다. 사람들은 그녀가 정서적인 어려움을 가지고 있는 것과는 상관없이 그녀의 있는 모습 그대로를 좋아했다. 캐럴은 살아갈 수 있는 뭔가를 가지고 있었고 그래서 그 드라마의 작가가 그녀를 계속 살도록 했다. 리사는 이 교훈이 자신의 인생에도 적용될 수 있는지 알고 싶어 하기 시작했다.

세 번째, 자살 시도를 한 이후의 캐럴의 인생은 꽤 다사다난했다. 그녀는 여전히 불운한 관계로 인해 고통을 받았으나, 그녀의 인생은 충만하고 흥미로웠으며, 많은 사람들과의 의미 있는 연결이 이루어졌다. 그녀가 응급실에서 같이 일하는 사람들 중 누구도 그녀가 정신과적 과거력이 있다고 해서 곤란해 하는 것 같지 않았다. 리사는 이 주인공과 강하게 연결되어 있다고 느꼈고, 간호사 캐럴은 그녀의 인생에서 비공식적인 역할모델 중 하나가 되었다.

우습게 들리는가? 우리가 인생의 기적에 대해 마음을 닫아버린다면 그럴 것이다. 텔레비전을 보고 살아야 할 이유들을 찾은 것이 기적이 아니고 무엇이겠는가. 그 드라마는 주인공이나 상황들이 실제 삶을 그려 낸 잘 만들어진 드라마다. 그러므로 리사가 주인공들 중 한 명의 인생에 그렇게 깊은 감동을 받았다는 데 대해 너무 놀랄 필요는 없다. 리사는 캐럴의 경험을 통해 사랑했던 사람과의 일이 잘 안 풀렸다고 해도 의미 있는 인생을 살 수 있다는 것, 자살을 하려고 했었음에도 불구하고 여전히 사랑받을 수 있고 존중받을 수 있다는 것, 인생은 절망 후에도 아름다울 수 있다는 것, 오직 리사 자신만이 자신의 극본을 쓸 수 있다는 것을 배웠다. 작가가 그녀를 죽게 해서 빼 버리기 전에 인생과의 계약을 새롭게 갱신하는 편이 나았다.

독실한 신자 대니얼의 운명

'대니얼'은 마음 아픈 딜레마로 인해 자살을 하려고 했던 환자였다. 그는 너무나 우울했고 희망이 없다고 느꼈으며, 죽을 생각으로 주변을 정리하고 있었다. 한편, 그는 자살을 해 버리는 것을 두려워했는데, 영원히 구제받을 길 없는 그런 죄를 저질러 저주를 받을지도 모른다는 공포 때문이었다. 다른 한편으로, 그는 '부주의함' (예를 들어, 해변에서 너무 멀리까지 헤엄쳐 가는 것)을 이용해서 죽을 수 있고, 그러면 영광스런 사후세계에 들어갈 수 있을 것이라고 합리화했다.

종교는 대니얼의 생활의 중심이었고, 치료과정 중에 벌어지는 토론에서 빠질 수 없는 부분이었다. 치료자는 대니얼이 자살을 저지르면 저주를 받을 것이라는 두려움을 해석함으로써 삶을 선택하는 것이 낫다는 데 대한 지렛대로 삼으려고 시도했다. 그러나 이것은 위험부담이 있고 불완전한 전략이었다. 부분적으로는, 대니얼이 이미 이 생각을 고려해 보았으나, 여전히 자살하는 방법을 찾으려 하고 있기 때문이다.

대니얼과 그의 치료자가 다음의 주제에 대해 논의하기 시작했을 때, 그는 좀 더 마음에 와 닿는, 살아야 하는 이유를 발견했다. 그것은 다음 세상에 대한 준비였다. 어머니의 자궁에서 잉태되는 기간과 이 땅에서 '머무르는' 기간 사이에 유사성이 있는데, 그것은 존재의 다음 단계를 위한 생존능력을 획득하는 시기라는 것이다.

대니얼은 아기가 임신기간을 다 채우지 못하고 빨리 태어날수록 생존할 수 있는 가능성이 어느 정도 적어진다는 것을 이해하고 있었다. 예를 들어, 현대 의학의 진보에도 불구하고 4개월 된 태아가 어머니의 자궁 밖에서 생존하는 것은 거의 불가능하며, 그 아기는 이 세상에서의 '생존능력 결여' 로 인해 소멸되어 버릴 수 있는 것이다. 치료자는 대니얼에게 사후세계를 위한 발달(임신기간 같은) 기간과 마찬가지의 과정이 자신의 삶에 적용될 수 있는지를 고려해 보았는지 물었다. 25세의 나이에 대니얼이 궁극적 발달의 다음 단계에 대한 준비가 되어 있었을까? 만약 그가 70세나 그 이상까지 살게 되어 있었다면 25세에 죽는 것은 사후세계에서 그가 '생존할 수 있게' 해 줄까? 그가 죽음을 면할 수 없는 운명의 삶을 반복해야 하고 다시 원점으로 돌아가야 하는가? 다른 한편으로, 그가 자신의 인생을 '운명지어진' 대로 움직이게 두면, 이것은 그의 운명인 자연적인 '임신기간(머무르는 기간)'을 채우는 것이고, 그러므로 사후세계에 대한 준비가 되게 해 주는 것인가? 이런 질문들은 현재의 감정이 살 것인가 죽을 것인가에 대한 결정을 지배해 버리기 전에 아주 중대한 생각을 하게 해 주었다.

이런 철학적이고 이론적인 성찰의 결과, 대니얼은 '내버려 두기로' 결정했다. 그는 인생이 그 뜻한 바대로 펼쳐지도록 내버려 두었다. 그는 자신의 인생을 끝낼 수 있다는 마음을 버렸다. 그 대신에 그는 다음 생에서 '살아갈 수 있도록' 하기 위해 그가 할 수 있는 한 많은 긍정적인 방식을 발달시킬 방법을 찾았다.

'매튜' 대 '머피'의 법칙

우리 모두 머피의 법칙에 대해 잘 알고 있다: '뭔가 잘못되기 시작하면, 최악의 상황이 벌어진다.' '매튜'는 자신의 일생이 머피의 법칙의 가학성에 사로잡힌 포로였다고 믿었다. 예를 들어, 고등학교 때 대표팀이 될 정도로 농구를 잘했는데 발목뼈를 다쳐 한 경기도 출전할 수가 없었다. 그가 대학에 다닐 때, 그는 마리화나 소지혐의로 기숙사에서 추방당한 유일한 사람이었다. '강당 전체가 다 연기로 가득 찼는데도' 불구하고 말이다. 몇 년 뒤, 그가 여자친구에게 고백을 할 준비가 되어 있다고 드디어 마음을 먹었을 때, 그녀는 다른 사람과 진지하게 사귀기 시작했다고 공표했다. 최종적으로 그를 무너뜨린 것은 그가 큰 돈을 벌 수 있는 가능성이 있는 직장을, 다른 주로 이사를 가야 한다는 것 때문에 거절했는데, 몇 주 후에 '안전' 하다고 믿었던 직장에서 해고되었으며, 직업도 없는 상태에서 그곳을 떠나야 했던 것이었다.

매튜는 우울하고 냉소적인 사람이었고, 자기 일이 잘 풀렸던 적은 한 번도 없다고 믿었다. 그는 자살을 생각했기 때문에 치료를 받게 되었고, 자신이 도움이 필요하다는 것을 알고 있었다. 매튜는 인생이 좀 더 좋게 변할 수 있다고 믿고 싶었으나, 그의 불운이 그를 냉소적으로 만들었다. 그는 머피의 법칙이 그를 완전히 지배하고 있기 때문에 그가 어떻게 하든 치료를 통해 조그만 희망의 불빛도 잡을 수 없을 것이라고 확신했다.

중요한 전환점은 매튜와 내(Newman)가 다음과 같은 생각을 깨달았을 때 일어났다. 자살을 하는 것은 머피의 법칙에 완전히 굴복하는 것이자 사로잡히는 것이다. 당신은 어떻게 해서 그렇게 되냐고 물을지도 모른다. 우리는 그의 인생에서 상황이 확 좋아지기 바로 전에 매튜가 자살을 해 버리는 것일지도 모른다고 추론했다. 그러면 '머피' 는 또다시 그리고 영원히 이기는 것이다. 우리는 그런 일이 생기게 해서는 안 된다는 데 동의했다.

매튜는 무슨 수를 써서라도 머피의 법칙을 쳐부술 수 있는 인생의 철학을 찾아내야 했다. 그 목적을 달성하기 위해 자살은 그의 선택에서 배제되어야 했다. 그 자리에 매튜는 평균의 법칙을 집어넣었다. 특히, 매튜가 계속 전진하고, 그가 할 수 있는 한 최선을 다해 노력하고, 치료에서 그가 배울 수 있었던 모든 것을 다 적용하면, 그의 인생에도 햇빛이 비출 것이라고 보았다. 그러나 그는 거기서 멈출 수 없었다. 왜냐하면 머피의 법칙이 다시 한 번 나타나려고 하기 때문이다. 매튜는 '나는 아무것도 당연하게 생각하지 않을 것이다. 나는 최선의 것을 기대하지 않을 것이며, 최악의 것을 두려워하지도 않을 것이다. 나는 단지 매일 매일의 삶에서 즐거움을 얻고 내일의 즐거움을 위해 계획을 세우려고 노력하는 사람이라는 것을 잘 알고 있으며, 다만 최선을 다할 뿐이다'라는 태도를 취했다.

매튜의 우울한 기분이 심해질 때마다 우리는 재빨리 머피의 법칙과 싸울 마음의 자세를 다시 갖출 준비를 했다. 매튜는 자살을 하려는 것은 상황이 더 좋아질 것이라는 것을 거의 확실히 보장해 주는 것이며, 그는 살기로 선택했다는 것을 자신에게 상기시켰다. 그는 자신의 씁쓸함을 머피의 법칙의 개념 탓으로 돌려 버리고 자신의 인생에서 그것을 빼 버렸다. 그는 진심으로 자신이 좋은 사람이었다고 믿었고 그래서 우리는 스포츠 금언인 "행운을 얻으려면 당신이 잘해야 한다."라는 말을 기억해 냈다. 이 말은 그가 행운을 얻는 것은 여전히 가능한 일이지만 그가 '기술'(예를 들면, 문제해결, 적극성, 계획성, 즐거움을 느낄 수 있는 활동에 참가하는 것, 대인관계에 투자하는 것 등)을 발달시켜야 한다는 의미다. 이것이 그의 치료의 핵심 주제가 되었다.

인생의 의미

우리는 왜 여기에 있는 것인가? 우리의 목적은 무엇인가? 우리는 모두 언젠가 죽을 텐데, 그렇게 열심히 살려고 노력하는 것이 무슨 소용이 있나? 우리 존재는 의미 있는 것인가? 만일 그렇다면 그 이유는 무엇일까?

이것은 철학자나 이론가, 시인, 과학자 그리고 많은 다른 사람들이 그동안 무수히 질문해 왔던 것들이다. 우리가 앞서 태어난, 수천 명의 저자들이나 수만 명의 보통 사람들처럼, '인생의 의미' 같은 질문에 대해 완전하게 잘 설명할 수는 없을 것이다. 그러나 우리는 각각 자신의 방식대로 존재에 대한 느낌을 만들어 가려고 노력하는 것이 매우 중요하다고 믿는다. 특히, 누군가 자신의 존재를 끝내 버리는 것을 고려하고 있을 때 그러하다.

우리는 미래를 예측할 수 없다. 우리는 운명의 모든 측면을 통제할 수 없다. 우리는 우리가 소중히 여기는 것들을 영원히 소유할 수 없으며, 우리가 잃어버린 가장 소중한 것을 되찾을 수도 없다. 이것이 인생의 진실이며 때로 인생을 그렇게 힘들게 만드는 데 기여하는 것이다.

한편으로, 우리들 각각이 여기에 있다는 것은 불가사의한 기적이다. 당신이 할 일은 당신에게 발생할 수 있는 수많은 가능성을 모두 고려해 보았을 때, 당신이 이 세상에 태어난 것은 우주에서 가장 들어가기 힘든 클럽에 들어가는 티켓을 얻는 행운이 필요한 일이었다는 것을 깨닫는 것이다. 인생—경험할 수 있는 이 가능성—이라는 것은 선물이며 기회이며 놀라움이다. 당신이 고통스러울 때 이것을 기억해 내는 것은 어려운 일이다. 고통받는 사람에게는 매 순간이 영원처럼 느껴질 수 있다. 마찬가지로, 삶을 가치 있는 것으로 보고 부여잡은 사람에게 각각의 즐거운 순간들도 영원한 것이 될 수 있다.

우리는 이 인생을 위해 여기에 있다. 하지만 잠시 동안 머무르는 것이다. 우리는 그 너머에 무엇이 있는지 알지 못하며 이 길을 다시 지나갈 것인지도 알지 못한다. 우리가 가진 것은 '지금 그리고 여기(here and now)' 이며 지금 그리고 여기가 적어도 한동안 조금 더 길게 펼쳐지기를 바랄 뿐이다. 우리가 경험한 것은 너무나 중요한 것이어서 주목할 필요가 있다. 친구와 나누는 웃음, 어린아이들이 우리의 손을 잡았을 때 느껴지는 부드러운 촉감, 사랑하는 개가 당신의 뺨을 핥았을 때의 기분 좋은 느낌, 당신이 문제를 풀다가 답을 발견했을 때의 시원함, 사람들이 당신에게 친절하게 박수를 보냈을 때 느껴지는 자신감, 당신의 감정을 이해하길 원하는 다른 사람과 연결되어 있다는 따뜻한 느낌, 새로운 것을 배우는 흥분 같은 것들 말이다.

밤에 충분히 자고 나서 아침에 깨었을 때 느껴지는 활력, 어느 가수의 노래가 당신의 영혼을 어루만졌을 때 몸을 타고 흐르는 전율, 그림 같은 일몰을 보았을 때의 경외감, 사랑하는 사람과 조용한 순간을 함께 보내는 평온함, 한 번도 가 본 적 없었던 곳에 가보는 설레임, 액션 영화에 몰두했을 때 느끼는 스릴, 쌀쌀한 날 따뜻한 식사를 할 때 느껴지는 온기, 친절한 말을 들을 때의 잔잔한 즐거움, 당신과 동료들이 경기를 잘 끝마치고 난 뒤의 함께라는 느낌, 청룡열차의 겁나는 재미를 생각해 보라.

당신이 누군가를 도왔는데, 그가 고맙다고 말하는 소리를 들었을 때 느껴지는 만족감, 겨울 아침에 따뜻한 이불 속에서 느끼는 포근함, 여름에 장맛비가 그친 뒤 나오는 무지개, 몹시 더운 날 풍덩하며 수영장에 뛰어드는 즐거움, 저녁 식탁에서 친구들과 편안하게 잡담을 즐기는 여유, 신선한 아이디어에 관한 지적인 흥분, 감기가 나으면서 다시 느끼는 첫 개운함, 당신이 없을 때 어떤 사람이 당신에 대해 뭔가 좋은 이야기를 한 것을 알게 되었을 때의 감동, 공연장에서 힘이 넘치는 음악을 듣는 황홀함과 같은 경험들을 생각해 보라. 당신의 인생에서 그러한 시기들을 기억하고 추억하는 만족감과 미래에 또 그런 감정들을 맛볼 수 있다는 조용한 희망을 생각해 보라.

우리는 여기서 기술한 그런 종류의 경험을 하고 감정을 느끼는 정확히 그 순간에, 우리의 삶과 우리 자신에 대해 최대한 자각할 필요가 있다. 우리의 인생에서 정말로 무엇이 가장 중요한가에 대해서 차분하게 생각할 시간이 필요하다. 우리가 자신과 타인을 어떻게 대해 왔는지를 찬찬히 살펴보고, 둘 다에게 좀 더 친절해질 수 있는 기회를 가질 필요가 있다.

영원히 지속되는 것은 없다는 것이 사실이긴 하지만 우리는 다른 것보다는 상대적으로 좀 더 지속적인 것들—우리의 건강, 인간관계, 우리의 아이디어, 계획, 목표에 대한 일상적인 느낌들 등—에 우리 자신을 투자할 수 있다. 이것들은 너무 광범위하지만 않다면, 삶을 좀 더 의미 있게 만드는 목표들이다.

우리 중에 한 사람이 죽을 때 우리들 속의 한 부분도 함께 죽는다고들 한다. 우리는 모두 이 인생의 여행을 함께 하고 있으며 자연이 허락해 주는 한 오래 우리의 '팀'이 상하지 않도록 하는 것이 좋다.

당신이 몹시 우울하고 절망적일 때, 자살이 때로 그럴듯한 선택인 것처럼 보일지라도, 사실 이것은 가능한 모든 것을 포기하는 것이며, 당신이 미래에 애착을 느끼게 될지도 모르는 사람들을 포함해서 다른 사람들과의 연결을 모두 끊는 것이다. 인생을 끝내버리는 대신 인생이 좀 더 나아질 수 있도록 노력해 보자. 인생의 즐거움을 좀 더 달콤하게 하고 슬픔을 좀 더 참을 만한 것으로 만들기 위해 지역사회 공동체에서 고립되어 떨어져 나와 있기보다는 연결되는 편을 선택해 보자. 이전에 예에서 이야기했던 것처럼 우리 자신을 '그냥 두어 보자.'

우리가 언젠가 죽는다는 사실은 이미 정해진 것이다. 그러므로 우리의 손으로 죽을 것을 결심하는 것은 통제권을 행사하는 것의 예가 될 수 없다. 죽음은 어쨌든 다가올 것이다. 자살을 함으로써 우리가 하는 일은 우리가 이 존재에 대해 가지는 제한된 통제권—우리의 삶 안에서 실행하려고 노력하는 편이 차라리 나은 통제권—마저 버리는 것이다.

이 책을 읽는다는 것은 당신이 삶과 죽음에 대한 결정을 하는 것에 대해 열린 마음을 유지하고 있다는 것을 보여 준다. 우리는 당신이 인내심을 가지고 우리의 이야기를 경청해 준 것에 대해, 그리고 당신의 개인적인 인생 경험에 비추어 보았을 때 이상하게 보일 수 있는 관점들을 받아들여 보려고 한 것에 대해 감사한다. 우리는 당신이 이 세상에서의 삶에 다시 투자하기로 결심하기를 바라며 그 선택이 당신이 다른 사람들과 상호작용하는 데 긍정적인 영향을 주기를 희망한다.

구약성서에 한 사람의 목숨을 구한 사람은 온 세상을 구한 것이라는 이야기가 있다. 살겠다고 적극적으로 선택함으로써, 당신은 사실 온 세상을 구하는 것이다. 또, 비록 그들이 누구인지 알 수 없을지도 모르지만, 당신은 다른 사람들을 구원하는 것이다. 그들은 당신이 인생을 바꾸어 놓을 학생들일 수도 있고, 당신의 도움을 절실히 원할 형제일 수도 있고, 당신이 살아서 아이를 낳겠다고 결심했기 때문에 세상에 태어나게 된 자녀들이나 손자들일 수도 있으며, 당신의 존재가 그들의 삶에 중요한 의미가 될, 세상에 이미 태어난 자녀들이나 손자들일 수도 있고, 도움이 필요할 때 당신의 관심에 편안함을 느낄 친구들일 수도 있고, 당신의 회복과 희망에 대한 이야기를 들음으로써 도움을 받게 되는 종교집단이나 치료집단의 사람들 그리고 또 수없이 많은 사람들일 수 있다.

우리는 이 책에서 자신이나 사랑하는 사람을 돕기 위한 당신의 요청에 도움이 될 것이라는 생각으로 많은 인지치료전략을 제시했다. 당신이 이것들을 사용하기 바란다. 그러나 자신만의 방식을 찾아낼 수 있는 당신의 능력을 존중한다. 살아가려는 욕망을 불러일으키는 데 사용할 수 있는 방법들 중에서 당신이 선호하는 것이 있다면 우리는 당신이 그것을 생각해 내고 사용하는 것을 지지할 것이다. 무슨 일이 있더라도 행동하라. 우리는 당신 편이다.

우리는 이 인생 여정이 주어진 만큼 오래 지속되기를 바라며 당신이 우리와 함께 이 길을 걸어가기로 선택하기를 희망한다. 행운을 빈다.

부록

1. | 걱정에 빠진 가족들과 친구들을 위한 지침
2. | 유용한 자료들

부록 1

걱정에 빠진 가족들과 친구들을 위한 지침

1장에서 언급한 것처럼, 우리 사회에서 자살이라는 것은 다소 금기시되어 있는 주제다. 따라서 자살을 생각하고 있는 많은 사람들이 그렇지 않아도 걱정하고 있고 자살 이야기를 알게 되면 불안해 할지도 모르는 사람들에게 자신의 감정을 털어놓기를 꺼린다. 마찬가지로, 친구나 가족이 목숨을 끊으려 한다는 것을 알게 되었거나 자살을 하려는 게 아닌가 의심하는 많은 사람들이 자신의 두려움이나 의구심에 대해 표현하는 것을 주저한다. 반대로 어떤 자살하려는 사람들은 자신을 해치려는 생각이나 의도에 대해 너무 자주, 너무 길게 이야기해서, 주변 사람들이 처음에는 늘 신경 써야 한다는 경고로 받아들이다가 이제 화가 나고 지쳐서 마음이 멀어지게 하기도 한다.

이런 사례들의 결론은 자살하려는 사람과 그들의 친구나 친척들 사이에 의사소통이 종종 결여되어 있다거나 문제가 있나는 것이다. 몹시 우울한 사람과 그의 주위 사람들 사이의 정확하고 직접적이며 촉진적인 의사소통이 가장 필요한 바로 그때, 보통은 그러한 대화가 결여되어 있다. 어느 한쪽에게 '잘못' 이 있다고 말하려는 게 아니다. 그보다는 자살하려는 사람을 적절한 시기에 도와줄 수 있는 기회를 최대화하기 위해서 중요한 자원—의사소통—에 참여하게 하고 그것을 장려할 필요가 있다는 점을 지적하려는 것이다.

여기에서 우리는 자살하려는 사람들의 가족들이나 친구들이 자주 물어보는 질문들 중 일부를 다루었다.

어떤 경고표시를 주의 깊게 살펴보아야 하나요?

자살 감정을 경험한 사람들은 모든 삶의 단계에서 나오며, 다양한 성격특성을 가진다. 그렇기 때문에 자살하려는 사람에 관한 표준 프로파일을 제시할 수가 없다. 이것은 누구에게나 일어날 수 있는 일이다.

그러나 누군가 자살을 할지 모른다는 것을 알아낼 수 있게 해주는, 보다 공통적인 행동적 징후들이 몇 가지 있다. 또한 어떤 사람들에게 자살성과 우울증을 촉발하기 쉬운 삶의 상황들이 몇 가지 있다. 여기에 그러한 징후들과 상황들 중 일부를 제시해 보았다. 어떤 것은 분명하게 보이겠지만 때로 당신의 도움을 필요로 하는 사람에게는 분명하게 보이지 않을 수 있다. 또 어떤 것은 덜 명확하게 보이지만 얼마나 많은 징후와 상황이 당신이 사랑하는 사람들과 관련되는지를 평가할 수 있게 하기 위해 그것을 제시하였다.

자살의 징후

자살에 대해 이야기한다 그 이야기가 처음에는 농담인 것 같이 보일 수 있는데, 그것이 지속되는 경우다. "더 이상 여기 없을 거야."라고 말하거나 "내가 가버리면"이라고 암시하거나, "더 이상 견딜 수가 없어."라고 직접적으로 말을 한다. 이런 말을 들었을 때, 눈치를 채고 그 사람이 자살을 행동으로 옮길 생각을 하고 있는지에 대해 물어보아야 한다(당신이 할 수 있는 한 공감적이고 위협적이지 않은 목소리로 말이다). 그러고 나서 깊은 관심을 가지고 자리에 앉아 보다 긴 대화를 나눠 보려고 하라. 일어날 수 있는 최악의 일이라 봐야, 그 사람이 자살에 대해 말하는 것이 아니니까 당신이 걱정할 필요가 없다고 말해서 당신을 당황하게 하는 것 정도다. 잘하면, 한 생명을 구할 수 있는 도움의 과정을 시작할 수 있을 것이다. 당신이 관심을 가지고 있다는 것을 그저 보여주는 상황이 일어날 가능성이 좀 더 큰데, 그것은 설사 그의 기분이 심각한 것이 아니라 할지라도 도움이 될 것이다.

'마지막 계획'을 세운다 이것은 작별인사를 담은 글을 쓰거나, 유언장을 꺼내거나, 돌연히 생명보험증서를 내놓거나, 자기 소유의 감상적인 물건을 남들에게 주거나, 다른 '자신의 일들을 정리하는' 행동 등을 보이는 것을 말한다. 다시 한 번, 의사소통이 핵심적인 개입이다. 그 사람에게 왜 그런 계획을 세우는지 직접적으로 물어볼 수 있는 용기를 내자. 만일 그 사람이 별일 아니라고 부인하면 바로 다가서서 그가 죽으려고 준비하는 것처럼 보인다고 이야기하라. 그리고 나서 길게 그 문제에 대해 이야기하려고 해 보자.

행동 패턴이 혼란스러운 방식으로 변한다 예를 들어, 이전에 사교적이었던 사람이 고립되어 지내기 시작하거나 기분이 불안정하게 변하는 것, 슬픔과 무감동이 심해지는 것 등이 있다. 물론 이런 것들은 약물이나 알코올 남용, 또는 다른 정서적 혼란의 결과일 수 있으며 자살성을 수반하는 것이 아닐 수도 있다. 그러나 때로 이런 문제들이 자살성을 수반하기 때문에 (또는 자살성의 조기 경고 사인이기 때문에) 행동적 변화에 주목하는 것이 중요하다.

자신에게 상처가 되거나 위험하고 해로워 보이는 방식으로 행동한다 이것은 무모하게 운전을 하거나, 물질을 남용하거나 위험한 사람들과 관련을 맺거나 자신의 건강을 돌보지 않거나(예를 들어, 인슐린 투여를 제대로 하지 않는 등) 안전에 대해 무심해지는 것 등이 있다. 이러한 행동들은 종종 자살성보다는 다른 문제와 연결되어 있다. 그러나 만일 그러한 행동들이 그 사람이 보통 하던 행동과 아주 많이 다르거나, "나한테 무슨 일이 생기건 정말 상관없어요." 라거나, "내가 죽는다고 해도 누가 신경이나 쓰겠어요?" 같은 말과 함께 나타난다면 그 사람이 자살할 가능성에 대해서 진지하게 생각해 보는 것이 좋다.

상황

근래에 중요한 것을 상실한 경험을 한 경우 이러한 경우에 그 사람은 심각한 우울증에 걸리거나 어쩌면 자살을 할 수 있는 취약한 상태일 수 있다. 특히 그 상실이 그 사람의 정체성이나 자기가치감과 관련되어 있거나(예를 들면, 예상치 못하게 직장을 잃는 것) 다른 사람들과 의미 있게 연결되어 있다는 느낌과 관련되어 있는 경우

(예를 들면, 배우자의 죽음)에 그러하다. 이러한 현상의 비극적인 예는 펜실베이니아 대학의 젊은 여학생이 그녀의 남자친구가 살해된 다음 달에 목숨을 끊은 사건에서 찾아볼 수 있다. 그녀의 유서는 그 남자친구 없이는 더 이상 살 수가 없다는 내용을 담고 있었다.

만성질환으로 고통받는 경우 지속적인 통증을 유발하는 신체적인 병이 있는 사람이나 (맞는 것이든 아니든) 자신의 병이나 상태가 결코 나아지지 않을 것이라고 믿는 사람은 자살할 위험성이 높다. 끊임없는 통증과 절망감이 결합되는 경우는 매우 심각하다. 그러한 경우에 현실적인 지지와 희망을 주고, 적절한 통증 조절 대책을 마련해 주는 것이 매우 중요하다.

극단적인 사회적 수모를 겪은 경우 세간의 이목을 끄는 (신문의 경제면에서 대서특필되면서 알려진) 파산이나 전문적 행위를 적절하게 하지 못한 것에 대한 대중의 비난, 또는 가족이 동성애자라는 것이 밝혀진 것 등의 사건을 겪은 후에 자살을 하려는 사람들을 보아 왔다.

의식상태를 바꾸어 주는 물질을 남용하고 총기에 접근할 수 있는 경우 어떤 상태 그 자체가 반드시 자살성을 야기하는 것은 아니다. 그러나 자살하려는 사람의 삶에서 그런 것이 있다는 것은 자살위험성을 증가시킨다. 술이나 불법 약물, 처방된 진통제 같은 의식상태를 바꾸어 주는 물질뿐만 총기의 소지가 그 예다. 자살하려는 환자를 치료하는 통상적인 절차는 그 사람이 약이나 무기에 접근하기 쉬운지를 평가하고, 몹시 우울한 사람의 손에서 그러한 도구들을 제거하는 적절한 조치를 취하는 것이다.

그게 내 잘못일까요?

당신이 사랑하는 누군가가 목숨을 끊을 계획을 세우고 있다는 것을 알게 되면 자연스럽게 걱정을 하게 되고 겁먹게 된다. 또한 죄책감을 느끼거나, 당신이 그렇게 되도록 만든 부분이나 그렇게 되지 않도록 막았어야 했는데 못했던 부분은 무엇인지 고민할 것이다. 이런 것들은 극단적 상황에 대한 이해할 수 있는 반응이지만 당신이 비난받을 만하다고 생각하는 것은 소용없는 일이다.

이 책 전반에서 논의했던 것처럼, 사람이 자살을 생각하도록 하는 데는 많은 요소들이 함께 작용한다. 비난하거나 개인적 책임의 정도를 평가하려고 하는 것은 자살하려고 하는 사람이나 죄책감을 느끼는 사람, 누구에게도 통찰이나 실제적 이익을 주지 못한다. 자신을 비난하는 것은 당신이 가진 모든 힘을 끌어 모아야 할 그 순간에 에너지와 시간을 낭비해 버리는 것이 될 것이다. 심하면, 당신도 같이 우울하게 되어서 자살하려는 사람이 당신의 지지와 존재를 가장 필요로 할 때 도움이 되기 어려운 상태가 될 수 있는 것이다. 최악의 시나리오는 사랑하는 사람의 자살성에 대해 자기들도 자살하려고 하는 것으로 반응하는 사람들이라고 할 수 있다. 이런 상태는 아무에게도 득이 되지 않는다.

누군가 다른 사람이 당신을 비난하면 어떻게 해야 할까? 이것은 매우 고통스러운 상황이다. 자살하려는 사람이 자살 감정과 자살 시도를 하는 것은 당신 책임이라고 하는 경우에 특히 그러할 것이다. 당신의 첫 반응은 모두 자신의 잘못이라고 느끼거나 부당하게 비난받는다는 느낌 때문에 분개하고 화를 내는 것으로 반응하는 극단적인 것일지 모른다.

이러한 극단적인 반응들은 가능하다면 언제든지 피하는 것이 좋다. 그러므로 우리는 중간 정도의 접근을 제안한다. 당신이 사랑하는 사람이 도움받을 수 있도록 준비하는 동안 누가 비난받아야 하는가의 주제에 대해 무시하도록 최선을 다하라는 것이다. 만일 누군가 당신을 비난한다면 적절한 반응은 "지금 당장 내 주요 관심사는 [자살하려는 사람]이 잘 있는 것입니다."라고 하는 것이 될 것이다. 만일 또 다른 사람이 '당신이 미리 생각을 했어야 한다'라고 공격하면 당신은 "우리는 어떤 사람이 어떻게 했어야 했는지에 대해 확실하게 알 수 없습니다. 그러나 지금 나는 내가 할 수 있는 한 돕기로 마음먹고 노력하고 있습니다."라고 대답할 수 있다. 다른 말로 하면, 방어적인 자세로 대항하지 말라는 것이다. 가능한 한 분별력 있고 사려 깊은 문제해결자가 되자.

그녀가 자살을 하겠다고 위협을 합니다. 어떻게 해야 합니까?

이럴 때 가장 좋은 방법은 너무 과한 반응을 보이는 것과 너무 반응을 보이지 않는 것 사이의 중간 지점을 취해야 한다는 것이다. 그냥 사라져 버리길 바라면서 위협을 무시하지도, 안절부절못하거나 지나치게 흥분하지도 말아야 한다는 것이다. 이런 때는 신중하고 분별력 있는 방법이 가장 도움이 된다.

덧붙여, 우리는 자살 위협을 하는 사람을 대화에 끌어들이도록 해 볼 것을 강력하게 제안한다. 어떤 사람들은 대화가 결코 아무것도 해결하지 못한다고 생각하지만 우리는 그 생각에 전혀 동의하지 않는다. 단 한 번 대화를 나눈 것이 모든 문제에 대한 만병

통치약이 될 수는 없지만, 많은 중요한 기능을 한다는 것은 사실이다. 이것은 삶으로부터 단절되려고 하는 사람과 연결되도록 도와준다. 대화는 또한 당신이 자살하려는 사람에게 새로운 조망을 제공해 줄 수 있는 기회를 준다.

예를 들어, '래니'는 의대에 입학하지 못하게 되었을 때 자살을 하려고 했다. 그는 아버지가 자신을 부끄러워할 것이라고 믿었고 자신의 인생은 살 가치가 없다고 확신했다. 그의 아버지는 그와 대화를 하면서, 자신이 래니를 부끄러워하지 않는다는 것과 사실 그는 많은 면에서 아들을 자랑스러워한다는 점을 확신시켜 주었다. 이것은 래니에게 스스로는 얻을 수 없었던 조망을 제공해 주었고, 비록 여전히 실망스럽게 느끼기는 하지만, 절망감이 많이 누그러지도록 해 주었다.

자살하려는 사람과의 의사소통은 또한 사고와 추론을 자극한다. 우울하고 절망적인 사람들은 종종 부정적으로 편향된 사고 패턴을 보인다. 이성적인 사고가 결여되어 있고, 주로 감정에 따라 반응하곤 한다. 그것이 삶과 죽음의 문제일 때, 자살하려는 사람에게 상황을 충분히 생각하도록 격려하고 자극하는 것은 필수적이다. 대화는 이 과정에 매우 도움이 된다.

자살하려는 사람이 자신을 죽일 수 있는 수단을 소지하고 그것을 사용하겠다고 위협하는 경우에는 어떻게 해야 할까? 만일 당신의 가족이 나서서 무기나 알약이 담긴 병을 휘두르는 것이 아니라면 당신은 시간을 벌 수 있고 잠재적인 자살의 도구들을 넘겨주는 것에 대해 협상해 볼 수 있다. 당신은 그가 죽을 수 있는 도구를 가지고 있어서는 안 된다는 점을 강하게 주장해야 한다. 그러나 너무 강압적으로 하지 말아야 하는데 그렇게 하면 상대방이 방어적으로 나오거나 싸우려고 하기 때문이다. 또 다른 방법을 고려해 볼 구실을 만들 때조차도 상대방의 관점에 대해 그리고 자율적인 결정을 내릴 수 있는 권리에 대해 존중하고 있음을 보여 주라. 알약이나 독약, 또는 위험한 도구들을 포기하게 하기 위해 협조적인 방식으로 당신이 할 수 있는 것을 하라. 이것은 자살하려는 사람이 살겠다는 자신의 결정에 대해 적극적으로 말하는 것을 가능하게 해 준다.

때로 당신이 자살하려는 사람을 위해 결정을 내려야 할 필요가 있을 수 있다. 그러나 사람이라는 존재는 영원히 그렇게 할 수가 없다. 당신의 의도가 아무리 좋은 것이라 해도, 아무리 당신이 매처럼 자살을 하려는 사람에 대해 민첩하게 살펴보고 있다고 해도, 당신이 하루 24시간, 일주일 7일 동안, 그리고 평생 동안 그의 수호천사가 될 수는 없다. 어느 시점에서는 당신이 그의 삶에 대한 수용과 자살에 대한 거부에 의지해야 할 필요가 있는 것이다. 다른 사람의 인생이 당신의 책임만은 아니다. 이 사실은 종종 어렵고 받아들이기 겁나는 일이다. 우리는 우리의 가족이 위기를 극복하고 그들의 삶을 살아나가도록 하기 위해 우리가 도울 수 있는 모든 것을 다 하길 원하며, 때로는 더 나아지게 만들 수 있기도 하다. 그러나 결국 살 것인가, 자살할 것인가의 결정은 개인의 몫으로 남아 있는 것이다.

마지막으로, 자살하려는 사람의 위기를 혼자서 직면하려고 하지 말아야 한다. 다른 사람들이 도움을 줄 수 있도록 그들에게 알릴 필요가 있다. 때로 이 '다른 사람들'은 친구들이나 가족들이며 더 빈번하게는 전문가들이다. 예를 들어, 만일 당신의 가족이 전화를 해서 지금 막 한 병의 약을 다 삼켰다고 한다면 당신은 당장 구급차를 부를 것이다. 의료진에게 전화를 하기 전에 자살하려는 사람에게 다음의 질문을 물어보고 조리 있게 기록할 수 있도록 정신을 바짝 차리도록 노력하라.

- 어디에 있는가?(가능하다면 주소를 확인)
- 자신에게 해를 입히는 어떤 행동을 했는가?
- (적용 가능한 경우) 어떤 물질을 복용했는가? 얼마나 많이 복용했는가?
- 그 행동을 한 후 시간이 얼마나 지났는가?
- 내가 전화를 하는 동안 끊지 말고 있을 수 있는가? (혹은) 도움을 청하는 전화를 한 후 곧바로 전화를 다시 걸어도 되겠는가? 구급차가 거기에 도착하기까지 당신과 이야기하고 싶다.

자살하려는 사람이 이러한 정보를 줄 것이라는 보장은 없지만 곧 도착할 전문가들에게 중요한 정보를 제공할 수 있도록 가능한 한 빨리 이 사실들에 대한 정보를 얻도록 노력하는 것이 가장 사려 깊은 행동이다.

전문가의 도움을 받는 한 방법은 자살하려는 사람이 심리치료(그리고 아마도 약물치료도 함께)나 (좀 더 심각한 응급상황인 경우에는) 병원에 입원하여 치료를 받을 수 있도록 하는 것이다. 절대로 치료나 입원이 처벌이나 협박처럼 들리지 않도록 하라. 치료의 목적은 당신이 사랑하는 사람의 삶을 보호하고 나아지게 하려는 것이다. 이것은 분명히 그의 자유를 구속하려는 것이나 그를 다른 곳에 '내다 버리는' 것이 아니며 대인 간 권력투쟁에서 이기기 위한 것도 아니다.

이 요점을 효과적으로 적용하는 한 가지 방법은 (자살하려는 사람이나 그의 치료에 책임을 맡고 있는 전문가 모두에게) 적절한 치료적 개입을 돕겠다고 자원하는 것이다. 당신이 할 수 있는 일은 다양하다. 매일 방문하는 것에서 커플 치료나 가족치료에 참가하는 것, 당신 자신을 위한 개인치료를 받아 보는 것(예를 들어, 집에서 당신이 자살하려는 사람의 행동에 좀 더 효과적으로 대처하는 방법을 배울 필요가 있을 때) 등이 있다.

만일 그가 도움받기를 거부하면 어떻게 해야 합니까?

살면서, 사랑하는 사람이 심각한 곤경에 빠져 있다는 것을 알고, 그의 인생이 엉망이 되어 가는 것을 보면서, 당신이 할 수 있는 것이 아무것도 없다고 느낄 때보다 더 좌절하는 순간은 없을 것이다. 이런 경우의 한 예는 당신이 관심을 가지고 있는 누군가가 몹시 우울하다는 의심이 가는데, 그가 그것을 부인하고 어떤 형태의 도움도 거절하며 단지 "날 좀 혼자 내버려 둬요."라고 할 때일 것이다.

당신의 도와주려는 시도가 거절당했다고 하더라도 당신의 관심과 애정이 전부 환영받지 못한 것이라고 자동적으로 가정해 버리지 말라. 자살을 고려하는 사람들은 종종 양가감정을 느끼며, 말과 행동이 다르게 나타나기도 한다. 그러므로 자살하려는 사람이 당신의 걱정의 표현에 대해 겉으로는 날카롭게 반응하는 것처럼 보일지라도, 당신이 친절하게 자신을 열어 두었다는 점을 조용히 알아차렸을지도 모른다. 만일 당신이 따뜻한 마음을 담아 염려를 표현하고 '전문가의 도움을 받는 것'을 정중하게 제안한다면, 자살하려는 사람이 당신의 말을 당장 받아들이지는 않더라도 당신이 한 말에 대해서 아마 곰곰이 생각해 볼 것이다. 나중에 그들 자신의 요청에 따라 그리고 자신의 동의하에 도움을 받기로 결심할 수 있다. 여기서의 핵심은 강요당한다는 느낌 없이 자신이 결론을 내릴 수 있는 자율성과 자기존중감을 가지게 해 주는 것이다.

만일 당신과 밀접한 관계에 있는 사람이 치료를 받지 않으려고 한다면 당신은 의심의 여지없이 상당한 긴장감을 느낄 것이다. 그러한 경우에, 당신 자신을 위한 상담을 받아 보는 것도 좋은 방법인데 이는 문제음주를 하는 사람의 배우자는 알코올 중독자 가족들을 위한 모임(Al-Anon)에 참가할 수 있는 것과 마찬가지다. 당신은 지지집단을 찾아보거나 일반적 치료집단에 참가하거나 개인치료를 시작할 수 있다. 가장 중요한 것은 이것을 당신 자신을 위해서 하라는 것이다. 왜냐하면 당신의 안녕감도 중요하기 때문이다. 만일 당신이 사랑하는 사람이 오랫동안 당신의 도와주려는 시도를 다 거부한다 해도 당신이 혼자 침묵 속에서 외롭게 고통을 받아야 한다는 법은 없다. 당신은 할 수 있는 한 최선을 다해 자신의 인생을 살고 그것에 대해 지지와 타당화를 받을 필요가 있다.

중요한 타인이나 친척이 치료를 시작했을 때, 때로 추가적 이득이 발생한다. 자살하려는 사람이 과정에 합류할 수도 있다. 당신 자신을 위한 치료를 받으러 간다는 것은, 당신이 환자가 되는 것을 어딘가 수치스러운 것이라고 믿지 않는다는 사실을 강력하게 보여 준다. 당신은 자신의 걱정거리에 대해서 진지하게 생각한다는 것과 인간관계 속에서의 자신의 역할과 사랑하는 사람의 자살성에 대해 살펴보려고 한다는 것을 보여 주는 것이다. 당신은 통제권을 벗어난, 압도적인 것처럼 보이는 심각한 문제들에 대해 도움을 청하는 적절한 모델이 될 것이다. 당신은 어느 정도 사랑하는 사람이 체면을 구기지 않도록 도와주게 되는데, 당신이 처음으로 치료를 받은 사람이 되기 때문이다. 만일 당신이 자신을 위한 상담을 받으려고 한다면 주로 당신 자신을 위해 그렇게 하는 것이 매우 중요하다.

마지막 수단으로, 자살하려는 사람이 순순히 조언을 따르지 않을 때 당신이 강제적으로 전문적인 도움을 받도록 해야 하는 경우가 있다. 우리는 자살하려는 사람을 강제로 병원으로 데려가야 하는 상황에 대해 이야기하고 있는 것이다. 이것은 불쾌한 과정이기 때문에 최후의 수단이라고 부른다. 사실 때로 이렇게 하는 것은 법적으로 가능하지 않다. 왜냐하면 법적으로 강제 입원을 시키려면 자신이나 타인에게 분명히 위험한 상태라는 것을 보여야 하는데, 말로 자살하겠다고 늘 위협하는 것, 자체로는 불충분하기 때문이다.

당신이 사랑하는 사람을 병원에 강제 입원시키는 것을 고려해야 하는 가장 실제적인 시기는 심각한 자해행동 직후다. 약을 과다복용하거나, 손목을 긋거나, 가스 중독을 시도하는 등의 일이 생기면 병원에서 응급처치를 받게 될 것이다. 이런 일이 생기면 병원의 의료진은 입원 수속을 하기 시작한다. 그러나 당신이 의료진에게 정보를 제공하고 그들에게 협조하며 상황을 잘 다룰 수 있도록 도움으로써, 이 과정이 좀 더 부드럽게 진행되도록 하는 데 중요한 역할을 할 수 있다. 만일 당신이 자살하려는 사람을 돌보는 데 적극적인 역할을 하고 병원에 있는 것이 긍정적인 기능을 한다면 당신은 계속 중요한 도움을 줄 수 있을 것이다.

완벽한 세상에서라면, 강제적 입원 같은 것은 결코 필요하지 않을 것이다. 도움을 필요로 하는 사람은 누구나 스스로 자유롭게 도움을 받으려 할 것이다. 그러나 우리는 현실세계에 살고 있기 때문에 자살하려는 사람이 의학적 치료와 처치를 받도록 하기 위해 이 불쾌한 단계를 밟을 필요가 있을 수 있다. 입원은 만병통치약이 아니고 우울증이나 자살성의 문제에 대한 장기적 해결책을 대체할 수 있는 것도 아니지만, 특별히 위험한 시기를 넘기도록 해서 한 생명을 구할 수 있다.

자살 위협으로 조종당하고 있다는 느낌을 받을 때는 어떻게 해야 하나요?

다른 사람이 자살위협으로 당신을 조종하고 있다고 믿게 되면 매우 까다롭고 어려운 상황이 발생한다. 우리가 '조종당한다' 라고 표현한 것은 자살 위협이 당신을 겁주려고 하거나 당신의 죄책감을 자극해서 당신이 더 나은 것이라고 판단한 것과는 다른, 건강하지 못하고 비생산적이라고 믿는 어떤 것을 하도록 만들기 위한 시도인 것처럼 보이는 것을 말한다. 이 시나리오가 반복되면 그 사람이 진짜 죽고 싶은 것이지, 다른 마음은 없다는 주장이 타당한 것인지에 대해 의문을 품기 시작한다.

그러는 사이에 당신의 공감하고 염려하는 마음은 분노와 혐오감 속으로 사라져 버린다. 무시하기에는 위험부담이 너무 크고 위협을 모른 체할 수는 없다고 믿기 때문에 당신은 적절한 통제권을 행사할 수 없는 덫에 걸려든 것 같은 느낌을 받는다. 특히 당신과 의견이 안 맞을 때, 자살하려는 사람이 자해의 제스처(예를 들면, 손목을 살짝 긋거나 약을 조금 많이 먹는 등)를 자주하는 경우가 여기에 해당된다. 그 결과, 한때 당신이 자살하려는 사람에게 가졌던 연대감이나 협력 같은 것은 현저하게 줄어들고 불편한 힘 겨루기가 심해진다.

이 상황에서 당신이 무엇을 할 수 있을까? 우리는 무엇을 하지 말아야 하는가에 대한 논의부터 시작할 것이다. 자살하려는 사람과 진짜로 심각하게 죽기를 원하는가 아닌가에 대해 논쟁하지 말라. 당신이 이런 식으로 분출하고 싶을 수 있다는 것은 이해하지만 그러한 직면은 건설적인 기능을 거의 하지 못한다. 자살 위협을 하는 사람이 삶과 죽음에 대해 양가감정을 느낀다면—자기도 자살이 타당한 선택인지에 대해 어렴풋하다—당신의 논쟁은 냉정한 오해로 해석될 가능성이 있으며, 관계는 더욱 나빠질 것이다. 게다가 자살하려는 사람은 당신이 틀렸다는 것을 '증명'하기 위해 자살 위협과 제스처의 수위를 높이려고 할 수 있다. 이것은 치사율을 증가시킨다. 이에 비례해서 당신의 죄책감과 분노는 증가될 것이며, 누구에게도 이득될 것이 없는 권력 다툼이 점차 심해질 것이다.

당신은 자살하려는 사람에게 그가 고의적으로 당신을 조종하고 있다는 생각에 직면하도록 시도하고 싶을 수 있다. 논쟁의 여지가 있지만, 그것이 필요하고 도움이 되는 경우도 있을 수 있다. 그러나 그런 경우는 아주 드물다. 예를 들어, 그러한 직면은 치료회기의 범위 내에서 잘 준비가 되었을 때 가능한 것이지 일상생활에서는 아니다. 자살 위협을 하는 사람에게 "당신은 날 조종하고 있어요."라고 말하는 것이 유용한 경우는 거의 없다. 그러면 달리 어떻게 할 수 있을까?

자살하려는 사람에게 당신은 그가 죽는 것을 바라지 않는다는 점을 명확히 하라. 당신은 가능한 한 타당한 방법으로 그를 돕고 싫어 하며, 당신은 자살하려는 사람이 깊은 우울증으로부터 회복되어 더 행복한 삶을 누리기를 바란다는 사실을 전달하라. 동시에 당신이 정말로 관심을 가지고 돕고 싶어 한다는 것을 '증명'하기 위해 당신의 의지에 반하는 일들을 하지 마라. 당신의 안녕감뿐만 아니라 자살하려는 사람의 장기적 안녕감을 위해 당신의 말과 진심을 담은 행동으로 충분하다.

분명히 이 철학과 전략은 어렵다. 예를 들어, 누군가 다음과 같은 이야기를 당신에게 한다면 어떻게 반응해야 하는 것일까?

- 만일 당신이 내가 죽을 것인지 살 것인지에 정말로 관심 있다면, 당신 일을 그만두고 나와 함께 집에 머물러 주시오.
- 만일 당신이 우리의 연애관계를 끝내려고 한다면, 나는 자살을 할 것이고 그건 전부 당신 탓이에요.
- 만약 당신이 나에게 술을 끊으라고 하는 것을 그만두지 않는다면, 나는 자살을 해서 끝장을 내는 방법밖에 없소.
- 당신이 나를 죽고 싶게 해요.

이러한 말들은 양쪽 다 분노와 좌절감 그리고 죄책감을 느끼게 하기 때문에 관계를 황폐하게 한다. 이런 말들이 가지고 있는 공통점에 주목해 보자. 이 말들은 당신의 반응을 봐서 자살을 할 것인지 아닌지를 결정하겠다는 것이다. 양쪽 모두에게 가장 효과적이고 공정하게 이 딜레마를 다루기 위해 당신은 다른 사람을 죽이겠다고 위협하고 있는 것이 아니라는 점을 스스로에게 상기시킬 필요가 있다. 상대방은 자살하겠다고 위협하고 있다. 만일 당신이 상대방에게 아무런 해도 끼치고 싶지 않다는 점을 분명하게 이야기했음에도 불구하고 그가 당신의 행동이 문제를 일으키는 것이라고 계속 주장한다면 당신은 지금 당장 전문가를 만나볼 필요가 있는 사람을 상대하고 있는 것이다.

당신이 적어도 치료자를 만나 보라는 제안도 하지 않고, 자살하려는 사람의 요구를 들어 준다면 똑같은 시나리오가 계속 반복될 것이다. 그 결과, 아무런 의미 있는 변화도 일어나지 않을 것이다. 당신은 여전히 화가 나 있을 것이고 자살하려는 사람은 여전히 어느 때고 자해행동을 할 위험 속에 머물러 있을 것이다. 또한 그의 깊은 우울증을 유발하는 문제와 절망적인 행동은 어떤 식으로도 의미 있게 다루어지지 않을 것이다.

요약하면, 당신은 자살하려는 사람에게 당신의 지지와 관심을 표현할 수 있으며, 동시에 당신의 판단과 소망에 반하는 요구에 복종하지 않고 자신의 입장을 확고하게 유지할 수 있다. 당신은 자살하려는 사람의 그렇지 않다는 주장에도 불구하고 둘 다 할 수 있다. 우리는 당신이 자신의 말로 해야 한다는 것과 당신의 상황이 우리가 초점을 맞추고 있는 상황과는 다를 수 있다는 것을 안다. 하지만 우리는 앞서 목록에 나온 항목들에 대한 반응의 일례를 당신과 나누고 싶다.

- 내가 당신을 사랑하고 당신에게 관심을 기울이고 있다는 것은 이미 의심할 여지가 없는 사실입니다. 여러 번 반복해서 이것을 증명해 왔으며 계속 이것을 증명할 필요는 없다고 믿습니다. 나는 당신과 있고 싶지만 내 일을 그만두지는 않을 것입니다. 내 생각에, 우리는 생계수단을 희생하지 않고도 당신과 인생을 나눌 수 있다고 생각합니다. 사실 당신은 어느 한 사람이 당신에게 줄 수 있는 것보다 더 많은 도움과 관심이 필요합니다. 그러므로 나의 대답은 직장을 그

만두겠다는 것이 아니고 좀 더 집중적인 치료를 받도록 하자는 것입니다.

- 나는 무참하게 우리의 관계를 끊고 당신을 고통스럽게 하려는 것이 아닙니다. 당신을 상처 입게 했다면 정말 미안합니다. 앞으로는 당신에게 좋은 일만 일어나길 바라지만 내가 그 일부가 되지는 않을 것입니다. 당신 인생의 가치는 단지 나와 관계를 맺는 것 이상의 것에 기반을 두고 있는 것이어야 합니다. 내가 당신과 함께 있다고 해도 그것이 우리의 문제를 해결하지는 못할 것입니다. 사실 관계 속에서, 당신이 다른 사람 없이는 살 수 없다고 하는 것과 다른 사람이 머물러 있어야 한다고 위협하는 것은 건강한 관계라고 할 수 없고 당신도 그것을 알고 있다고 생각합니다. 나는 당신이 행복하게 잘 살기를 바라지만 당신은 나 없이 행복을 찾아야 할 것입니다.
- 당신의 음주행동에 도움이 필요하다는 이야기를 계속 하는 이유는, 당신이 이미 스스로를 천천히 죽이고 있기 때문이고 나는 그러한 일이 일어나지 않기를 바라기 때문입니다. 당신의 음주 문제를 무시해 버리고 내가 당신을 너무나 괴롭히면 자살을 해 버리겠다는 것은 말이 되지 않습니다. 여기서의 요지는 당신은 자신의 행동에 대한 책임을 져야 한다는 것이고 치료모임에 참가하라는 것입니다.
- 내가 '당신을 죽고 싶게 한다'는 말을 해서 당신이 얻으려고 하는 게 무엇인지 모르겠지만—그리고 나는 당신이 느끼는 것과 느끼지 않는 것을 당신에게 말해 주는 위치에 있지 않습니다—나는 당신이 죽기를 원하지 않는다는 것과 당신을 고통스럽게 하려고 하는 게 아니라는 것은 말할 수 있습니다. 당신이 왜 이런 식으로 느끼는지 모르겠지만 내가 느끼는 것과는 전혀 다릅니다.

이상의 이야기들은 자살하려는 사람과의 관계에서 조종당한다는 느낌에 대처할 수 있는 방법을 예시한 것이다. 당신이 뭔가를 증명하려고 애쓰지 않으면서 당신의 관심을 계속 표현하고 침착함을 유지하지 못한다면, 이러한 언급들은 종종 호의적으로 되돌아오지 않을 것이고 사람 사이의 갈등이 심화될 수도 있다. 견디어 보자. 적극적이고 따뜻한 마음을 가지자. 그러면 점차 나아질 것이다.

하지 않도록 주의해야 하는 것은 무엇인가요?

여기서 우리는 자살하려는 사람을 다룰 때 피해야 하는 사항으로 알고 있어야 하는 6개의 가장 공통적인 실수에 대해 이야기할 것이다.

- 실수 1: 당신이 자살이라는 주제를 꺼내면 '자살에 대한 생각이 머리에 떠오르게' 될까 봐 또는 '그들을 벼랑 끝으로 몰아' 넣을까 봐 두려워서 아무 말도 안 하는 것이다. 그 주제를 꺼내는 것만으로 비자살자를 자살하려는 사람으로 만들 수 있다는 증거는 없다. 또한 살 것인지 죽을 것인지를 고민하는 사람을 그가 잘 지내고 있는지에 대해 친절한 관심을 보인 것만으로 죽음을 선택하도록 만들 수는 없다. 당신이 할 수 있는 것이 있다면, 자살하려는 사람이 수용받는다고 느끼고, 절실하게 전문적 도움이 필요하다는 데 동의하도록 하는 초석이 되어 주는 것이다. 대화의 물꼬를 틈으로써, 그들의 고통을 알고 있다는 것과 그들이 중요하다는 것과 희망이 있

다는 것을 보여 주어라.

- 실수 2: 자살하려는 사람이 '정말로' 자살하기를 원한다면 그들은 '그렇게 해 버렸을' 것이라고 가정하는 것이다. 즉, 만일 그들이 자살에 대해 이야기한다면 정말 심각한 것은 아니라는 것이다. 실제로, 자살 위험이 높은 사람들의 대다수는 그렇게 궁극적으로 알 수 없는 것에 뛰어드는 데 대해 양가적인 마음을 가지고 있다. '살 것인가, 죽을 것인가?' 라는 질문이 마음을 무겁게 짓누르고 있다. 이 가장 심각한 고민을 하는 과정에서 그들이 이 질문을 꺼내 다른 사람들의 반응을 살피는 것은 너무나 자연스러운 일이다. 그들이 이렇게 할 때, 액면 그대로 받아들이고 그것을 축소하려고 하지 마라. 당신이 이것을 염두에 두지 않는다면, 당신과 당신이 사랑하는 사람 사이의 심각하고 본질적인 의사소통을 막아 버리게 되기 때문에 위험수준을 증가시킬 수 있다.

  더 나아가, 몹시 우울한 사람은 거부에 매우 민감하기 때문에 당신이 알지 못하는 사이에 그가 죽을 것인지 살 것인지에 대해 관심이 없다는 인상을 줄 수 있다. 이것은 그런 결정적인 시기에 당신이 보내고 싶은 메시지가 아닐 것이다. 반대로 개방적이고 수용하는 의사소통이 중요하다. 이것은 위험도를 낮추어 준다.

- 실수 3: 자살하려는 사람에게 그는 '살아야 하는 이유가 너무나 많기' 때문에 그가 죽는 것은 웃기는 일이라고 말하는 것이다. 비록 당신이 객관적으로는 옳을지라도—건강한 마음상태에서는 자살하는 사람이 자신은 살아야 할 이유가 많다는

것을 깨달을 수 있다—우울한 사람이 객관성을 잃고 아무것도 의미 있는 것이 없다는 주관적인 고통을 느끼는 것은 웃기는 일이 아니다. 어떤 경우에, 자살하려는 사람이 실제로 그런 말을 들으면 더 낙담하게 될 것이다. 이들은 당신이 이해하려고도 하지 않는다고 결론을 내리거나 상황이 잘 풀릴 때조차도 자살하고 싶은 마음이 드는 것에 대해 더 심한 자기 책망("나는 내가 가진 것들에 대해 너무 감사할 줄 몰라. 이건 내가 죽어 마땅하다는 것을 보여 주는 거야."라고 하면서)을 하게 될지도 모른다.

당신이 자살하려는 사람의 시각을 우선 이해하고자 한다면, 생색을 내는 듯한 태도를 취하는 것을 피할 수 있을 것이며 당신이 사람에 대한 따듯함과 존경심을 지니고 있다는 것을 보여 주는 데 성공할 것이다. 관심을 가지고 경청하는 행위는 그 자체가 살아야 할 이유가 있다는 것을 보여 주는 명확한 증거다. 비록 시간, 사랑하는 사람들로부터의 추가적인 지지, 전문적인 도움, 그리고 자살하려는 사람이 계속 살아야 할 모든 이유를 깨닫기 전까지의 약물 등이 필요할지 모르지만 말이다.

- 실수 4: 일단 급한 자살 위기는 지나갔고 모든 것은 정상으로 돌아왔으며 아무도 자살하려는 사람에 대해 걱정하지 않아도 된다고 가정하는 것이다. 이것은 이해할 만한 반응이지만 희망사항일 뿐이다. 친구나 가족이 절망의 고통 속에 빠져 있는 것을 지켜보는 일은 극도로 괴로운 일이며 그 사람을 갑자기 비극적이고 영원한 죽음으로 잃게 될 위험성에 직면하는 것

은 끔찍한 일이다.

일단 위기가 누그러지면, 우리는 자연스럽게 그런 고통스런 문제에 대해 다 잊어버리고 뒤로 밀어 두려는 강한 경향성을 지니고 있다. 우리는 자살하려는 사람이 한때 힘들었던 시기를 지난 것으로 치부하고 싶어 한다. 현실은 사람이 자살을 하려고 하는 데는 상당한 이유들이 있다는 것이다. 그 이유들은 하룻밤 사이에 사라져 버리는 것이 아니다. 그런 이유들을 주의 깊게 다루지 않는다면, 전환기나 스트레스를 받는 시기(예를 들어, 새로운 지역으로 이사를 하거나 직업을 바꾸는 것, 가족과 떨어지게 되는 것, 아이를 낳는 일 등)에 다시 우울증을 일으킬 가능성이 있다. 그런 가능성을 줄이기 위해 자살하려는 사람은 무엇이 그를 그렇게 절망스럽게 했는지에 대해 탐색하고 숙고하는 포럼—아마도 치료자의 사무실에서—을 개최해야 한다.

- 실수 5: 자살하려는 사람에게 "너무 심각하게 생각하지 마세요."라고 말하거나, 전문적인 도움을 받아 보라는 것을 희망적이고 적절하고 낙인을 찍지 않는 대안이라기보다는 위협으로 사용하는 것이다. 때로 사람들은 누군가에게 "너무 심각하게 생각하지 마."라고 강요할 수 있다는 잘못된 생각을 가지고 있으며, 자살하려는 사람이 자살 제스처를 하거나 행동화를 하지 않도록 설득하기 위해 위협하는 수단으로 입원과 치료라는 카드를 쥐고 있을 수 있다고 잘못 생각하곤 한다.

  이것은 여러 가지 이유로 현명하지 못하다. 첫째, 누군가에게 "어려움을 극복해라. 그렇지 않으면 머리가 이상해진 사람들이나 가는 데 가야 할 거다." 같은 식으로 말하는 것은 다룰 필요가 있는 중대한 문제에 대해 지나치게 단순화되고, 공감적이지 못하며, 부주의한 방식이자 비생산적인 의사소통방식으로 이야기하는 것이다. 둘째, 전문가의 도움이 필요하다는 것은 주홍 글씨 같은 낙인이 찍히는 것이라는 생각을 강화시키고 자살하려는 사람이 치료를 받으려는 생각을 좌절시킨다. 셋째, 자살하려는 사람에 대해 헐뜯는 태도를 보이는 것이며 이것은 이미 낮은 자기존중감을 더 상하게 할 수 있다. 넷째, 도움을 받으려는 시도를 처벌하는 것이며 그가 아무도 도와주지 않을 것이라고 생각하고 고립되도록 한다. 마지막으로 전문적인 도움을 받는 것을 위협으로 사용하는 관점은 도움을 청하려는 사람을 겁먹게 할 수 있다. 그들은 치료를 자유의 상실, 인생에 대한 통제권의 포기 그리고 자신의 안녕감을 손상시키는 것이라고 볼 수 있다. 이것은 치료에 대한 잘못된 관점을 가지게 하거나 자살하려는 사람이 자신의 자율성을 박탈당하는 한도 내에서만 치료가 유용한 것이라는 인상을 심어 주게 된다.

- 실수 6: "자살을 할 거면 어서 가서 해 버리고 더 이상 끊임없는 위협으로 나를 고문하지 마."라면서 분노를 표현하는 것이다. 이런 종류의 말은 말다툼 중이거나 당신의 억제력이 낮아졌을 때 하는 말일 것이다. 자살을 하려고 할 수 있는 사람에게 그런 격앙시키는 말은 절대 하지 않도록 해야 한다. 이것은 당신의 좌절감은 일시적으로 누그러뜨려 주겠지만 아마 장기적으로는 스트레스를 가중시킬 것이다. 왜냐하면 이것은

다른 사람에게 부정적인 효과를 주고 자살성과 자살 위협을 높아지게 할 수 있기 때문이다.

이런 유형의 도발적인 주장이 다른 사람에게 급성적인 자살 시도를 하게 하든 아니든 간에 당신이 그가 죽기를 '바랐다'는 지워지지 않는 기억으로 그 사람에게 새겨질 것이다. 그런 말이 없었다면 덜 갈등을 일으키고 덜 싸울 수 있는 관계가 손상되고 만다.

당신이 화가 난 우울한 사람이 내뱉는 지루한 자살 위협을 듣다가 거의 끝났다는 것을 알게 된다면, 그저 전문가의 자문을 받아 보라는 제안을 하고 "나는 당신을 돕고 싶지만 내가 할 수 있는 능력이 범위를 넘어서는 것 같습니다. 당신의 우울증은 너무 깊은 것이어서 내가 어떻게 해야 하는지 모르겠어요. 나는 당신에게 관심이 있고 당신이 죽지 않기를 바랍니다. 하지만 당신이 자살에 대해 그렇게 자주 이야기하는 것을 듣자니 힘드네요. 내가 할 수 있는 한 당신을 지지할 것입니다. 그러나 지금 당신에게 필요한 것은 치료자와 상담약속을 잡는 것입니다."라고 이야기할 수 있다.

만일 당신이 너무 격해져 있어서 참고 외교술을 구사하기 어렵다면, 침묵 가운데 걱정하는 것이 유용한 대안일 수 있다. 이 경우는 말을 하지 않는 것이 적절한 의사소통형태인 얼마 안 되는 경우다. 나중에 당신이 차분해진 뒤에 기회가 있을 때, 앞서 나온 이야기를 시도해 볼 수 있을 것이다. 만일 당신이 무심코 금방 후회할 말을 해 버렸다는 것을 알았다면 사과하기에 너무 늦은 때라는 것은 없다는 것을 기억하자. 그리고 자살하려는 사람에게 당신의 관심과 염려를 보여 주라.

부록 2

유용한 자료들

▶ 추천 도서

Your Perfect Right: A Guide to Assertive Living (6th ed.), by Robert E. Alerti and Michael L. Emmons. San Luis Obispo, CA: Impact, 1990.

The Relaxation Response, by Herbert Benson. New York: William Morrow, 1975.

The Feeling Good Handbook, by David Burns, Plume, 1989.

Stronger Than Death: When Suicide Touches Your Life, by Sue Chance. Avon, 1994.

The Depression Workbook: A Guide for Living with Depression and Manic Depression, by Mary Ellen Copeland. New Harbinger, 1992.

The Relaxation & Stress Reduction Workbook (4th ed.), by Martha Davis, Elizabeth Eshelman, and Matthew McKay. Oakland, CA: New Harbinger Publications, 1995.

How to Stubbornly Refuse to Make Yourself Miserable about Anything, Yes Anything! by Albert Ellis. Lyle Stuart, 1988.

Man's Search for Meaning, by Victor Frankl. Pocket Books, 1959.

When Living Hurts: For Teenagers and Young Adults, by Sol Gordon. Union of American Herbrew Congregationalists, 1985.

Wherever You Go, There You Are, by Jon Kabat-Zinn. Delacorte Press, 1993.

14,000 Things to be Happy About, by Barbara Ann Kipfer. New York: Workman Publishing, 1990.

Overcoming Depression, by Paul Hauck. Westminster John Knox, 1973.

In the Mind's Eye: The Power of Imagery For Personal Enrichment, by Arnold Lazarus. New York: Guilford, 1977.

Questions and Answers about Suicide, by David Lester. Charles Press, 1989.

I Cant Get Over It: A Handbook for Trauma Survivors, by Aphrodite Matsakis. New Harbinger, 1992.

Prisoners of Belief: Exposing and Changing Beliefs that Control Your Life, by Matthew McKay and Patrick Fanning: New harbinger, 1991.

Healthy Pleasures, by Robert Ornstein and David Sobel. Addison-Wesley, 1989.

Suicide: The Forever Decision, by Paul G. Quinnett. Continnum, 1987.

Anger: The Misunderstood Emotion, by Carol Tavris. New York: Touchstone Books, 1989.

▶ 기구

American Association of Suicidology

4201 Connecticut Avenue, NW, Suite 310

Washington, DC 20008

(202) 237-2280

Suicide Education and Information Centre

201－1615－10th Ave, SW

Calgary, AB Canada

T3C 0J7

(403) 245－3900

▶ 인터넷 사이트

American Association of Suicidology

http://www.cyberpsych.org/aas.htm

Suicide Awareness/Voices of Education

http://www.save.org

Depression Central

http://www.psycom.net/depression.central.html

The Grobol Mental Health Page

http://csbh.mhv.net/%7Egrohol/

참고문헌

Beck, A. T. (1967). *Depression: Clinical, Experimental, and Theoretical Aspects*. New York: Harper & Row.

Beck, A. T., Rush, A. J., Shaw, B. F., and Emery, G. (1979). *Cognitive Therapy of Depression*. New York: Guilford.

Ellis, A. (1988). *How to Refuse to Make Yourself Miserable About Anything… Yes, Anything!* Seacaucus, NJ: Lyle Stuart.

Ellis, A. (1994). *Reason and Emotion in Psychotherapy: A Comprehensive Method of Treating Human Disturbance* (2nd ed.). New York: Birch Lane Press.

Ellis, A., and Harper, R. A. (1975). *A New Guide to Rational Living*. North Hollywood, CA: Wilshire Books.

Ellis, T. E. (1986). "Toward a Cognitive Therapy for Suicidal Individuals." *Professional Psychology: Research and Practice 17*: 125–130.

Ellis, T. E. (1987). "A Cognitive Approach to Treating the Suicidal Client." In *Innovations in Clinical Practice* (ed.), P. Keller and S. Heyman, vol. 5, 93–107. Sarasota, FL: Professional Resource

Exchange.

Freeman, A. and Reinecke, M. (1993). *Cognitive Therapy of Suicidal Behavior: A Manual for Treatment.* New York: Springer.

Fremouw, W. J., dePerczel, M., and Ellis, T. E. (1990). *Suicide Risk: Assessment and Response Guidelines.* New York: Allyn & Bacon.

Layden, M. A., Newman, C. F., Freeman, A., and Morse, S. B. (1993). *Cognitive Therapy of Borderline Personality Disorder.* Needham Heights, MA: Allyn & Bacon.

Libehan, M. (1993). *Cognitive-Behavioral Treatment of Borderline Personality Disorder.* New York: Guilford.

Vallant, G. E. (1977). *Adaptation to Life.* Boston: Little Brown.

Wolpe, J. (1982). *The practice of Behavior Therapy* (3rd ed.). New York: Pergamon.

찾아보기

[인 명]

[내 용]

저자 소개

■ Thomas E. Ellis, Psy.D.

미국 Marshall 대학의 심리학과 교수이자 미국 심리학회의 특별 연구원. Albert Ellis 연구소의 Associate Fellow이며 인지치료협회의 Founding Fellow.
미국 자살학회 임상 분과의 前 위원장.
그는 W. Fremouw와 M. dePerczel과 함께 『자살 위험성: 평가와 반응 지침(Suicide Risk: Assessment and Response Guidelines, Pergamon, 1990)』을 저술하였고, 현재 미국 심리학회에서 발간하는 『인지와 자살: 이론, 연구 그리고 치료(Cognition and Suicide: Theory, Research and Therapy)』를 편집하는 중이다. 다른 저작들은 자살환자의 인지치료와 자살하려는 사람들의 인지적 특성, 인지적 행동의 분류 등을 망라하고 있다. 그는 『자살과 생명을 위협하는 행동(Suicide and Life-Threatening Behavior)』과 『합리적-정서적 그리고 인지행동치료 저널(the Journal of Rational-Emotive and Cognitive-Behavioral Therapy)』의 편집 자문 역할을 맡고 있다.

■ Cory F. Newman, Ph.D.

미국 펜실베이니아 의과대학의 심리학과 조교수이며 인지치료 연구소의 소장.
인지치료협회의 Founding Fellow이며 미국 전문 심리학 위원회(the American Board of Professional Psychology)의 전문 위원.
그는 미국, 캐나다 그리고 남미와 유럽의 열두 나라에서 인지치료 강좌와 세미나를 진행하였으며 여러 정신장애의 인치치료에 대한 논문과 글을 수십 편 발표했으며 『양극성장애: 인지치료적 접근(Bipolar Disorder: A Cognitive Therapy Approach, 미국 심리학회 발간 서적, 2001)』을 포함한 세 권의 책의 공동저자다.

역자 소개

■ 육 성 필

고려대학교 심리학 박사(임상 및 상담심리학 전공)
University of Rochester Medical Center, the Center for the Study & Prevention of Suicide, Fellow
임상심리전문가
QPR Master Trainer
용문심리상담대학원대학교 심리학과 교수
QPR 자살예방연구소 소장

〈저서 및 역서〉
심리상담의 과정과 기법(공역, 시그마프레스, 2004), 심리상담의 전략과 기법(공역, 시그마프레스, 2007), 자살의 이해와 예방(공저, 학지사, 2008), 자살심리치료의 실제(공역, 학지사, 2006), 십대를 위한 자살예방법(공역, 시그마프레스, 2006), 노인자살위기개입(공저, 학지사, 2011)

■ 이 혜 선

고려대학교 심리학 박사(임상 및 상담심리학 전공)
임상심리전문가, 상담심리사 1급
QPR Master Trainer
고려대학교 학생상담센터 상담교수
QPR 자살예방연구소 선임연구원

〈역서〉
돌이킬 수 없는 결정, 자살(공역, 학지사, 2006), 자살심리치료의 실제(공역, 학지사, 2006), 십대를 위한 자살예방법(공역, 시그마프레스, 2006), 자살을 꿈꾸는 십대(공역, 시그마프레스, 2006), 노인자살위기개입(공저, 학지사, 2011)

자살의 인지자료

2005년 7월 30일 1판 1쇄 발행
2011년 3월 25일 1판 2쇄 발행

지은이 • Thomas E. Ellis · Cory F. Newman
옮긴이 • 육성필 · 이혜선
펴낸이 • 김진환
펴낸곳 • (주) 학지사
121-837 서울특별시 마포구 서교동 352-29 마인드월드빌딩 5층
대표전화 • 02)330-5114 팩스 • 02)324-2345
등록번호 • 제313-2006-000265호

홈페이지 • http://www.hakjisa.co.kr
커뮤니티 • http://cafe.naver.com/hakjisa

ISBN 978-89-5891-156-5 03180

정가 14,000원